T0099235

Agrégé d'allemand, docteur ès lettres, professeur, membre de l'Institut, Émile Bréhier fut professeur à la Sorbonne et membre honoraire de l'Institut international de philosophie de France.

Laurent Jaffro est professeur de philosophie morale à l'université Paris 1 Panthéon-Sorbonne et membre honoraire de l'Institut universitaire de France.

LE MIROIR DE LA SYMPATHIE
ADAM SMITH ET LE SENTIMENTALISME

Lorsque Husserl, dans la *Krisis*, parle après Kant des « problèmes de la raison », il n'assigne pas seulement un certain horizon théorique à la philosophie : il stipule qu'une recherche consciente d'elle-même et pleinement inscrite dans notre temps doit néanmoins s'imposer un détour par l'étude d'une modernité dans laquelle ces problèmes sont apparus pour eux-mêmes. La philosophie de la connaissance, de même qu'une raison pratique assurée de ses tâches, requièrent la compréhension d'une histoire dans laquelle l'époque qui va de la fin de la Renaissance à la fin des Lumières joue un rôle essentiel. Plus qu'une période, cette époque définit au fond le site dans lequel ont été dégagés les problèmes s'imposant à l'exigence rationnelle.

Les ouvrages qui paraîtront dans la présente collection ne se limiteront pas aux thèmes que Husserl avait en vue ; pas davantage n'illustreront-ils la conception téléologique de l'histoire de la philosophie que la *Krisis* devait justifier. Mais ils porteront témoignage, lorsqu'il y aura lieu, de ce même fait théorique : dans un certain nombre de cas, l'invention conceptuelle des auteurs contemporains s'arme d'une référence essentielle à l'âge classique au sens large, qui sert la formulation, voire la prise de conscience des diverses dimensions des problèmes actuels.

Chaque volume comportera donc deux volets diversement articulés. D'une part, en se conformant aux méthodes rigoureuses de l'histoire de la philosophie, on suivra l'élaboration d'un concept, d'une notion ou d'un domaine qui reçoivent une nouvelle expression rationnelle à l'époque moderne. D'autre part, au lieu de suivre les transformations de ces savoirs au-delà de l'âge classique, on montrera comment des figures éminentes de la pensée contemporaine ont eu besoin de cette référence à l'âge classique pour donner corps à leurs propres contributions.

Ainsi verra-t-on *in concreto* à quel point l'invention philosophique est liée à un certain usage de l'histoire de la philosophie.

André Charrak

PROBLÈMES DE LA RAISON
Collection dirigée par André CHARRAK

Laurent JAFFRO

LE MIROIR DE LA SYMPATHIE
ADAM SMITH ET LE SENTIMENTALISME

PARIS
LIBRAIRIE PHILOSOPHIQUE J. VRIN
6 place de la Sorbonne, V^e
2024

© *Librairie Philosophique J. VRIN*, 2024
Imprimé en France
ISSN 2496-6649
ISBN 978-2-7116-3161-2
www.vrin.fr

"Other people, other people! You are always considering the feelings of other people", said Mr Cromartie.

David Garnett, *A Man in the Zoo*

INTRODUCTION

GENRE ET MÉTHODE
DE *LA THÉORIE DES SENTIMENTS MORAUX*

L'OBJET DE LA THÉORIE

The Theory of Moral Sentiments[1]. Le premier devoir
de toute étude portant sur cet ouvrage est de rétablir dans
le titre l'article défini, c'est-à-dire de marquer l'ambition
de son auteur de donner plus qu'une étude ou un essai
concernant les sentiments moraux, mais véritablement
d'en dresser le système et de susciter chez le lecteur un
sentiment d'admiration[2]. Et l'on ne manquera pas de
s'émerveiller de la puissance explicative de l'ouvrage et
de la maîtrise théorique qu'elle suppose. Mais l'attitude
d'un lecteur peut-elle en rester à l'étonnement, au risque
d'être esthétique sans être critique? Nous devons à la
fois reconnaître que Smith avait pour projet de produire
une merveille théorique, ne pas bouder notre plaisir, et

---

1. A. Smith, *The Theory of Moral Sentiments*, éd. D. D. Raphael
et A. L. Macfie, Oxford, Clarendon Press, 1976 (désormais cité *TMS*).

2. Ces considérations sur le *wonder* que suscitent les systèmes
(développées dans A. Smith, « The History of Astronomy », *in*
W. P. D. Wightman et J. C. Bryce (eds.), *Essays on Philosophical
Subjects*, Oxford, Clarendon Press, 1980, p. 33-105) peuvent s'appliquer à
l'objet de *La Théorie*, puisque Smith parle du « système de la sympathie »,
(*TMS* 7, 3, 1, 4 ; *F* 423).

conserver l'attitude philosophique qui consiste à discuter pied à pied ce qui nous est proposé. Parce que, selon Smith, une véritable théorie a pour objet un système, dont elle dérive sa systématicité propre, elle mérite une étude monographique qui privilégie son économie interne[1]. Mais *La Théorie* revendique aussi son inscription dans l'histoire moderne de la philosophie morale. Pour cette raison, l'approche monographique ne saurait se dispenser d'organiser une conversation avec Joseph Butler, Francis Hutcheson, David Hume, de replacer l'ouvrage au sein de l'ensemble du programme sentimentaliste qui les réunit[2], de donner la parole à ses contemporains qui, comme Thomas Reid, l'ont critiqué, et de le situer au regard du renouveau actuel du sentimentalisme en métaéthique.

1. Les études qui prennent en vue l'ensemble de la pensée d'Adam Smith sont plus fréquentes. En français, on dispose notamment de deux introductions concises qui ne négligent pas *La Théorie* : J. Mathiot, *Adam Smith : philosophie et économie. De la sympathie à l'échange*, Paris, PUF, 1990 ; J.-D. Boyer, *Comprendre Adam Smith*, Paris, Armand Colin, 2011. Un modèle de vue aussi fouillée que panoramique demeure C. Griswold, *Adam Smith and the Virtues of Enlightenment*, Cambridge, Cambridge University Press, 1999 ; dans un genre systématique : M. Biziou, *Adam Smith et l'origine du libéralisme*, Paris, PUF, 2003. Parmi les rares études spécifiquement consacrées à *La Théorie* : D.D. Raphael, *The Impartial Spectator. Adam Smith's Moral Philosophy*, Oxford, Oxford University Press, 2007 ; celle, toujours aussi instructive, de son élève et collègue : T.D. Campbell, *Adam Smith's Science of Morals*, Londres, Allen & Unwin, 1971 ; alors que nous mettions la dernière main à cet ouvrage est parue l'étude suivie de J. McHugh, *Adam Smith's The Theory of Moral Sentiments. A Critical Commentary*, Londres, Bloomsbury Academic, 2022.

2. Cette manière de situer *La Théorie* est aussi celle que Michael Frazer a adoptée dans son étude sur les conceptions sentimentalistes de la justice au XVIIIe siècle. Voir M. Frazer, *The Enlightenment of Sympathy. Justice and the Moral Sentiments in the Eighteenth Century and Today*, Oxford, Oxford University Press, 2010, chap. 1 et 4.

L'objet central de *La Théorie* – qui est le premier livre de Smith (1759), mais aussi en un sens, dans sa sixième édition (1790), son dernier – est d'étudier une application particulière des pouvoirs de l'esprit. Chez les philosophes écossais, toute la philosophie morale – au sens large, l'expression signifiant littéralement une philosophie de l'esprit, au côté d'une philosophie de la nature – a pour programme l'examen des pouvoirs de l'esprit humain[1]. La philosophie morale au sens réduit – ce que nous appellerions aujourd'hui la théorie morale – a pour objet d'étudier « le pouvoir ou la faculté de l'esprit qui nous rend certains caractères agréables ou désagréables, nous fait préférer une manière de se conduire à une autre, dénommer l'une juste et l'autre injuste, et considérer la première comme objet d'approbation, d'honneur et de récompense, et la seconde de blâme, de reproche et de punition » (*TMS* 7, 3, Introduction, 1 ; *F* 419[2]).

Smith insiste sur le caractère purement théorique de cette question, qui « ne peut absolument pas avoir l'effet » que la question de la nature de la vertu « a nécessairement sur nos notions du juste et de l'injuste dans de nombreux cas particuliers » (*TMS* 7, 3, Introduction, 3 ; *F* 422).

---

1. Voir A. Garrett et J. Harris (dir.), *Scottish Philosophy in the Eighteenth Century, I. Morals, Politics, Art, Religion*, Oxford, Oxford University Press, 2015 (Introduction, chap. 3 et 8) et L. Jaffro, « Review of Aaron Garrett and James A. Harris (ed.), *Scottish Philosophy in the Eighteenth Century, I. Morals, Politics, Art, Religion* », *Notre Dame Philosophical Reviews. An Electronic Journal*, 10 juillet 2016.

2. Toutes nos références à *The Theory of Moral Sentiments* sont au numéro de paragraphe dans la *Glasgow Edition* : A. Smith, *The Theory of Moral Sentiments*, éd. cit. Bien que la traduction soit toujours nôtre, nous indiquons ensuite (par un chiffre précédé de « *F* »), pour comparaison, la page d'une traduction de référence : A. Smith, *Théorie des sentiments moraux*, trad. fr. M. Biziou, C. Gautier, J.-F. Pradeau, Paris, PUF, 1999.

La passion que la première suscite, la curiosité, est traditionnellement celle du savoir spéculatif.

Dans le titre de *La Théorie*, les sentiments moraux ne sont pas tant l'objet que la solution[1]. L'objet est l'évaluation des autres et de soi, notamment l'évaluation morale ; pas exclusivement, puisqu'il est question aussi d'une évaluation d'ordre esthétique, elle-même entendue non au sens d'une spécialité, mais comme une dimension qui affecte diverses sortes de jugements et sentiments. Bref, Smith propose de rendre compte de l'activité évaluative au moyen d'un système qui fait jouer le premier rôle aux sentiments moraux et à la sympathie. D'un mot, il s'agit d'une explication *sentimentaliste* de l'évaluation. Le sentimentalisme, depuis Francis Hutcheson et David Hume, n'implique pas que *seuls* des sentiments soient à l'œuvre dans la formation de nos réactions évaluatives ; il signifie que les sentiments jouent le rôle principal – constitutif – dans cette formation. La « raison » n'est pas congédiée, mais subordonnée. Le processus a une dimension affective fondamentale, mais aussi une dimension cognitive auxiliaire, sous le nom de l'imagination.

La sympathie, en effet, n'est pas à proprement parler un sentiment, puisque Smith la définit comme une correspondance ou similitude de sentiments[2]. Selon lui, ce fait d'une correspondance peut s'observer. C'est un point curieux, difficile à admettre, que cette idée que nous avons,

---

1. « À la question "qu'est-ce qu'un sentiment ? ", nous serions en peine de trouver une réponse sous la forme d'un développement explicite dans la *Théorie*. », F. Calori, « *Sense or sensibility ?* Adam Smith et "l'inoubliable Dr Hutcheson" », dans M. Bessone et M. Biziou (dir.), *Adam Smith philosophe. De la morale à l'économie ou philosophie du libéralisme*, Rennes, PUR, 2009, p. 55.

2. Ce point est noté par T.D. Campbell, *Adam Smith's Science of Morals*, *op. cit.*, p. 94.

non seulement des croyances à propos de nos sentiments et de ceux des autres, mais une connaissance par observation, de l'ordre du constat, de nos sentiments, de ceux des autres, et, en outre, de leur correspondance ou non-correspondance. S'agit-il de l'hypothèse aventureuse selon laquelle nous pourrions prendre aisément, de nous-mêmes, à l'égard de nos propres attitudes, la pose d'un observateur détaché ? Ne faut-il pas plutôt y voir la formulation de l'idée, plus plausible, que l'information dont les uns disposent sur les attitudes des autres et la forme de cognition sociale qui la véhicule sont cruciales pour la pertinence des attitudes par lesquelles nous réagissons aux attitudes d'autrui et à nos propres attitudes ? Quoi qu'il en soit, pour Smith, cette observation ou imagination par l'évaluateur de ses propres réponses affectives et des réponses d'autrui constitue un aspect de la dimension cognitive du processus évaluatif, au côté d'un autre aspect qui est l'information dont dispose l'évaluateur sur la situation. Le premier aspect dépend du second : l'appréhension de cette situation fournit le contexte d'émergence de ces réponses[1]. En somme, une activité cognitive est présente en amont et en aval de la production de sentiments : en amont, car, pour réagir affectivement, il faut avoir une représentation de ce à quoi on réagit ; en aval, car pour qu'une réaction affective ait une portée évaluative, il faut, selon Smith, qu'on puisse l'observer et la comparer. Il est ainsi nécessaire que les conditions minimales d'une société de confiance, dans

---

1. Il s'agit bien d'un *contexte* de formation et non pas d'un raisonnement dont des conclusions seraient dérivées. Le contexte comporte des représentations et des croyances, mais qui ne constituent pas des prémisses dont les réponses seraient inférées. Ce caractère non inférentiel nous semble caractéristique du sentimentalisme. Voir *infra*, p. 247-248.

laquelle les uns et les autres ne dissimulent pas leurs sentiments, soient réunies[1].

Si les sentiments moraux sont au pluriel dans le titre de l'ouvrage, et cela sans spécification ou qualification, c'est que les sentiments pertinents pour le processus évaluatif ne sont pas déterminés au préalable. Hume rapporte les évaluations morales et esthétiques à des sentiments d'un genre particulier. Pour lui, il existe des affections spécifiques au principe de l'approbation et de la désapprobation. Smith constate qu'il n'en va pas ainsi puisque « notre horreur pour la cruauté n'a aucune espèce de ressemblance avec notre mépris pour la mesquinerie » (*TMS* 7, 3, 3, 13 ; *F* 433). Smith soutient, contre Hutcheson et Hume, que les sentiments moraux sont des réponses affectives dont la liste n'est pas fixée d'avance et qui sont aussi diverses que les types de situations pratiques qui les suscitent[2]. Bref, si le sentimentalisme moral et esthétique est bien la thèse selon laquelle les évaluations reposent essentiellement sur des sentiments, cette thèse, adoptée par les trois auteurs, est interprétée *de re* par Hutcheson et Hume : elle revient à dire qu'il existe certains sentiments et qu'il est vrai *de ces sentiments-là*, présents à l'identique dans toute évaluation d'un certain type, qu'ils ont un rôle constitutif pour les jugements évaluatifs ; tandis qu'elle est interprétée *de dicto* par Smith : diverses choses qui relèvent du genre « sentiment moral » ont un rôle constitutif dans les jugements évaluatifs. Il n'y a donc pas, pour

---

1. Voir *infra*, p. 41.

2. La cible est bien Hume autant que Hutcheson, nommément désigné, puisque Smith vise toute doctrine sentimentaliste qui s'appuie sur des « émotions d'un genre particulier » (*TMS* 7, 3, 3, 13), expression qui fait écho aux formulations de Hume (*T* 3, 1, 2, 3 ; D. Hume, *A Treatise of Human Nature*, vol. 1 : *Texts*, éd. D. F. Norton et M. J. Norton, Oxford, Clarendon Press, 2007, p. 303).

Smith, de sentiments spécifiques qui soient au principe des évaluations. Son recours à la sympathie comme correspondance des sentiments le dispense aussi bien d'une solution à la Hume que du recours à l'idée de sens moral[1]. Si l'approbation et la désapprobation morales reposent sur « la coïncidence ou l'opposition des sentiments de l'observateur et de la personne observée », « quel besoin d'imaginer un nouveau pouvoir de perception pour rendre compte de ces sentiments ? » (*TMS* 7, 3, 3, 14 ; *F* 433).

ANALYSE ET SYNTHÈSE

La Théorie comporte une description très fine des attitudes évaluatives à l'égard des autres et de soi-même, appuyée sur de nombreux exemples qui font appel à l'imagination autant qu'à l'expérience personnelle du lecteur. Surtout, elle livre le petit nombre de principes qui permettent de décrire une grande variété d'interactions sociales et d'ajustement des conduites. Bien que Smith ait adopté un ordre synthétique d'exposition, qui commence par les configurations élémentaires des processus qui s'appuient sur la sympathie, et qui progresse vers la reconstitution d'expériences morales plus sophistiquées, le lecteur devine partout l'effort analytique qu'aura exigé la découverte des principes de l'activité évaluative tant intrapersonnelle qu'interpersonnelle. Comment comprendre ce double mouvement ? Il est typique d'une méthodologie traditionnelle.

Nous sommes guidés dans l'interprétation de *La Théorie* par la conviction que Smith adopte la même

---

1. Sur ce point, voir S. Lepine, « Le sentimentalisme écossais et le problème de la normativité morale », *Archives de philosophie*, 78 (4), 2015, p. 649-666.

méthode, analytique-synthétique, qu'emploient ses prédécesseurs dans le projet d'une « histoire » de l'esprit et ses contemporains dans la science de la nature humaine[1]. Dans l'Introduction de son *Traité de la nature humaine*, Hume avait formulé le programme d'une philosophie morale « expérimentale », c'est-à-dire d'une enquête descriptive qui cherche à dégager des « principes » qui rendent compte des phénomènes du monde mental, de même que la science newtonienne rend compte des phénomènes de la nature. La philosophie morale découvre les ressorts des opérations de l'esprit, à partir d'une double source : l'observation des conduites humaines présentes et passées, et l'imagination de ce qu'il adviendrait dans telle ou telle variation de circonstances. Ce n'est pas nouveau. Selon l'esprit baconien, l'histoire naturelle (la description et mémoire des faits) et la philosophie collaborent étroitement : l'histoire naturelle, appliquée à l'homme aussi bien qu'à la nature, observe et rassemble un matériau que la philosophie analyse afin de dégager les principes au-delà des faits. La généralisation de ces principes dépend de leur capacité à rendre compte du matériau de l'expérience. Selon Hume, leur caractère empirique est marqué par l'existence d'exceptions ou de déviations. La puissance explicative de la philosophie dépend également de sa capacité à expliquer la genèse de ces irrégularités. Hume adopte aussi, dans la présentation de la méthode de la science de la nature humaine, le lexique que John Locke avait emprunté aux chimistes.

---

1. Cette méthode est formulée nettement par Hume dans l'*Abstract* (*in* D. Hume, *A Treatise of Human Nature*, vol. 1, éd. cit., p. 407) : « Si, en examinant plusieurs phénomènes, nous trouvons qu'ils s'analysent [*resolve themselves into*] en un principe commun, et si nous pouvons remonter de ce principe à un autre, nous arriverons enfin à ces quelques principes simples, dont tout le reste dépend. »

Nous décrivons les opérations et interactions des corps chimiques à défaut d'avoir accès à leur essence ; nous faisons varier les circonstances de ces phénomènes afin de mieux en comprendre la production ; nous ne pouvons identifier la disposition qu'un corps possède à produire tel effet qu'en examinant ce qu'il advient selon qu'il est placé ou non dans tel contexte. C'est de la même façon que Hume entend procéder avec les phénomènes de l'esprit. Les principes ainsi découverts ne sont pas des causes ultimes, mais des lois générales susceptibles à la fois de révision et d'extension. La science de la nature humaine combine démarche analytique et démarche synthétique : elle pratique l'analyse qui découvre les principes ; et ces principes fournissent le point de départ de la synthèse[1].

Smith revendique sa participation à la « science abstraite de la nature humaine » – le qualificatif fait écho à la Conclusion du *Traité* de Hume, qui parlait d'*abstract speculations* –, qui distingue les « diverses fonctions et pouvoirs des différentes facultés de l'esprit » (*TMS* 7, 3, 2, 5 ; *F* 425). La synthèse est au principe du plan de *La Théorie* qui est celui d'une construction progressive à partir des principes de l'approbation et de la désapprobation. Mais la synthèse suppose une analyse. Cette dernière reste souvent implicite et n'apparaît qu'autant que l'exige la description. Cette situation exige du lecteur un double exercice : le premier, facile et plaisant, revient à imaginer les situations qui sont au cœur des exemples évoqués par Smith ; le

---

1. Un exemple saisissant de ce double mouvement est celui du traitement par Hume des passions. La même matière est abordée de manière analytique en 1739 dans le livre II du *Traité de la nature humaine* et reprise selon un ordre de composition en 1757 dans la *Dissertation sur les passions*. Voir les commentaires de Michel Malherbe, dans D. Hume, *Essais et traités sur plusieurs sujets*, trad. fr. M. Malherbe, vol. 3, Paris, Vrin, 2004, p. 25-29.

second, plus exigeant et parfois laborieux, consiste à suivre une analyse – qui n'est souvent qu'amorcée – de jugements de valeur complexes en termes de processus mentaux et sociaux plus élémentaires. Les nombreuses corrections et réécritures, au fil des éditions, mais surtout le fait que l'ouvrage soit issu de l'enseignement de Smith, qui comme tout professeur devait fréquemment reformuler les mêmes idées, expliquent l'abondance des redites. Ces répétitions multiples sont aussi souvent des variations subtiles : la même question, abordée en plusieurs lieux de l'ouvrage, n'a pas exactement la même physionomie selon le passage sur lequel on s'appuie. Cela ajoute aux difficultés du lecteur. Mais la première difficulté tient à la matière même et à la subtilité très grande de l'explication des processus d'évaluation sociale et notamment morale que propose Smith.

La pratique de la méthode analytique-synthétique ancre *La Théorie* dans une tradition ancienne et permet de la situer comme une réalisation particulière du grand programme d'exploration des phénomènes humains sur le modèle de l'étude des phénomènes de la nature. Mais l'œuvre parle aussi à la philosophie morale et à la théorie de la valeur contemporaines, car l'explication proposée par Smith peut être vue comme ce que nous appellerons une théorie de la réponse. Quand on applique une telle conception aux évaluations morales, on soutient que les réponses affectives ou cognitives obtenues dans une certaine situation – dont il convient de spécifier les conditions – sont des guides fiables de ces évaluations[1]. On s'instruit des réponses que l'on a *de facto* une fois que l'on est placé dans les bonnes conditions.

---

1. Sur ce type de théorie, voir L. Jaffro, *La Couleur du goût. Psychologie et esthétique au siècle de Hume*, Paris, Vrin, 2019, p. 19-22, 100.

Un courant important de l'épistémologie morale, illustré aujourd'hui notamment par T. M. Scanlon, a son origine dans la conception du jugement qu'avait défendue Franz Brentano contre la théorie sentimentaliste classique de la réponse, avec laquelle on doit éviter de la confondre[1]. Selon cette conception, le sentimentalisme fait bien de s'intéresser aux attitudes subjectives, mais il a tort de supposer qu'il suffit que les conditions de formation de réponses sentimentales soient réunies pour que ces réponses soient pertinentes et instructives. Les réponses que l'on a *de facto* dans des conditions spécifiques ne suffisent pas. Il faut considérer les réponses qu'il est correct d'avoir. Notre étude prend donc en tenaille *La Théorie* entre une approche historique, qui met l'accent sur son classicisme méthodologique, et une approche analytique qui la confronte avec des entreprises qui, aujourd'hui, visent aussi à trouver dans les attitudes subjectives l'index des valeurs, mais d'une manière non purement sentimentaliste.

Une source plus importante de fascination est la manière très modeste et discrète, sans aucun sensationnalisme, dont Smith propose une version pourtant radicale du

---

1. Sur cette épistémologie du jugement et sa source brentanienne, voir O. Massin et K. Mulligan, *Décrire. La psychologie de Franz Brentano*, Paris, Vrin, 2021, p. 75 *sq.* L'autorité de Brentano n'est pas invoquée dans Thomas M. Scanlon, *What We Owe to Each Other*, Cambridge, Mass., Belknap Press, 1998; mais c'est fondamentalement la même méthode. Certains classifient Brentano parmi les sentimentalistes. Mais il introduit une distinction qui est contraire au sentimentalisme classique. Pour Brentano, la faute de nombreux auteurs, dont Hume, est d'avoir ignoré que les sentiments instinctifs ou habituels constituent une classe distincte des sentiments définis comme justes. Cela leur interdit de rendre compte de manière satisfaisante de la correction et pertinence des jugements de valeur. Voir F. Brentano, *L'Origine de la connaissance morale*, trad. fr. M. de Launay et J.-C. Gens, Paris, Gallimard, 2003, p. 55 *sq.* Nous reviendrons sur ce point dans la conclusion.

sentimentalisme. En comparaison, le premier appendice
« Du sentiment moral » que Hume a placé au terme de son
Enquête sur les principes de la morale, dont l'écriture se
veut pourtant facile et agréable, est une provocation, un défi
lancé au rationalisme moral. Il y défend l'hypothèse que
la moralité est déterminée par le sentiment et que la raison
« n'est pas un motif pour l'action » et ne l'influence qu'« en
nous montrant le moyen d'atteindre le bonheur et de fuir le
malheur »[1]. La provocation est telle que Hume, dans « De
la règle du goût », en a aussi attribué le contenu – manière
de s'en distancier – à un des personnages philosophiques
de ses essais, « Le sceptique »[2]. Rien d'aussi spectaculaire,
du moins à première vue, dans *La Théorie*. Smith y défend
méthodiquement une théorie sentimentaliste des jugements
de valeur, mais sans jamais monter à l'assaut de la citadelle
du rationalisme moral. Dans la partie historique (présente
dès la première édition ; partie VII à partir de la sixième
édition), Smith présente cette bataille comme ayant été
conduite et déjà remportée par d'autres avant lui, au premier
chef Hutcheson qui a montré que le rôle de la raison en
matière d'évaluation et de motivation est essentiellement
instrumental (la raison peut rendre un objet attrayant
seulement en le présentant comme le moyen d'obtenir autre
chose qui soit naturellement plaisant) et que les distinctions
de valeur morale ne reposent pas sur la raison, mais sur le
sentiment (*TMS* 7, 3, 2, 7-9 ; *F* 426-427)[3].

---

1. « Enquête sur les principes de la morale », dans D. Hume, *Essais
et traités sur plusieurs sujets*, vol. 4, trad. fr. M. Malherbe, Paris, Vrin,
2002, p. 148.

2. « De la règle du goût », dans D. Hume, *Essais et traités sur
plusieurs sujets*, vol. 1, trad. fr. M. Malherbe, Paris, Vrin, 1999, p. 267.
Cf. « Le Sceptique », *ibid.*, p. 210.

3. Ce point est développé plus loin, p. 243 *sq.*

Comme Hutcheson, Smith détache le jugement évaluatif des raisons dont, pour un rationaliste comme Thomas Reid[1], il dépend souvent, même si ce n'est pas toujours le cas (car Reid admet qu'il y a bien, *aussi*, des évaluations instinctives). En cela, Smith est un pur sentimentaliste. Du point de vue reidien, il commet l'erreur de rendre *toute* évaluation instinctive. Comme nous l'avons signalé, il y a cependant dans l'évaluation morale, pour Smith lui-même, un élément cognitif distinct du sentiment, et qui consiste notamment dans la perception de l'accord ou du désaccord entre le sentiment du spectateur et celui de la personne concernée, c'est-à-dire en l'observation de la sympathie ou de son absence[2]. Mais cette reconnaissance de l'élément cognitif n'affecte pas le caractère purement sentimentaliste de cette approche, car la considération de raisons ne joue aucun rôle direct ni dans la production des sentiments ni dans l'observation de leur correspondance[3].

1. « L'expression "agir de manière raisonnable" est tout aussi courante que l'expression "juger de manière raisonnable" et ce, dans toutes les langues. Nous approuvons immédiatement la conduite d'un homme lorsqu'il a manifestement une bonne raison de faire ce qu'il fait [...]. » T. Reid, *Essais sur les pouvoirs actifs de l'homme*, trad. fr. G. Kervoas et É. Le Jallé, Paris, Vrin, 2009, p. 172.

2. L. Bréban, « An Investigation into the Smithian System of Sympathy : from Cognition to Emotion », *in* F. Forman (dir.), *The Adam Smith Review*, vol. 10, Londres, Routledge, 2017, p. 22-40.

3. Smith utilise le terme *reasons* généralement pour parler des causes ou des explications apportées par *La Théorie*, même s'il lui arrive aussi de l'employer, comme *grounds* – son synonyme lockien – pour dire les justifications de l'agent. Son usage du terme *motives* est beaucoup plus abondant, mais, dans le sillage de la théorie hutchesonienne de la motivation, il en fait un synonyme d'*affections*. Il ne s'agit pas des raisons par lesquelles un agent peut justifier ses attitudes évaluatives ou pratiques, mais des sentiments, désirs et passions qui les gouvernent. Smith souscrit ainsi à la théorie sentimentaliste de la motivation autant qu'à celle de l'évaluation.

Pour revenir à la comparaison avec son comparse dans la science de la nature humaine, une autre différence significative par rapport au scepticisme de Hume est que la potentialité antithéologique d'une théorie purement sentimentaliste n'est pas du tout mise en avant par Smith, mais est au contraire atténuée par des considérations apparemment providentialistes qui ne sont manifestement pas de pure convention, car, comme nous le verrons, elles jouent un rôle effectif, non dans l'explication du détail des phénomènes sociaux, mais dans une réflexion vague sur les fondements du système des sentiments moraux[1] ; elles vont bien au-delà de l'usage d'un vocabulaire providentialiste que l'on rencontrait parfois chez son ami sceptique sous une forme assez clairement conventionnelle, sinon ironique. Bref, Smith fait du sentimentalisme le socle de la description et de l'analyse, non seulement de la vie morale, mais de l'ensemble de l'activité évaluative, et c'est en cela que son sentimentalisme est radical. Mais, à la différence de Hume, il n'inscrit pas son propos dans une polémique contre le rationalisme moral ou la morale des théologiens.

On réduit souvent l'originalité et l'intérêt de *La Théorie* à l'usage virtuose de la sympathie du spectateur avec la personne concernée et de la personne concernée avec le spectateur. L'idée selon laquelle, afin de ne pas être juge et partie dans une évaluation, il convient d'en appeler au point de vue d'un autre en général n'est pas inventée par Smith et elle est très commune chez les auteurs qui ont réfléchi aux questions de justice au sens moral du terme. Un leibnizien

---

1. Il est tentant de voir dans ce providentialisme apparent un vocabulaire désuet pour dire un naturalisme nouveau (voir C. Marouby, *L'Économie de la nature. Essai sur Adam Smith et l'anthropologie de la croissance*, Paris, Seuil, 2004, chap. 7). Nous persistons à lui donner une importance métathéorique.

pourrait considérer et apprécier *La Théorie* comme une sorte de fugue brillante sur le thème du caractère central, pour la vie morale, de notre capacité à nous mettre à la place des autres. Mais un leibnizien ne saurait accepter que cette capacité fasse l'objet d'une analyse exclusivement sentimentaliste[1]. Un kantien pourrait admirer ce que dit Smith du rôle du spectateur impartial[2]. Mais un kantien pourrait-il accepter la théorie sentimentaliste qui en est, pour Smith, le fondement ? En effet, la théorie proposée est celle d'une genèse de l'impartialité dans la *seule* dynamique des sentiments et de la sympathie. Aujourd'hui, un philosophe comme T. M Scanlon peut aussi tenir pour cruciale cette capacité à nous représenter les réponses appropriées des autres, parce qu'il considère que la moralité a son principe dans la justification devant les autres. Mais, selon lui, cette justification ne saurait s'analyser de manière sentimentaliste, parce qu'elle implique, non pas simplement l'observation des réponses affectives d'un spectateur, mais la capacité à adopter des attitudes appropriées et, par suite, le concept de raisons[3]. La radicalité du sentimentalisme de Smith (et sa fragilité

1. Voir G. W. Leibniz, « Méditation sur la notion commune de justice (1702) », dans *Le Droit de la raison*, éd. R. Sève, Paris, Vrin, 1994, p. 124.

2. K. Haakonssen, *Natural Law and Moral Philosophy. From Grotius to the Scottish Enlightenment*, Cambridge, Cambridge University Press, 1996, p. 148-150. Voir aussi M. Biziou, « Kant et Smith, critiques de la philosophie morale de Hume », *Revue philosophique de la France et de l'étranger*, 190 (4), 2000, p. 449-464.

3. Le rapprochement entre le contractualisme de Scanlon et la théorie d'Adam Smith a été fait par plusieurs auteurs, dont Philip Pettit (« Substantive Moral Theory », *Social Philosophy & Policy*, 25 (1), 2008, p. 17-18) et Sen (Amartya, *L'Idée de justice*, trad. fr. P. Chemla et É. Laurent, Paris, Flammarion, 2016), qui ne prêtent pas assez attention à ce qui sépare un rationaliste d'un sentimentaliste. Voir *infra*, Conclusion.

aux yeux du rationaliste) tient précisément à cette tentative d'une théorie de la justification qui lui donne pour base des attitudes qui ne sont pas réglées par des raisons. Pour savoir si une attitude est correcte, il faut consulter les réponses du spectateur smithien, mais celles-ci sont elles-mêmes correctes par simple stipulation. Il n'y a aucune condition épistémique particulière de leur validité en dehors d'une information suffisante, du désengagement et d'une posture que Smith dit *candid*. C'est bien en sentimentaliste radical que Smith rend compte du « *sense of propriety* », de notre capacité à évaluer le caractère approprié ou non et le degré de propriété d'une attitude[1]. En effet, sont appropriées les attitudes qui donnent lieu à l'approbation du spectateur, mais la question de la correction de cette attitude d'approbation elle-même n'est pas posée. Comme nous le verrons, elle est évitée en étant reportée au plan des causes finales. La providence nous a faits tels que nous sommes capables de réponses sentimentales impartiales et moralement instructives pourvu que nous soyons placés ou que nous nous placions imaginairement dans la bonne situation cognitive[2].

---

1. Nous traduirons littéralement *propriety*, qui signifie à la fois la décence et le caractère approprié, par « propriété » ou « appropriation », plutôt que par « convenance ». Dans *La Théorie*, l'usage surabondant du terme sonne comme un jargon. Dans son *Traité*, Hume l'emploie exclusivement au sens linguistique (la propriété d'une expression) qui est aussi celui du français « propriété ». Sur les relations entre le sens linguistique ou rhétorique et *La Théorie*, voir S. J. McKenna, *Adam Smith. The Rhetoric of Propriety*, Albany, State University of New York Press, 2006.

2. Les considérations de *La Théorie* sur la providence sont toutes *postérieures* à l'enquête scientifique et motivées par l'admiration qui est, comme le dit très justement Campbell, « l'émotion qui *suit* une explication scientifique ». De la même façon, ce que Smith appelle parfois « main invisible » ne désigne pas une intervention dans la causalité des

Le caractère implicite de l'analyse, la modestie descriptive, et la discrétion dans la défense d'un sentimentalisme radical sont certainement responsables de l'expérience du lecteur qui est à la fois celle de l'admiration devant la rhétorique déployée – notamment dans les portraits de caractères ou types moraux dans lesquels Smith excelle[1], qui condensent toute une expérience sociale et morale, et qui sont le seul aspect sous lequel son ouvrage se rapproche du genre édifiant qu'il appelle « éthique » (*TMS* 7, 4, 6 ; *F* 439) – et celle de la peine due à sa densité, qui exige souvent une grande contention d'esprit. Sous ce dernier aspect, le texte peut paraître bien éloigné de l'exigence pédagogique que devaient satisfaire les conférences de philosophie morale données par Smith à Glasgow à de jeunes gens, dont la première édition de *La Théorie* est directement issue[2]. Il est aussi assez éloigné de l'idéal de la philosophie « *easy* » que Hume avait assigné à l'écriture de ses propres essais et enquêtes afin d'assurer la popularisation de la nouvelle science de la nature humaine. Le lecteur de Smith a souvent besoin d'aide.

---

phénomènes sociaux. Campbell dit joliment que « la main invisible fabrique la montre, mais n'intervient pas dans son fonctionnement ». T. D. Campbell, *Adam Smith's Science of Morals*, *op. cit.*, p. 60-61. Il nous semble que l'interprétation interventionniste d'Oslington, qui prend au pied de la lettre la métaphore, est très fragile (« Divine Action, Providence and Adam Smith's Invisible Hand », *in* P. Oslington (dir.), *Adam Smith as Theologian*, New York, Routledge, 2011, p. 61-74).

1. Voir M. Biziou, « Commerce et caractère chez La Bruyère et Adam Smith : la préhistoire de l'*homo economicus* », *Revue d'histoire des sciences humaines*, 5 (2), 2001, p. 11-36 ; également, S. Leloup, « Les entrepreneurs smithiens : le fils de l'homme pauvre, l'homme prudent et le faiseur de projets », *Cahiers d'économie politique*, 42 (1), 2002, p. 75-87.

2. Sur le contexte de l'enseignement de Smith, voir N. Phillipson, *Adam Smith. An Enlightened Life*, Londres, Allen Lane, 2010, chap. 6.

Feuille de route

Quelles sont les questions générales que le lecteur de
La Théorie attend de voir clarifiées ? Il ne serait pas avisé
de mettre sur cette liste la question qui a donné lieu au
prétendu « problème Adam Smith », à savoir celle de la
cohérence entre la psychologie et le supposé enseignement
moral de *La Théorie* et la conception des motivations de
l'action qui opère dans *La Richesse des nations*. Ce faux
problème, dont on sait qu'il reposait sur un prétendu conflit
entre une explication par la sympathie et une explication
par l'intérêt, a été dissipé de diverses manières[1]. Pour n'en
mentionner qu'une, il suffit de remarquer que *La Théorie*
distingue, à la suite de Butler, une forme naturelle et une
forme excessive de *self-love* et accorde à la première une
place très importante comme ressort de la vie évaluative et
spécialement morale[2]. La culture de la sympathie n'exige
aucun renoncement au *self-love* naturel[3].

Voici les principales questions auxquelles ce livre essaie
d'apporter des réponses :

a) Quelle organisation ? Comment comprendre la
structure de la partie théorique de *La Théorie*, c'est-à-dire
de l'ouvrage tel qu'il est avant l'adjonction d'une partie
dite « pratique », sur l'identification des vertus, avec la

1. Pour un aperçu, voir J. Dellemotte, « La cohérence d'Adam Smith,
problèmes et solutions : une synthèse critique de la littérature après
1976 », *Économies et sociétés*, série HPE, 45 (12), 2011, p. 2227-2265.
2. Voir C. Maurer, *Self-Love. Egoism and the Selfish Hypothesis*,
Édimbourg, Edinburgh University Press, 2019, p. 186-195. Voir
aussi F. Forman-Barzilai, *Adam Smith and the Circles of Sympathy.
Cosmopolitanism and Moral Theory*, Cambridge, Cambridge University
Press, 2010, p. 37-45.
3. Voir J. Dellemotte. « La cohérence d'Adam Smith, problèmes et
solutions : une synthèse critique de la littérature après 1976 », art. cit.,
p. 2252-2253.

sixième édition ? Une solution élégante a été adoptée par Leonardo Müller[1]. Elle s'appuie sur la typologie des principes d'approbation et de désapprobation. En effet, Smith distingue quatre sortes de manières d'évaluer une attitude ou une conduite, selon la source de nos sentiments : 1. Le sens de la propriété repose sur la capacité à sympathiser avec les motifs de l'agent concerné, c'est-à-dire les sentiments qui déterminent apparemment son attitude ou son action. 2. Le sens du mérite repose sur le précédent (sympathie directe avec l'agent concerné) et sur la capacité à sympathiser (sympathie dite indirecte) avec la gratitude du bénéficiaire de l'action en question, et concerne ainsi ses effets proches. 3. Le sens du devoir repose sur la capacité à confronter une attitude ou conduite avec les règles générales. 4. Le sens de la beauté (tirée de l'apparence d'utilité) repose sur la capacité à s'émerveiller du système de conduite dans lequel cette action ou attitude s'insère de manière plus ou moins lointaine (*TMS* 7, 3, 3, 16 ; *F* 434). La partie théorique de *La Théorie* analyse l'approbation et la désapprobation. Sa structure doit donc être fournie par cette typologie des « principes », selon le mot de Smith.

Cette solution se heurte, cependant, à plusieurs difficultés. Elle est proposée tardivement – du point de vue du déroulement de l'ouvrage et non pas du point de vue de sa genèse –, dans la dernière partie. Smith ne l'a pas exposée à l'ouverture de *La Théorie*. En outre, cette structure – et ceci explique sans doute cela – ne correspond pas complètement au plan que Smith a effectivement

1. L. A. P. Müller, *The Philosophy of Adam Smith. Imagination and Speculation*, thèse de doctorat, Paris et São Paulo, Université Paris 1 Panthéon-Sorbonne et Universidade de São Paulo, 2016, p. 30 *sq*.

adopté. Certes, les trois premières parties de *La Théorie* traitent respectivement du « sens de la propriété », du « sens du mérite » et du « sens du devoir ». La partie III fait du sens du devoir une capacité à recourir à des règles générales pour remédier à la difficulté que l'on a à limiter les incohérences temporelles des évaluations fondées sur le sens de la propriété et le sens du mérite. Les règles ont, notamment, une fonction corrective et le sens du devoir constitue ainsi une sorte de second rideau, par rapport au recours au spectateur, dans nos ressources évaluatives – mais il est le premier à être mobilisé, dans la vie évaluative qui est le lot commun. La partie IV traite bien de « l'apparence d'utilité », mais elle n'en fait pas l'objet d'un « sens » qui aurait le même statut que les précédents[1]. Smith s'y interroge même sur le degré auquel on peut considérer l'appréhension de cette beauté de l'apparence d'utilité comme un principe de l'approbation. Et il souligne que cette beauté « est principalement perçue par les hommes de réflexion et de spéculation, et n'est en aucun cas la qualité qui recommande en premier lieu ces actions au gros des hommes » (*TMS* 4, 2, 11 ; *F* 267) – remarque qui manifeste la conscience que Smith avait de l'écart regrettable entre le point de vue de certains savants et celui des acteurs sociaux. Le quatrième type diffère des trois précédents sous au moins un aspect : ce goût pour l'apparence d'utilité – que Smith appelle aussi « amour

---

1. Nous ne pouvons pas suivre, sur ce point, Campbell, qui fait de la considération de l'utilité la « quatrième et dernière source de l'approbation morale », conformément au plan que Smith a signalé, mais, selon nous, qu'il n'a pas suivi. T. D. Campbell, *Adam Smith's Science of Morals*, *op. cit.*, p. 116.

des systèmes[1] » – n'est pas un guide sûr de l'évaluation, et peut expliquer certains égarements des théoriciens ou des politiciens. Par exemple, ce goût est responsable de l'erreur des philosophes de l'intérêt privé qui voient dans la société humaine une machine étonnante parce qu'ils la considèrent sous un angle théorique, qui n'est pas celui qui est adopté dans les évaluations sociales et morales effectives (*TMS* 7, 3, 1, 2 ; *F* 422). Le goût pour les machines en quoi consiste le sens de la beauté liée à l'apparence d'utilité, qui repose sur la sympathie pour leur bénéficiaire ou possesseur, à laquelle Hume donnait tant d'importance, ne peut pas éclairer la manière dont on apprécie sympathiquement le degré de propriété ou bien le mérite d'une attitude (c'est-à-dire le degré auquel elle justifie la gratitude), précisément parce qu'« aucune machine ne peut être l'objet de ces deux dernières sympathies » (*TMS* 7, 3, 3, 17 ; *F* 435) – aucune machine n'étant susceptible de propriété des motifs ou de mérite.

Pour ces raisons, nous pensons que la structure de la partie théorique est plutôt donnée par la distinction des trois « sens » et des « influences » qui affectent leur exercice. On est frappé par le vocabulaire de l'influence qui, parfois, converge avec celui de l'autorité d'un principe (comme la conscience morale), mais qui, souvent, permet à Smith de parler de ce qui vient affecter, voire perturber, l'opération du principe. Il nous semble que la tétralogie des principes d'évaluation est moins structurante pour *La Théorie* que l'opposition entre les « sens » comme principes, d'une part, et, d'autre part, les « influences » de divers facteurs,

1. Sur cette notion, voir notamment D. Diatkine, « Vanity and the Love of System in *Theory of Moral Sentiments* », *The European Journal of the History of Economic Thought*, 17 (3), 2010, p. 383-404.

comme la coutume, les considérations relatives à la fortune, ou même la beauté liée à l'apparence d'utilité[1]. Une telle conception est typique de l'associationnisme qui domine chez plusieurs auteurs du même milieu intellectuel, par exemple Alexander Gerard, et dont nous avons montré ailleurs qu'il permet d'intégrer la pluralité des « sens » comme divers exercices d'une même imagination[2].

b) Quelle explication de l'autorité normative ? Pourquoi ce que nous nous représentons du point de vue d'un spectateur devrait-il compter pour nous[3] ? Le spectateur est un autre. Comment les attitudes ou réactions des autres peuvent-elles avoir une véritable autorité, au-delà d'une simple influence, sur nos propres attitudes et conduites ? L'arrière-plan de la sympathie est la distance, l'écart entre les personnes. La personne – s'il s'agit d'une personne[4] –

1. Sur la fécondité des influences, biais et autres « irrégularités » dans la pratique sociale et économique, voir D. Schulthess, « La psychologie politique d'Adam Smith : Biais cognitifs et différences sociales dans la *Théorie des sentiments moraux* », *in* A. Hügli et C. Chiesa (dir.), *Formen der Irrationalität. Formes d'irrationalité*, Bâle, Schwabe, 2009, p. 207-215.

2. L. Jaffro, *La Couleur du goût, op. cit.*, p. 187-192.

3. Cette question doit être posée aussi aux théories de l'observateur idéal, dont ne relève pas *La Théorie* (voir *infra*, p. 162, n. 3). Voir F. Jaquet et H. Naar, *Qui peut sauver la morale ? Essai de métaéthique*, Paris, Ithaque, 2019, p. 92 *sq*. Smith appelle « spectateur impartial » autrui en général, et « spectateur idéal » notre représentation d'un tel point de vue. Le fait est que l'avis d'autrui compte pour nous. Mais cela ne prouve pas qu'il doit compter.

4. Notons que le spectateur peut être la société politique elle-même ou une institution. Voir A. Smith, *Leçons sur la jurisprudence*, trad. fr. H. Commetti, Paris, Dalloz, 2009, p. 189. Daniel Diatkine attire notre attention sur le rôle de spectateur que Smith envisageait que l'on donnât à des « états généraux de l'empire britannique » intégrant au Parlement une « représentation juste et équitable de toutes ces provinces différentes », dans le but d'une extension du système fiscal britannique (A. Smith, *Enquête sur la nature et les causes de la richesse des nations*, trad. fr.

qui sympathise n'est pas la personne objet de sa sympathie. La première n'est pas et ne peut pas être à la place de la seconde. Ce que ressent la seconde n'est pas et ne peut pas être directement ressenti par la première. C'est pour cette raison que la sympathie est nécessairement une opération qui a sa source dans l'imagination et non pas une opération de la sensation ou même du sentiment[1]. Une manière efficace de conduire cette opération est de se représenter la situation particulière dans laquelle se trouve la personne qui est la cible de la sympathie. Nous nous représentons alors non pas ce qu'éprouve autrui, mais ce que nous éprouverions nous-mêmes si nous avions à faire face à la situation qui est celle d'autrui. Et, à un autre degré, c'est aussi par l'imagination qu'une personne peut accéder au point de vue d'un spectateur qui, à l'inverse, sympathiserait plus ou au moins (et plus ou moins facilement) avec elle. La séparation entre autrui et moi est l'arrière-plan non seulement de la sympathie que je peux avoir pour autrui, mais aussi de la représentation que je peux me faire de la sympathie qu'autrui peut avoir pour moi.

Ce problème interpersonnel a son équivalent dans un problème intrapersonnel et intertemporel[2]. L'écart entre

P. Taieb, Paris, PUF, 1995, p. 1064 ; *cf.* p. 1079, où apparaît le thème du spectateur impartial, appliqué à la distance du regard provincial). Voir D. Diatkine, *Adam Smith. La découverte du capitalisme et de ses limites*, Paris, Seuil, 2019, p. 174 *sq.*

1. L'interprétation sensualiste de la sympathie, présente dans la réception continentale chez Grouchy et les Idéologues, est une distorsion. Voir L. Bréban et J. Dellemotte, « From One Sympathy to Another : Sophie de Grouchy's Translation and Commentary on the *Theory of Moral Sentiments* », *History of Political Economy*, 49 (4), 2017, p. 667-707.

2. La littérature économique a proposé des modélisations du problème en termes de théorie des jeux. Voir, par exemple, S. J. Meardon et A. Ortmann, « Self-Command in Adam Smith's *Theory of Moral Sentiments* : a Game-Theoretic Reinterpretation », *Rationality and Society*, 8 (1), 1996, p. 57-80.

ce que je pense ou désire maintenant et ce que je pensais ou désirais il y a quelques semaines est l'arrière-plan de mon intérêt présent, plus ou moins fort, pour ce que j'ai pu penser et désirer antérieurement. Ce soir, dans la chaleur sociale d'un repas partagé, je me surprends à témoigner chaleureusement de l'affection à des personnes dont je m'étais juré, au terme du bilan attentif d'une série de déceptions, de ne plus rien attendre. Pourquoi devrais-je écouter davantage la voix de mon jugement antérieur que la voix de mes émotions présentes ? Une description à la Smith ne nous dit pas que nous devrions l'écouter davantage (elle nous dit cependant que nous le devrions pour autant que nous valorisons la maîtrise de nous-mêmes), mais elle nous explique comment nous en venons à la conclusion que nous devrions l'écouter, ou comment un témoin en viendrait à cette conclusion à notre place.

L'opération de la sympathie réciproque, qui est celle de la personne concernée pour un spectateur, est au fondement de la maîtrise de soi. Il faut pour cela, en outre, que la personne concernée estime que c'est en contrôlant ses propres passions qu'elle peut mériter la sympathie d'un spectateur impartial. Si nous n'avions pas de capacité à adopter son point de vue, l'opinion d'un autre n'aurait aucune autorité pour nous. Notre propre opinion dans un passé assez éloigné de la sphère de nos intentions présentes n'aurait pas non plus d'autorité sur ces dernières. Il est tentant d'en conclure que Smith réussit à rendre compte de l'autorité de certains jugements bien pesés, formés dans des circonstances de réflexion calme et de bonne information, dans les termes d'une dynamique de la sympathie au sens large. Nous appellerons « sympathie au sens strict » la coïncidence observable des sentiments d'un spectateur et de la personne concernée. C'est le sens usuel de *sympathy* dans *La Théorie*. La « sympathie au sens large » ajoute à la précédente sa condition : l'opération par laquelle on s'imagine dans la situation d'autrui.

Le sentimentalisme devrait en rester à l'autorité de nos seuls sentiments présents s'il ne se dotait, grâce à l'opération de la sympathie, de la capacité de rendre compte des attitudes que nous estimons devoir adopter alors même qu'elles ne coïncident pas avec nos sentiments présents. Mais est-il si certain que le sentimentalisme augmenté de la dynamique complexe de la sympathie fournisse la théorie de l'autorité de certains jugements sur les conduites, y compris sur nos propres conduites ? Ne faut-il pas inverser la perspective en faisant observer que les considérations que nous pouvons avoir en nous plaçant par l'imagination dans un point de vue contrefactuel n'ont de force normative pour nous que pour autant que ce sont *nos* considérations et qu'en outre nous avons des raisons de leur donner de l'importance ?

C'est pourquoi on doit se demander si, pour être plus convaincant, le sentimentalisme radical ne devrait pas se doter d'une conception de l'identité pratique – de la capacité à endosser un certain caractère et à reconnaître comme siennes les attitudes et conduites qui l'expriment[1]. La force normative de certains jugements ne peut s'expliquer par notre seule aptitude à nous les représenter comme étant les jugements de spectateurs moins partiaux que nous. Ne faut-il pas, en plus, que nos projets pratiques, la conception que nous avons de nous-mêmes, du type de personne que nous désirons être, confère une importance particulière à ces jugements ? Il me semble que sans cette fonction de

---

1. En ce sens assez relâché de l'identité – c'est une forme d'identité qualitative et non une identité numérique –, nous ne sommes pas les mêmes personnes qu'il y a quelques décennies.

l'identité pratique la séparation des personnes ne peut pas être compensée ; ou plutôt, qu'elle peut être compensée par l'imagination, mais de manière inefficace, non conclusive, sans incidence normative. L'insistance de Smith sur le point de vue qui est lié à un *character* est significative[1].

c) Quelle réalité de la valeur ? Cette autre question, au regard de *La Théorie*, est de nature métathéorique. L'auteur de la nature a-t-il fait en sorte que le spectateur impartial tienne pour digne de blâme ce qui est *réellement* digne de blâme ? Comme Hutcheson, Smith reporte sur le plan des causes finales la question métaphysique de la « réalité » de la moralité. Cette question n'est pas réglée sur le plan du jugement lui-même, car, sur ce plan, la norme de ce qui est réellement digne de blâme est fournie par le jugement du spectateur impartial, de telle sorte que nous ne savons pas comment répondre à une question du style de celle de l'*Euthyphron* : Le spectateur impartial tient-il telle attitude pour digne de blâme parce qu'elle est (réellement) digne de blâme ? Ou bien cette attitude est-elle (réellement) digne de blâme parce que le spectateur impartial la tient pour digne de blâme ? Pour envisager une réponse à cette question, il nous faudrait spéculer sur les causes finales et sur le projet divin. Un lecteur attentif de Hume sait que son usage, plus limité, du vocabulaire providentialiste n'est qu'une manière conventionnelle de parler pour signifier une constitution naturelle qui n'a pas à être expliquée en faisant appel à la téléologie. Car une théorie des ajustements non intentionnels pourrait en rendre compte aussi bien, en s'inspirant de l'hypothèse stratonicienne et

---

1. Il est possible que l'adjonction de la partie VI sur les vertus et les caractères individuels ait eu parmi ses motifs cette préoccupation pour la question de l'identité pratique de l'agent. Nous remercions Ecem Okan de cette suggestion.

des considérations néo-épicuriennes développées par le personnage de Philon dans les *Dialogues sur la religion naturelle*[1]. Mais qu'en est-il dans le cas de Smith ? Comme nous le montrerons, chaque fois qu'il est question des fondements des évaluations et de leur correction, *La Théorie* renvoie la question sur le plan – inaccessible – de la providence. Une machinerie admirable (le « système de la sympathie ») nous découvre une correspondance entre des réponses évaluatives et des valeurs : selon cette théorie de la réponse, les sentiments spontanés d'un spectateur bien informé nous indiquent les attitudes qui méritent d'être adoptées ou rejetées. Mais nous ne savons pas si cette correspondance régulière a son fondement dans la nature des choses ou dans la constitution de la subjectivité. Nous savons cependant qu'elle est très heureuse.

d) Le sentimentalisme de Smith constitue-t-il une théorie morale ? C'est un truisme seulement si on considère que le contenu des cinq premières parties de *La Théorie* est une théorie morale en un sens que l'expression a pour nous. « Théorie morale » est aujourd'hui équivoque. Cela peut désigner une théorie à propos du bien moral (par exemple, une théorie utilitariste), ce que l'on appelle généralement une éthique normative. Cela peut désigner tout autre chose : une métaéthique (par exemple, une forme de subjectivisme) comme théorie à propos de la nature des entités et des opérations impliquées par les évaluations morales. Or, pour Smith, il y a bien entre les cinq premières parties et la partie VI (dans la sixième édition) une différence que l'on peut caractériser dans les termes, respectivement, de théorie et de pratique. L'ouvrage porte le titre *La Théorie*

---

1. Sur ce thème, voir D. Deleule, *Hume et la naissance du libéralisme économique*, Paris, Aubier, 1979.

parce que dans ses premières éditions il était exclusivement théorique. En ce sens, est théorique une recherche des principes de l'approbation. Est pratique la partie qui examine le type de vertu qui mérite l'approbation. Cela semble correspondre, à première vue, à la différence que nous faisons entre métaéthique et éthique normative. À partir de la sixième édition, *La Théorie* offrirait donc une théorie morale dans les deux sens du terme, même si l'étude substantielle n'y est qu'ébauchée[1]. En outre, si cela ne suffisait pas, le fait que Smith donne une histoire des théories morales – entendue sous les deux aspects – qui facilite la compréhension de sa propre entreprise, plaide pour que l'on considère qu'elle concurrence directement les théories de Hutcheson et Hume.

Cependant, nous ne pensons pas que *La Théorie* puisse être vraiment animée par l'intention de fournir une théorie morale, ni au sens d'une métaéthique ni au sens d'une éthique normative, même si ce qu'elle accomplit leur ressemble beaucoup. Le projet de Smith s'inscrit dans le programme d'une science de la nature humaine qui a été théorisé par Hume notamment dans l'Introduction de son *Traité*, et qui était déjà engagé par Hutcheson et d'autres auteurs de la même génération, comme George Turnbull[2]. Ce projet vise à décrire les phénomènes moraux et à en rendre compte par la découverte analytique de leurs

1. Sur les circonstances de la préparation de la sixième édition, voir D. D. Raphael, *The Impartial Spectator, op. cit.*, p. 69-70.

2. Sur la contribution de Turnbull à l'introduction d'une méthode newtonienne en philosophie de l'esprit, voir D. F. Norton, « George Turnbull and the Furniture of the Mind », *Journal of the History of Ideas*, 36 (4), 1975, p. 701-716. Voir aussi T. Ahnert, « The "Science of Man" in the Moral and Political Philosophy of George Turnbull », *in* J. Lemetti et E. Piirimäe (dir.), *Human Nature as the Basis of Morality and Society in Early Modern Philosophy*, Helsinki, Societas Philosophica Fennica, 2007, p. 89-104.

principes. Mais, avec Smith, le caractère purement descriptif de l'entreprise est profondément accentué. Quelque chose qui ressemble à une interrogation métaéthique sur les conditions psychologiques, mais aussi ontologiques et épistémologiques, de la moralité, est une investigation destinée à décrire le fonctionnement de n'importe quelle sorte de jugement évaluatif qui concerne ou la « propriété » ou le « mérite », sans que l'auteur s'engage réellement dans une discussion sur les contreparties sémantiques ou métaphysiques de cette description. De même, ce qui ressemble à une interrogation substantielle sur les vertus, qui identifierait les dispositions qui méritent l'approbation (et même l'admiration), est – nous forçons un peu le trait – une description sans ambition directement normative des dispositions qui sont valorisées comme des vertus ou des vices[1]. Certes, Smith endosse les intuitions morales de la société européenne à laquelle il appartient – et qu'il aime comparer à d'autres sociétés, comme celles des Indiens d'Amérique[2] – et il s'efforce d'en analyser les sources, mais son travail relève plus d'une sociologie morale ou d'une science des mœurs[3] que d'une théorie morale dans l'un ou l'autre des sens de l'expression. Ses prédécesseurs dans la

1. Il y a cependant une ambition persuasive dans certains tableaux des vertus et des caractères. Sur cette dimension « protreptique », voir C. Griswold, *Adam Smith and the Virtues of Enlightenment*, *op. cit.*, p. 175-178.

2. Sur les considérations de Smith sur les « sauvages » et leur place dans la théorie des stades de civilisation, voir S. Cremaschi, « Adam Smith on Savages », *Revue de philosophie économique*, 18 (1), 2017, p. 13-36 ; E. Okan, « How Did It All Begin ? Adam Smith on the Early and Rude State of Society and the Age of Hunters », *European Journal of the History of Economic Thought*, 24 (6), 2017, p. 1247-1276.

3. Pour un panorama, voir L. Bréban, S. Denieul, É. Sultan (dir.), *La Science des mœurs. De la conception à l'expérimentation*, Paris, Classiques Garnier, 2021.

science de la nature humaine n'avaient pas complètement renoncé à concurrencer les métaphysiciens, d'un côté, ou, de l'autre, les auteurs de sermons édifiants. La réserve descriptive de *La Théorie* est double : d'une part, décrire n'est pas fonder ; d'autre part, ce n'est pas recommander. Mais il est facile de confondre le projet de Smith avec une entreprise de fondation théorique ou une théorie normative. Lui-même a encouragé cette confusion. Il ne voyait aucun inconvénient à voir dans *La Théorie* une « philosophie morale », même si à son époque cette expression (et la chaire universitaire qui lui devait son appellation) s'entendait de manière très large comme la science de l'esprit dans tout son spectre, face à la science de la nature. Peut-être projetons-nous dans cette lecture un découpage de la philosophie morale qui est le nôtre ? Il n'y aurait alors pas lieu de s'étonner qu'il ne s'applique qu'imparfaitement à Smith.

La Théorie est au premier chef un exercice dans la science de la nature humaine qui prétend donner une bonne description du monde moral et social, et qui adopte le sentimentalisme dans ce but de description, puisqu'il y suffit. Il semble que *La Théorie* soit radicalement sentimentaliste par économie explicative. Elle évite de réitérer pesamment l'attaque sentimentaliste contre le rationalisme moral ; elle s'épargne aussi de prendre des engagements normatifs qui ne seraient pas ceux de l'opinion publique ; par exemple, elle ne propose pas directement telle vertu comme accomplissement moral, même si elle endosse une évaluation sociale à ce sujet et décrit « l'homme de la plus parfaite vertu, l'homme que, naturellement, nous aimons et révérons le plus » comme « celui qui joint au contrôle le plus parfait de ses propres sentiments originels et intéressés [*selfish*] la sensibilité la plus intense [*exquisite*] à la fois aux sentiments originels et aux sentiments sympathiques d'autrui », combine, respectivement, les « vertus respectables » et les « vertus aimables », et concentre ainsi la pluralité des vertus (*TMS* 3, 3, 35 ; *F* 216). *La Théorie* renvoie aussi les engagements métaphysiques et la question de la fondation et de la réalité des valeurs au plan des causes finales. Le sentimentalisme n'est pas présenté à la Hume comme la vraie métaphysique de la morale, mais comme l'outil d'une exploration prudente et modeste des phénomènes sociaux. La prudence et la modestie de *La Théorie* vont jusqu'à l'affirmation que l'intérêt pris à sa lecture est presque exclusivement intellectuel. Mais elle nous enseigne aussi qu'il ne faut pas en rester à la fascination pour les systèmes – pour la mécanique sociale – si on espère entendre quelque chose aux interactions évaluatives dont, pour paraphraser une formule déjà citée, aucune machine n'est l'objet[1]. Il nous faut aussi entrer dans les divers points de vue des acteurs sociaux, et c'est ce qu'accomplit constamment Smith, grâce à une imagination qui ne tient pas son objet à distance, et ce à quoi il nous invite, selon une démarche qui est aussi bien compréhensive qu'analytique[*].

1. Voir *supra*, p. 27.

* Ce livre, dont la préparation a été possible grâce à une délégation à l'Institut universitaire de France, doit beaucoup à des échanges avec des membres du laboratoire PHARE de l'université Paris 1 Panthéon-Sorbonne, et avec les étudiants de cette université et de l'université de Neuchâtel. Il a aussi bénéficié des discussions dans le projet REACT (ANR-20-CE28-0012), comme au sein du réseau « Justice et intérêt » de l'INSHS du CNRS, du séminaire « Imaginação econômica » à l'université de São Paulo et du séminaire de métaéthique au CAPHI. Nos remerciements vont en particulier à Laurie Bréban, Jean Dellemotte, Claire Etchegaray, Stéphane Lemaire, Samuel Lepine, Ecem Okan, Pedro Pimenta et Benoît Walraevens.

CHAPITRE PREMIER

SYMPATHIE ET APPROBATION

DEUX REGARDS ÉVALUATIFS

C'est par une distinction des manières d'évaluer que Smith éclaire le plan de l'ensemble de la partie purement théorique de *La Théorie* – par opposition à sa partie plus pratique (partie VI, ajoutée avec la sixième édition) et à sa partie historique (VII). La valeur morale d'une action dépend du « sentiment ou affection du cœur » dont elle procède. Cette disposition ou attitude affective qui est la motivation de l'action « peut être considérée sous deux aspects différents ou dans deux relations différentes » : par rapport à la cause qui la suscite ou par rapport à l'effet qu'elle tend à produire. La qualité qu'a cette disposition affective d'être appropriée à sa cause ou son objet, Smith l'appelle *propriety*. Il dénomme « mérite » ou « démérite » de l'action la qualité qu'elle a d'être bénéfique ou nocive dans les effets prévus. Le mérite est ce qui appelle la récompense et le démérite ce qui appelle la punition (*TMS* 1, 1, 3, 5-7 ; *F* 40).

Cette distinction structurante permettra plus loin à Smith de régler le débat traditionnel entre ceux qui font de l'utilité le critère de la valeur morale et ceux qui mettent en avant une qualité interne à l'agent comme l'honnêteté. Il y a certainement une priorité de l'honnêteté sur l'utilité.

Ce que Smith appelle *propriety* d'une attitude ou émotion est une relation normative entre cette attitude ou émotion et son objet ou sa cause. Dans le cas de nombreuses émotions, leur cause *est* leur objet et cela peut justifier l'apparente hésitation dans la formule. Le premier sens de *propriety* est objectif. C'est pourquoi la traduction par « convenance », qui peut aujourd'hui suggérer une conformité à une norme sociale, n'est pas très satisfaisante[1]. Elle pourrait susciter une confusion entre ce qu'est la *propriety* et son index social, entre l'appropriation objective (du sentiment ou de l'émotion par rapport à son objet) et l'appropriation subjective (du sentiment ou de l'émotion par rapport à des attentes normatives de tiers). Il y a relation, et non identité, entre les deux :

> C'est dans l'adéquation ou l'inadéquation, la proportion ou la disproportion que l'affection paraît comporter avec la cause ou à l'objet qui la suscite que consiste la propriété ou l'impropriété, la bienséance ou la grossièreté (*decency or ungracefulness*) de l'action consécutive. (*TMS* 2, 1, Introduction, 2 ; *F* 111)

Nous adoptons la transposition de ce terme technique par « propriété ».

QU'EST-CE QUE LA SYMPATHIE ?

Smith, le plus souvent, entend par *sympathy* une correspondance entre les sentiments d'une personne et d'une autre personne, constatable par au moins l'une d'entre elles. Dans la forme élémentaire, la correspondance est sue

---

1. Cette traduction était la seule pertinente au XVIIIe siècle. Voir L. Bréban et J. Dellemotte. « From One Sympathy to Another : Sophie de Grouchy's Translation and Commentary on the *Theory of Moral Sentiments* », art. cit.

de la seule personne qui sympathise. Cela suppose que les sentiments de la personne objet puissent être présumés, qu'ils soient ou non manifestes par leur expression, et que la personne sympathisante, que Smith appelle le « spectateur », sache ce qu'elle ressent, ce qui implique un certain degré à la fois de publicité et de transparence.

Si les sentiments des autres ne sont pas manifestés, signifiés, s'ils restent énigmatiques, sous un masque permanent et opaque[1], la sympathie ne peut que difficilement s'exercer ; et il semble également difficile de la constater – sauf à admettre, comme Smith l'exige, que l'on est capable de constater un accord entre ses propres sentiments et ce que l'on *imagine* être les sentiments d'autrui. La bonne marche de la sympathie suppose une société de confiance et d'expression ouverte, comme le suggère Smith. Il affirme que la correspondance des sentiments et l'agrément spécifique qu'elle comporte ne peuvent se développer que dans un contexte social de « libre communication des sentiments et des opinions » (*TMS* 7, 4, 28 ; *F* 448-449). Ce dévoilement mutuel, cette « franchise et ouverture », qui est au principe de la confiance (*trust*), constitue le contexte cognitif indispensable à l'observation des rapports entre les sentiments des uns et des autres, donc de la sympathie.

Cette ouverture est la condition d'une connaissance commune. Dans une forme plus complexe, être objet de sympathie – ou ne pas l'être, ou l'être insuffisamment – est su de la personne concernée, de sorte que la correspondance de sentiment (ou son manque) n'est pas sue du seul spectateur.

---

1. Ne confondons pas avec ce masque l'impassibilité de qui a la vertu d'un « sauvage » et fait l'effort de dissimuler sa souffrance (*TMS* 5, 2, 9 ; *F* 285-287). Elle est plutôt lue comme l'expression claire d'un effort admirable.

Comment cette correspondance de sentiments peut-elle être obtenue? Par un exercice de l'imagination, qui est non pas la sympathie elle-même (si on l'entend en un sens strict), mais le moyen de sa production. La sympathie ne peut pas être produite par un simple processus de copie des sentiments. En effet, en raison de la séparation des personnes, qui constitue un fait fondamental, les sentiments du spectateur ne peuvent pas être la copie, en un sens causal, des sentiments de la personne objet, et ne sont pas non plus dérivés des seules représentations qu'il peut avoir de leur éventuelle expression[1]. « Ce sont les impressions de nos sens seulement, non celles des siens, que nos imaginations copient. » (*TMS* 1, 1, 1, 2 ; *F* 24) Mais l'imagination, en permettant de se représenter de manière indirecte ce qu'on ressentirait dans la situation d'autrui, compense cette extériorité radicale.

Comme nous n'avons aucune expérience de ce que les autres sentent, nous ne pouvons former aucune idée de

---

1. Smith emprunte manifestement son vocabulaire à un des fondateurs de la science de la nature humaine, Hume, que *La Théorie* entend illustrer : idée, *feeling*, vivacité, faiblesse de la conception. C'est un lexique qui est mobilisé sans que sa syntaxe soit véritablement reprise. La causalité de ce que Hume appelle aussi « sympathie » va de la représentation des signes de la passion d'autrui vers la passion du spectateur, par le jeu de l'association des idées et des transferts de vivacité. Une des différences importantes est que Smith fait jouer un rôle central, non pas à l'idée que le spectateur a de la passion d'autrui, mais à la représentation de la situation dans laquelle autrui se trouve (G. Sayre-McCord, « Hume and Smith on Sympathy, Approbation, and Moral Judgment », *Social Philosophy and Policy*, 30 (1-2), 2013, p. 208-236). On ne peut donc pas appliquer simplement à la correspondance smithienne des sentiments le modèle humien de la causalité psychologique par laquelle les impressions donnent lieu à des idées qui en sont les copies. Hume lui-même estimait que la causalité à l'œuvre dans le phénomène de la communication des affects était très complexe.

la manière dont ils sont affectés sinon en concevant ce que nous-mêmes devrions sentir dans la même situation. (*TMS* 1, 1, 1, 2 ; *F* 24)

Ce que nous « devrions » sentir ne renvoie ici à aucun devoir de nature morale. « *What ourselves should feel in the like situation* » est simplement la même chose que « *what would be our own [sensations] if we were in his case* ». Il s'agit de l'expérience de nos réponses hypothétiques dans une situation contrefactuelle. Nous nous représentons ce que nous ressentirions si nous étions dans la situation de la personne concernée. C'est seulement si le point de vue de la personne dans lequel nous entrons par l'imagination est doté d'une autorité particulière que cette expression peut se colorer d'une signification normative. C'est ce qui se produit, à un stade plus élaboré de la description, avec la théorie du spectateur idéal, lorsque nous faisons appel à « l'homme dans notre cœur, le supposé spectateur impartial, le grand juge et arbitre de notre conduite » (*TMS* 6, 2, 1, 22 ; *F* 314)[1]. Mais, pour l'heure, il s'agit de donner seulement le premier ingrédient que découvre une analyse des jugements évaluatifs. Être à la place d'une personne, c'est se trouver dans sa situation et ainsi pouvoir ressentir ce qu'elle ressent. C'est donc de manière très indirecte, et sans aucun doute faillible, que l'imagination peut me permettre de me représenter ce qu'un autre ressent. C'est en me représentant ce que je ressentirais si j'étais dans cette situation que je sais quelles seraient dans ce cas mes réactions, d'une part, et d'autre part si elles sont les mêmes

---

1. Le vocabulaire du témoin intérieur devient plus présent avec les révisions successives de *La Théorie*, comme le montre E. Rothschild, « *TMS* and the Inner Life », *in* V. Brown et S. Fleischacker (dir.), *The Adam Smith Review*, vol. 5, Londres, Routledge, 2010, p. 28. « Supposé », comme « idéal », veut dire « imaginé ». Voir *infra*, p. 166, n. 1.

que les siennes. Afin que je sache ce que je ressentirais dans
cette situation, il faut que j'aie une expérience suffisante de
mes propres réactions dans des circonstances semblables.
Bien que les formulations de Smith puissent parfois laisser
ce point dans l'ombre, il est essentiel de bien comprendre
que la sympathie est cette correspondance des sentiments
qui est produite dans des circonstances qui sont créées
par l'imagination ou la représentation de la situation de
la personne concernée. La sympathie ne consiste pas dans
l'imagination, car l'imagination est sa source[1].

LA SYMPATHIE AU SENS STRICT

Dans la philosophie de l'esprit contemporaine, la
sympathie peut désigner une capacité de simulation, de
« projection imaginative » comme le rappelle Stephen
Darwall, qui pense reconnaître cette conception dans Smith.
Mais, assez constamment, Smith entend par *sympathy*
ce qui peut se produire ou non dans le contexte d'une
projection imaginative, et non la projection imaginative
elle-même[2]. Identifier ce sens strict du terme « sympathie »
n'interdit pas de l'employer aussi pour désigner la globalité
de la représentation imaginaire et de la confrontation des
sentiments, comme on le fait souvent quand on parle
approximativement de la théorie de Smith. Il faut cependant
bien garder cette distinction en tête. Pourquoi ne pas
moderniser notre vocabulaire et utiliser « sympathie » en

1. D. D. Raphael, *The Impartial Spectator*, *op. cit.*, p. 14.
2. Darwall admet cependant que, dans Smith, le terme peut aussi
désigner le « *fellow feeling* qui résulte de la simulation ». Mais c'est, pour
Smith, le sens premier et propre du terme. Voir S. Darwall, *The Second-
Person Standpoint. Morality, Respect, and Accountability*, Cambridge,
Mass., Harvard University Press, 2006, p. 44 *sq.*

un sens plus large que ne le fait le plus souvent Smith[1]?
Pourquoi la distinction entre l'imagination, comme
source de la sympathie, et la sympathie elle-même est-
elle si importante? Sans elle, on ne pourrait pas voir la
différence entre les réponses et le contexte dans lequel elles
apparaissent. Par l'imagination, je peux me placer dans
un certain contexte susceptible de donner lieu à certaines
réponses affectives. Par exemple, quand j'étais enfant, je
pouvais me faire pleurer en pensant à une histoire triste.
Je n'aurais pas pu me faire pleurer directement sans cet
artifice. Mes pleurs n'étaient pas simulés. La simulation,
cependant, était à leur principe. Penser à une histoire triste
peut être une démarche volontaire, et même directement
contrôlée, ou parfois quelque chose d'involontaire et
même d'incontrôlable. Si je suis déprimé, je pense malgré
moi à des histoires tristes. Pleurer n'est pas volontaire, du
moins pas du tout au même degré. Il y a donc d'un côté
un processus de simulation imaginative qui est plus ou
moins volontaire et qui est parfois totalement contrôlable,
et de l'autre côté des réponses qui sont spontanées, mais
non pas volontaires au sens où elles seraient contrôlables
directement à volonté.

La magie de l'imagination est qu'elle nous place
artificiellement dans un contexte où nous pouvons avoir
des réponses qui demeurent cependant spontanées. Si
ces réponses n'étaient pas spontanées, Smith ne pourrait

1. Sur la spécificité de la sympathie smithienne et les relations
entre sympathie, empathie, identification et simulation, voir notamment
P. Fontaine, « Identification and Economic Behavior. Sympathy and
Empathy in Historical Perspective », *Economics and Philosophy*, 13 (2),
1997, p. 261-280 ; B. Nanay, « Adam Smith's Concept of Sympathy and
Its Contemporary Interpretations », *in* V. Brown et S. Fleischacker (dir.),
The Adam Smith Review, vol. 5, Londres, Routledge, 2010, p. 85-105.

prétendre faire de leur constatation une base fiable de l'approbation ou de la désapprobation. Or, à un niveau plus élaboré du système smithien, c'est cela que permet la constatation de la correspondance des sentiments. L'imagination elle-même peut être spontanée et est souvent irréfléchie, mais elle peut aussi être l'objet d'un effort que la vie morale exige souvent ; mais la sympathie proprement dite, qui peut surgir au terme d'un tel effort, est une réaction qui est supposée être spontanée[1].

> Dans tous ces cas, pour qu'il y ait quelque correspondance de sentiments entre le spectateur et la personne principalement concernée, le spectateur doit, pour commencer, s'efforcer autant qu'il peut de se mettre dans la situation de l'autre personne et de rapporter à lui-même toutes les menues circonstances de détresse qui peuvent bien affecter le patient. Il doit faire sienne toute la situation de son compagnon, avec ses plus petits détails, et faire l'effort de rendre aussi parfait que possible ce changement de situation imaginaire sur lequel sa sympathie est fondée. (*TMS* 1, 1, 4, 6 ; *F* 45)

On gagne donc à bien distinguer entre la représentation imaginaire de la situation et la sympathie ; de même, à un autre niveau, on gagnera à bien distinguer entre la sympathie et l'approbation dont la sympathie complète est la source. Dans les deux cas, la relation de source ou de fondement suppose cette distinction.

Centrée sur ce que nous ressentirions dans la situation d'autrui, et qui est copie de ce que nous avons ressenti dans des contextes analogues, la sympathie situationnelle

---

1. Sur un autre plan, ce qui est l'objet d'un effort, donc est volontaire et susceptible de mérite, est le contrôle par la personne concernée de l'expression de ses passions, de telle sorte qu'elle puisse être l'objet de sympathie.

peut aussi bien se porter vers le fou qui rit ou chante dans son infortune, vers le nourrisson dont on ne parvient pas à deviner les affections, ou vers les morts qui, pourtant, ne peuvent rien sentir. Loin de constituer une anomalie, ces cas de sympathie nous manifestent l'essence imaginaire du processus ici à l'œuvre, en nous proposant une sympathie situationnelle sans information sur des états d'autrui qui sont soit inexistants soit inaccessibles, ce qui atteste que les réponses sympathiques ne sont pas copiées de ces états ou de leur expression corporelle ou verbale – pas plus qu'elles ne le sont quand ces états existent et sont accessibles. De même que dans le cas de la sympathie avec le fou, c'est notre raison que nous apportons dans le monde de qui a perdu la raison, dans le cas de la sympathie avec les morts c'est notre conscience qui nous suit quand nous entrons dans leurs corps inhumés. C'est dans ce contexte, surtout, que Smith parle d'une « illusion de l'imagination » qu'on se gardera de voir comment un dysfonctionnement. Car, est-on tenté de dire, toute sympathie obtenue par l'imagination comporte cette illusion en ce qu'elle nous fait sentir ce que nous ne sentirions pas si nous n'étions pas entrés dans cette simulation. Cependant, Smith estime qu'au sein de cette illusion générale il y a une sympathie proprement illusoire quand la personne concernée ne ressent pas ce que nous ressentons à sa place. Dans le cas des morts, elle ne peut simplement pas le ressentir[1] (*TMS* 1, 1, 1, 11-15 ; *F* 29-30 ; voir aussi *TMS* 2, 1, 2, 5 ; *F* 117).

1. Smith ne veut pas dire que les morts ne ressentent rien parce qu'ils n'existent plus. Ces personnes ne sont plus au fond de leur caveau, même si leur dépouille s'y trouve. La question de la sympathie pour les morts n'implique pas nécessairement de scepticisme à l'égard du dogme chrétien de la restitution de son corps à chaque âme lors de la résurrection.

Distinction et attention : la qualité
de l'imagination

La question de la vivacité et de la faiblesse de la conception ou de l'imagination, de saveur fortement humienne, joue manifestement un rôle dans l'analyse du processus qui fait surgir la sympathie[1]. L'émotion est plus ou moins vive selon que la représentation est plus ou moins vive. Cependant, il ne s'agit pas seulement de la vivacité ou force de la conception à proprement parler (« *the very force of this conception* »), dont Smith parle à propos de l'imagination des personnes qui ressentent une démangeaison à la vue des plaies d'un mendiant (*TMS* 1, 1, 1, 3 ; *F* 26), mais aussi de sa distinction ou de son détail. Car plus la représentation de la situation et de l'histoire de la personne concernée est détaillée, plus le spectateur est susceptible d'être affecté. En raison du rôle que jouent « les plus petits détails » et plus généralement la distinction de l'imagination, il est question ici de quelque chose de plus complexe qu'un transfert humien de vivacité[2], qui, opérant d'ailleurs dans le dos des personnes, ne concerne pas le contenu intentionnel de la représentation. Pour

---

1. Selon Laurie Bréban, il s'agit du rôle des croyances. Smith s'appuierait implicitement sur une thèse de Hume : la croyance (*belief*) est une conception vive. Voir L. Bréban, « An Investigation into the Smithian System of Sympathy : from Cognition to Emotion », art. cit. Cependant, Smith n'emploie pas le terme dans ce contexte. En outre, du point de vue de Hume, s'il est vrai que la croyance est une conception vive, il n'est pas vrai que toute conception vive soit une croyance. Cette interprétation attire l'attention sur le rôle de l'information dans la production des sentiments. Mais on doit prêter attention à la qualité de distinction autant qu'à la vivacité.

2. « La transition depuis une impression présente avive et renforce toujours une idée. » *T* Appendice 9 (D. Hume, *A Treatise of Human Nature*, vol. 1, éd. cit., p. 398).

Smith, nous avons une sorte de responsabilité épistémique dans la production des conditions de la sympathie, mais non directement des réponses sympathiques, qui peuvent reposer parfois sur des opérations volontaires, sans l'être elles-mêmes. Car le détail apparaît mieux à un « spectateur attentif » (*TMS* 1, 1, 1, 4 ; *F* 26).

Un passage de la partie VI confirme que les réponses affectives obtenues quand on se place dans la situation d'autrui sont des copies ou « images » de nos propres affections, et non de celles d'autrui, et que leur précision dépend de la qualité des conditions cognitives.

> Chaque homme sent ses propres plaisirs et ses propres douleurs plus sensiblement que ceux des autres gens. Les premiers sont les sensations originelles, les seconds les images réfléchies ou sympathiques de ces sensations. Les premiers peuvent être dits la substance, et les seconds, l'ombre. (*TMS* 6, 2, 1, 1 ; *F* 305)

Nous avons des images de nos propres plaisirs et peines qui sont plus faibles qu'eux : par, exemple, la mémoire du plaisir d'un concert il y a quelques semaines, ou bien l'imagination du plaisir d'une autre personne qui assiste à un concert. L'image est « réfléchie » ou « sympathique », parce qu'elle est une conception qui dérive son contenu qualitatif d'une sensation ou impression mienne, mais qui est produite dans un contexte qui est celui de la représentation de la situation d'autrui et de la simulation de ce que cela me ferait d'être dans cette situation. Quant à la qualité de cette conception, elle n'est pas uniquement dérivée de la vivacité de l'impression mienne dont elle est l'image, mais elle est également fonction du degré de détail et de présentification dans ma représentation de la situation d'autrui. Smith explique que lorsque les autres sont des proches, des familiers, nous sommes plus vivement touchés que lorsqu'il s'agit d'étrangers. Il ne s'agit pas d'un biais qu'on aurait à déplorer, mais d'une situation plus favorable d'information.

« AFFECTION NATURELLE » ET SYMPATHIE

Ce que Shaftesbury appelait « affection naturelle »[1], ce souci du bien de nos semblables qui s'exprime éminemment dans les liens familiaux, est aux yeux de Smith quelque chose qui n'est pas premier comme peut l'être un instinct, mais qui dépend de la sympathie. Plus précisément, « ce qu'on appelle affection n'est en réalité rien d'autre qu'une sympathie habituelle » (*TMS* 6, 2, 1, 7 ; *F* 307). La sympathie au principe de l'affection naturelle est elle-même engendrée ou du moins grandement facilitée par la situation de proximité et de familiarité. Entre les proches, la sympathie est en effet « plus précise et plus déterminée qu'elle peut l'être à l'égard de la plupart des autres gens » (*TMS* 6, 2, 1, 2 ; *F* 304).

Un point d'une importance majeure est que cette sympathie habituelle fait l'objet d'une connaissance commune. C'est pourquoi un tiers qui a connaissance du fait que des personnes se trouvent dans cette situation s'attend à ce qu'il y ait entre elles un degré d'affection naturelle. Nous nous attendons à ce que les enfants honorent les parents, à ce que les parents prennent soin des enfants, etc., et nous sommes étonnés, voire choqués, lorsque ce n'est pas le cas. Cette attente atteste l'existence de ce que Smith appelle une « règle générale » (*TMS* 6, 2, 1, 7 ; *F* 307). Au sein même d'une famille, cette règle générale

---

1. Troisième comte de Shaftesbury, *Characteristicks of Men, Manners, Opinions, Times*, éd. P. Ayres, 2 vol., vol. 1, Oxford, Oxford University Press, 1999, p. 237-242.

donne lieu à des attentes : des frères séparés qui ne se connaissent pas, mais qui se savent frères, quand ils font connaissance se conduisent en frères et « c'est souvent avec une disposition tellement forte à concevoir cette sympathie habituelle, qui constitue l'affection familiale, qu'ils sont très portés à s'imaginer qu'ils l'ont déjà conçue et à se conduire entre comme si c'était le cas » ; mais ils risquent de vite déchanter, car il leur manque la familiarité réelle dont procède la sympathie habituelle (*TMS* 6, 2, 1, 8 ; *F* 308). L'exemple suggère une fonction majeure des règles générales : elles permettent de faire l'économie d'une épreuve réelle de la sympathie et à plus forte raison d'une consultation du spectateur impartial.

Smith se laisse emporter par l'enthousiasme de la découverte du caractère fondamental de la sympathie comme phénomène de nature sociale. On rappelle souvent, à raison, que la sympathie smithienne n'est pas bienveillance ni compassion. Mais c'est qu'à l'inverse la bienveillance et la compassion s'analysent dans les termes de la sympathie. Elles en dérivent. Le vocabulaire de l'affection naturelle, qui provient de la tradition stoïcienne[1], tire ces dispositions du côté de la nature et de l'instinct alors qu'elles dépendent de causes mentales. « Je considère ce qu'on appelle affection naturelle comme étant l'effet plus du lien moral que du supposé lien physique entre le parent et l'enfant. » (*TMS* 6, 2, 1, 14 ; *F* 310) Il n'y a pas de « force du sang », mais des circonstances de fréquentation qui favorisent et facilitent la correspondance des sentiments (*TMS* 6, 2, 1, 11 ; *F* 309). La portée, l'étendue de ladite

---

1. L. Jaffro, « La question du sens moral et le lexique stoïcien », *in* F. Brugère et M. Malherbe (dir.), *Shaftesbury. Philosophie et politesse*, Paris, Honoré Champion, 2000, p. 61-78.

affection naturelle dépend de la structure sociale : dans une société commerçante, elle est moindre que dans une société pastorale[1]. Nous sommes plus familiers que ne l'étaient les lecteurs de Smith d'une telle conception, qui conteste le caractère instinctif de l'amour parental humain et souligne sa dimension sociale et même conventionnelle. Mais Smith prend un risque – celui de l'intellectualisme, puisque cette forme d'imagination est une opération cognitive – à mettre au principe de nos réactions apparemment les plus spontanées une sympathie qui suppose un circuit de représentation. Il tend la perche à Thomas Reid sur ce point. Celui-ci lui objecte que cette forme de sympathie, de fait, « résulte immédiatement de notre constitution » et « ne requiert aucun échange imaginaire de personnes »[2].

L'affection entre les amis, surtout quand ils sont compagnons de vertu, est d'un autre ordre que l'affection familiale, même si elle procède aussi de la sympathie. Il y a des attachements qui font l'objet d'une valorisation supérieure parce qu'ils naissent d'une « sympathie naturelle, d'un sentiment involontaire que les personnes auxquelles nous nous attachons sont les objets naturels et appropriés de l'estime et de l'approbation », et non pas d'une « sympathie contrainte » ou d'une « sympathie qui a

1. Pour un panorama de la théorie des stades au XVIIIe siècle, voir J. M. Menudo, « Turgot, Smith et Steuart et l'histoire des stades », *Revue d'histoire de la pensée économique*, 1 (5), 2018, p. 217-242. Pour une étude approfondie : R. L. Meek, *Social Science and the Ignoble Savage*, Cambridge, Cambridge University Press, 1976 ; E. Okan, *Entre histoire et analyse. Le progrès selon David Hume et Adam Smith*, thèse de doctorat, Paris, Université Paris 1 Panthéon-Sorbonne, 2018.

2. T. Reid, « Leçon sur la théorie des sentiments moraux du Dr Smith », trad. fr. L. Jaffro, *Revue de métaphysique et de morale*, 109 (2), p. 112 ; T. Reid, « A Sketch of Dr. Smith's Theory of Morals », *in* J. Reeder (éd.), *On Moral Sentiments. Contemporary Responses to Adam Smith*, Bristol, Thoemmes Press, 1997, p. 73.

été acceptée et rendue habituelle à des fins de commodité et d'adaptation ». Si toutes ces sympathies diverses reposent sur la fréquentation et l'expérience sans laquelle elles resteraient hasardeuses, certaines sont des sympathies de rencontre parce qu'elles reposent sur des intérêts ou goûts communs ou sur des services rendus ; la sympathie entre les amis vertueux est plus solide (*TMS* 6, 2, 1, 18-20 ; *F* 312-313).

LA SYMPATHIE SITUATIONNELLE

L'ouverture de la partie I de *La Théorie* nous a plongés directement dans le premier ingrédient de la vie évaluative, comme si l'analyse avait déjà été conduite en bonne partie. Elle n'est cependant pas complète, puisque la sympathie, même dans sa configuration simple, est faite de plusieurs éléments susceptibles d'être détaillés. L'ensemble du processus de sympathie entendue au sens large pourrait être qualifié de « situationnel ». Il implique une sympathie au sens strict (correspondance des sentiments) qui présuppose notamment l'imagination par une personne de ses réponses affectives dans une situation qui est, pour elle, contrefactuelle. Smith utilise fréquemment le terme *situation* pour désigner les circonstances, le contexte pratique dans lequel une personne se trouve, mais aussi les difficultés qu'elle a à affronter. Sa compréhension du terme n'oppose pas les données circonstancielles objectives et les épreuves subjectives qu'elles occasionnent, car les deux aspects sont difficilement dissociables. C'est pourquoi se placer imaginairement dans la situation d'autrui n'est possible que si on peut s'intéresser à ce qu'une autre personne peut ressentir dans ces circonstances. On pourrait dire, de ce point de vue, que le changement imaginaire de place dont parle Smith suppose ce que nous appelons

aujourd'hui couramment de l'« empathie »[1]. En ce sens,
par exemple, on ne peut se placer imaginairement dans la
situation d'une personne privée surendettée sans inclure
dans cette représentation quelque chose du stress que vit
cette personne. Si on ne le fait pas, s'est-on vraiment mis
dans sa situation ?

Il demeure cependant que le processus qui combine
imagination et examen des réponses sympathiques est
centré sur la considération de la situation, et non pas
simplement sur le spectacle des émotions d'autrui.
C'est pourquoi il est tentant de concevoir la sympathie
situationnelle comme une forme parmi d'autres de la
sympathie, au côté, notamment, de la sympathie devant
l'émotion d'autrui ou de la contagion immédiate des
émotions[2]. Mais ce n'est pas l'approche qu'adopte Smith.
Certes, Smith signale la sympathie à la vue des signes de
l'émotion et la sympathie par association des idées, comme
des formes étonnantes, mais qui restent fonctionnellement
imparfaites en comparaison de la sympathie situationnelle,
car il leur manque l'accès à l'histoire, au contenu narratif
– dimension majeure de la « situation » – qui motive les
réponses affectives de la personne concernée et dont la
représentation est susceptible de déterminer nos réponses.
Même s'il prête attention à d'autres compréhensions de
la sympathie, il fait de la sympathie situationnelle la
forme centrale, qui est presque exclusivement l'objet de

1. Nous prenons le terme en un sens non technique. Selon l'édition en
cours du *Dictionnaire de l'Académie française* : « Capacité de s'identifier
à autrui, d'éprouver ce qu'il éprouve. »

2. Sur la différence entre la sympathie smithienne et la communication
ou contagion dont parlent Hutcheson et Hume, voir T. D. Campbell,
Adam Smith's Science of Morals, op. cit., p. 95-96. Smith utilise parfois
leur concept de la sympathie ; voir, par exemple, A. Smith, *Lectures on
Rhetoric and Belles Lettres*, éd. J. C. Bryce, Oxford, Clarendon Press,
1983, p. 25.

sa *Théorie*, pour la simple raison qu'elle est l'unique voie accessible. Pourquoi ? Parce que seule notre imagination peut nous porter au-delà de nous-mêmes. Nos sensations, nos émotions, même nos sentiments, ne nous permettent pas d'adopter le point de vue d'autrui. Or l'imagination ne peut accomplir ce miracle apparent que de manière indirecte, en s'appuyant sur une forme d'expérience de pensée qui consiste dans une variation, parfois radicale, de situation.

UN PROBLÈME D'IDENTITÉ

D'emblée, Smith livre au lecteur attentif un problème qui est celui de l'identité dans la sympathie. Ce problème ne deviendra aigu qu'à un niveau plus élaboré de *La Théorie*, quand il s'agira pour une personne de prendre comme norme de sa propre attitude la sympathie d'un spectateur. Il faut tenir deux thèses ensemble, alors qu'elles semblent, à première vue, se contredire. La première thèse est celle de la séparation des personnes. Ce qui fait d'une personne un spectateur, c'est qu'elle est autre que la personne concernée. Cette altérité fait aussi l'impartialité minimale du spectateur : elle est due à cette position. La seconde thèse est celle de l'identification – Smith n'utilise pas le substantif *identification*, mais il utilise abondamment *to identify oneself with*[1]. Le spectateur « devient dans une certaine mesure la même personne » que celle dans la situation de laquelle il se place par l'imagination. C'est alors seulement, quand il s'est identifié à un certain point à la personne concernée, que se produit et peut se constater ou non la sympathie au sens strict, à savoir la correspondance des sentiments, entre les sentiments obtenus (qui sont des

1. Voir *infra*, p. 228.

copies d'impressions semblables du spectateur, et donc fonction de son expérience en même temps que des effets de l'imagination de la situation et ce que le spectateur sait des sentiments de la personne concernée. L'enjeu, qui apparaît plus fortement encore au niveau supérieur de la sympathie de la personne concernée avec le spectateur, est celui de la force normative de la sympathie (au sens large). Pour que mon information sur mes réponses affectives dans cette situation imaginaire me conduise à approuver ou désapprouver les réponses de la personne concernée, ou pour que mon information sur les réponses affectives d'un spectateur qui se placerait imaginairement dans ma situation me conduise à estimer qu'il approuverait ou désapprouverait mes propres réponses, bref, pour que l'avis d'un spectateur sympathisant compte particulièrement pour une personne, encore faut-il qu'il n'y ait pas entre elles ni d'identité complète ni d'altérité sans identification aucune. En effet, s'il y a identité complète, on n'a pas besoin d'une procédure qui n'ajoute rien aux évaluations de la personne. Mais s'il y a altérité sans identification aucune, on ne comprend pas comment le point de vue du spectateur pourrait concerner la personne dont il évalue les réactions. Du moins, son point de vue n'a pas plus d'autorité que celle que nous accordons aux autres au sujet des affaires qui nous concernent.

Qu'arrive-t-il exactement au spectateur qui « devient dans une certaine mesure la même personne » ? « De là [*thence*], il se forme une idée des sensations » de la personne concernée « et même ressent quelque chose qui, bien que d'un degré plus faible, ne leur est pas entièrement dissemblable ». Le *thence* est crucial. Il indique un lien, certes, mais qui est aussi un écart logique et temporel entre identification et sympathie au sens strict. L'identification ne consiste pas simplement dans la similitude des sentiments. La simulation de l'imagination ne préjuge pas de l'effectivité de la sympathie au sens strict. On ne peut pas rendre compte de cette sorte d'identité dans les termes d'une identité qualitative des sentiments, parce qu'on peut avoir cette sorte d'identité et une absence de correspondance des sentiments, voire même une « antipathie » (sur la distinction discrète entre les deux, voir *TMS* 2, 1, 5, 4 ; *F* 124). L'identification, qui relève du contexte de simulation et non de la sympathie que ce contexte permet ou non, est logiquement antérieure à la production des réponses du spectateur. Il y a là une difficulté, car on ne voit guère comment on pourrait s'identifier à une personne sans s'informer de ce qu'elle éprouve et sans l'éprouver au moins un peu soi-même.

Cette difficulté est particulièrement instructive et nous découvre l'importance des considérations de degrés, dont *La Théorie* joue de manière virtuose. La gradualité dans l'affection permet d'admettre que celle-ci n'est pas réservée au moment de la « réponse », mais peut et doit même être déjà présente, certes à un degré bien moindre, dans le moment de l'imagination. Si nous nous représentons « endurant les mêmes tourments » que la personne concernée – c'est l'imagination de sa situation –, nous ne restons pas complètement de marbre (sauf si nous sommes des ascètes experts en indifférence). Cela nous affecte à un degré minimal. Toute la question est ensuite de savoir si, une fois installés dans cette identité imaginaire, nous allons avoir des réponses approchant le degré de celles de la personne concernée. Dans cette affaire, le degré compte.

Quoi qu'il en soit, il n'est pas facile de caractériser en quoi consiste « devenir dans une certaine mesure la même personne » sans y inclure le partage de certains états internes, même à un degré faible, en plus du partage des informations et des circonstances. Dans le contexte plus élaboré du recours d'une personne à un spectateur pour évaluer ses propres attitudes, il paraît requis, pour qu'il y ait une telle attribution d'autorité normative, que l'avis du spectateur puisse être considéré par la personne comme un indicateur de ce qu'elle préférerait être. La correspondance des sentiments, qui donne lieu à une identité qualitative entre le spectateur et la personne, paraît être, dans ce cas précis, une condition non suffisante de la force normative du point de vue du spectateur. De même, si c'est une absence de sympathie ou une antipathie directe qui est produite, pour que cela compte pour la personne concernée, il faut également que l'avis du spectateur indique à cette personne ce qu'elle préférerait être. Cette autorité de l'avis, dans ce cas, ne peut pas être expliquée par une correspondance des sentiments qui est précisément manquante. Il faut que la réaction du spectateur compte pour la personne concernée en dépit de la discordance de leurs sentiments. Cela suppose que la personne concernée ait fait sien le point de vue du spectateur. Il faut qu'il soit un point de vue dans lequel elle se reconnaît. C'est ici qu'un thème important, mais trop discret, intervient : Nous pouvons prendre l'*habitude* d'adopter le point de vue du spectateur. C'est ainsi que nous nous forgeons un caractère qui intègre une disposition à l'impartialité.

Il nous semble que la solution à ces interrogations suppose une distinction entre la notion d'identité personnelle et celle d'identité pratique. Nous appelons « identité pratique » ce qui fait non pas qu'une personne est la même à travers le temps et qu'on peut lui imputer des actions et des expériences, même très anciennes, en dépit de changements de caractère très profonds (on reconnaît là l'identité personnelle au sens lockien du terme), mais ce qui fait qu'une personne se reconnaît dans ses actions et ses préférences, tient pour particulièrement siennes des actions, des désirs, des croyances, des goûts, qui expriment ce qu'elle préfère être et qu'elle est de manière habituelle et relativement stable, mais non invulnérable aux changements profonds. On peut voir la différence entre ces deux sortes d'identité en remarquant que les vertus de maîtrise de soi et de prudence renforcent l'identité pratique, parce qu'elles augmentent la constance, mais ne sauraient améliorer l'identité personnelle qui, elle, ne comporte pas de degrés.

La question ne se pose pas dans les mêmes termes selon que l'on parle de l'identification d'un spectateur réel à la personne concernée, ou de l'identification de la personne concernée à un spectateur idéal qui l'évaluerait. Dans le premier cas, on a une véritable différence de personnes. Dans le second cas, il n'y a pas une telle distinction ou séparation. Lorsque je me représente comment un autre me verrait, et qu'il s'agit ici de celui que Smith appelle l'homme au-dedans, et non l'homme au-dehors, je me livre à un exercice qui ne me fait pas entrer dans la peau d'un autre, même si cet exercice s'appuie sur mon expérience accumulée de l'imagination du point de vue des autres. Quand il s'agit pour nous de nous figurer comment nous réagirions si nous étions dans la peau d'autrui, pour rendre compte de cette identification, il faut introduire une condition de maintien de l'identité pratique, puisqu'il s'agit d'appliquer notre œil à la situation d'une autre personne. Dans le second cas, on a plutôt besoin d'une condition de révision de l'identité pratique, puisqu'il s'agit de se voir d'un autre œil.

Ce que nous appelons un changement d'identité pratique est l'acquisition par une personne des qualités d'une autre personne : ces qualités s'étendent de sa perception de la situation jusqu'à des traits de son caractère. Une identité qualitative n'est pas, aux yeux du métaphysicien comme du juriste, une véritable identité, puisque son usage a pour conséquence que je ne suis pas « le même » qu'il y a cinquante ans, quand j'avais sept ans[1]. Mais précisément, nous pouvons devenir qualitativement différents de nous-même en restant la même personne. La manière dont un spectateur adopte le point de vue de la personne concernée, et la manière dont une personne peut adopter le point de vue d'un spectateur, peuvent être toutes deux décrites dans les termes d'une acquisition imaginaire des qualités d'autrui. Il nous semble que c'est ainsi que Smith résout un problème qui a été bien identifié par Richard Hare, au sein d'une réflexion sur les difficultés épistémologiques des comparaisons interpersonnelles d'utilité, et qu'il le résout de la même manière que lui : « Comment m'est-il possible de parler de manière sensée du fait que je suis dans la situation de quelqu'un d'autre[2] ? » Être André, c'est avoir tel ensemble de qualités. Être Laurent, c'est avoir tel autre ensemble. Si nous disons que, si André était Laurent, il ne verrait pas les choses comme il les voit, nous nous exposons à l'objection selon laquelle André n'est pas Laurent et que, s'il l'était, il ne serait plus André. Mais, comme le montre Hare, le problème est encore mal posé, comme s'il concernait les relations entre deux essences individuelles, dont l'identification est manifestement impossible. Il s'agit, pour moi Laurent, de m'imaginer avoir les propriétés

1. Sur ce genre de distinction, voir J. Rabachou, *L'Individu reconstitué*, Paris, Vrin, 2017, p. 158.
2. R. M. Hare, *Moral Thinking. Its Levels, Method, and Point*, Oxford, Clarendon Press, 1981, p. 119.

d'André et non pas d'imaginer que Laurent est André. La question est de savoir si on peut s'identifier à autrui par la suspension supposée de certaines de ses qualités propres et l'acquisition supposée de certaines qualités d'autrui[1].

Une même personne peut héberger deux identités pratiques, deux caractères selon la terminologie de Smith ou, pour mieux dire, peut être affectée d'une division de l'identité pratique, c'est-à-dire d'une identification incomplète. C'est le cas de la personne qui est plongée dans les « paroxysmes de la détresse » et qui ne parvient à se détacher de son malheur qu'au prix d'efforts énormes, et toujours insuffisants, et n'adopte ainsi le point de vue du spectateur impartial que de manière instable. Elle « ne s'identifie pas parfaitement avec l'homme idéal en son cœur ». La perspective que lui proposent « l'honneur et la dignité » diverge de la « perspective naturelle » qui est la sienne, celle du sentiment de sa détresse : « les perspectives différentes de ces deux caractères existent dans son esprit de manière distincte et séparée, chacune l'orientant vers une conduite différente de l'autre » (*TMS* 3, 3, 28 ; *F* 211). Mais si le malheur est durable, s'il s'agit d'une « situation permanente » (*TMS* 3, 3, 30 ; *F* 213), l'habitude peut prendre le relais des efforts. La stabilisation de l'identité pratique est affaire d'habituation (*TMS* 3, 3, 29 ; *F* 212). À la temporalité de la crise initiale qui donnait lieu à la division de l'identité pratique, se substitue la temporalité longue de l'habitude qui rétablit la tranquillité et, avec elle, l'unité. Le temps est « le grand consolateur universel »

---

1. *Ibid.*, p. 120-121. Hare s'appuie sur Z. Vendler, « A Note To The Paralogisms », *in* G. Ryle (dir.), *Contemporary Aspects of Philosophy*, Stocksfield, Oriel Press, 1976, p. 111-121. Pour une critique de cette solution, voir la postface de J.-P. Cléro à T. Belleguic, É. Van der Schueren, S. Vervacke (dir.), *Les Discours de la sympathie, I. Enquête sur une notion de l'âge classique à la modernité*, Paris, Hermann, 2014, p. 499 *sq.*

(*TMS* 3, 3, 32 ; *F* 215)[1]. Comme nous le verrons, la stabilité liée à la permanence de la situation n'est pas la seule manière dont opère cette consolation du temps ; la stabilité liée à l'accumulation de l'expérience, qui est au principe de la formulation de règles générales, a des effets semblables.

SYMPATHIE MUTUELLE ET STRUCTURE TRIANGULAIRE

Notre propos s'est concentré sur l'ingrédient élémentaire qu'est la sympathie au sens strict, même si nous avons déjà anticipé sur sa complexification. Le second degré dans la composition des principes de la sympathie est la sympathie que Smith dit « mutuelle », qui est le moteur effectif des évaluations. Il s'agit d'abord, au titre du plaisir de la sympathie mutuelle, de l'intérêt de la personne concernée pour la sympathie d'un spectateur réel. Il nous plaît de partager nos sentiments avec qui sympathise avec nous. Cet intérêt et ce plaisir ne sont pas égoïstes au sens où ils seraient l'objet d'un calcul visant à les promouvoir. En effet, le plaisir du partage est si immédiat qu'il ne peut pas comporter un tel calcul. Il nous suffit de voir ou de croire que les sentiments d'autrui correspondent aux nôtres pour que nous en soyons heureux. On reconnaît ici l'argument de nature psychologique qu'employait Hutcheson pour attester le caractère désintéressé des jugements évaluatifs esthétiques ou éthiques. Le plaisir est si immédiatement éprouvé que la personne, pour l'éprouver, ne peut avoir eu le temps de considérer son intérêt privé ou les conséquences pour elles[2].

1. Sur ce thème, voir L. Bréban, « Smith on Happiness : Towards a Gravitational Theory », *European Journal of the History of Economic Thought*, 21 (3), 2014, p. 359-391.

2. F. Hutcheson, *Recherche sur l'origine de nos idées de la beauté et de la vertu*, trad. fr. A.-D. Balmès, 2ᵉ éd., Paris, Vrin, 2015, p. 68, 87-88.

Le plaisir de se voir objet de sympathie avive ma joie et allège ma peine. On peut dire qu'il augmente la première et diminue la seconde. Mais cette apparente arithmétique n'est pas *mon* calcul. Elle se fait dans mon dos, d'une manière apparemment providentielle. Dans la peine, nous pouvons ainsi obtenir aisément un certain soulagement par le récit de nos malheurs auprès d'un témoin susceptible d'entrer en sympathie avec nous. Le chagrin que nous éprouvons dans leur narration est compensé par le plaisir d'être ainsi consolé. Les joies ont moins besoin de ce renfort. C'est pourquoi nous avons tendance à partager nos peines plus que nos joies. Le chapitre « Du plaisir de la sympathie mutuelle » (*TMS* 1, 1, 2) se termine sur un partage véritablement mutuel : il est aussi plaisant pour A que B sympathise avec lui que pour B de sympathiser avec A. Mais les situations de sympathie sont ici caractérisées en termes de plaisir, et pas encore d'approbation. Le concept reste à introduire. Cependant, les ingrédients de nature hédonique qui conditionnent la survenance de l'approbation sont déjà présentés. La question est de savoir comment on peut convertir de simples attentes sociales hédoniques, sans force normative, en souci de leur approbation et crainte de leur désapprobation.

Avant d'aller plus loin, notons que le besoin de consolation s'applique notamment aux émotions du chagrin (*grief*) et du « ressentiment[1] » (*TMS* 1, 1, 2, 5 ; *F* 35).

---

1. C'est une traduction insatisfaisante de *resentment*, car le terme français est toujours péjoratif, à la différence du terme anglais qui peut désigner autant l'indignation ou colère morale qu'une haine odieuse. Sur la consolation du chagrin, voir C. Etchegaray, « La peine et la perte chez Adam Smith. Une psychologie morale du deuil », *Archives de Philosophie*, 86, 1, 2023, 167-188.

Avec les exemples de l'amour et du ressentiment, Smith introduit un troisième personnage et esquisse ainsi la structure triangulaire[1] de la sympathie dans sa forme complexe qui est supposée par les évaluations sociales et spécialement morales. En effet, lorsqu'une personne A partage avec une personne spectatrice B un affect tel qu'une joie ou une peine liées à une circonstance qui concerne un tiers, la structure duelle peut suffire. Mais si c'est la joie de la gratitude ou de l'amour pour une personne, ou la peine de la haine ou du ressentiment, une troisième personne est impliquée, que l'on peut appeler la « personne objet ». Dans ce cas plus complexe, on ne voit pas comment le partage de la sympathie pourrait reposer sur une sorte de recherche hédonique (le désir d'alléger sa peine en en faisant part à autrui) sans mobiliser aussi le souci de l'approbation d'une attitude dont la valeur dépend aussi de la manière dont elle affecte ce tiers. L'estimation de la propriété de la gratitude ou du ressentiment devrait être fonction, entre autres choses, des effets qu'elles ont sur la personne objet, du moins à première vue. C'est dans cette triangulation que s'amorce ce que Smith appelle le sens du mérite et du démérite, qui est un pas de plus dans la composition des principes rudimentaires de la sympathie dans le complexe de l'évaluation. Mais ce sera l'affaire de la partie II.

---

1. Certaines interprétations inspirées de René Girard ont donné une portée très étendue à ce thème, au point de confondre la dynamique de la sympathie et celle de l'envie. Voir J.-P. Dupuy, *Le Sacrifice et l'Envie. Le libéralisme aux prises avec la justice sociale* [1992], Paris, Calmann-Lévy, 2014.

L'APPROBATION : « LA MÊME CHOSE » QUE
L'OBSERVATION DE LA SYMPATHIE COMPLÈTE ?

Au début du chapitre 3 de cette première section,
les choses s'accélèrent : Smith semble répondre à notre
question sur la transformation des attentes hédoniques en
attitudes évaluatives et conatives à l'égard des évaluations
d'autrui. Citons-le un peu longuement :

> Quand les passions originelles de la personne
> principalement concernée sont en accord parfait avec les
> émotions sympathiques du spectateur, elles lui paraissent
> nécessairement justes et appropriées, et convenables à leurs
> objets ; et, au contraire, quand le spectateur, rapportant
> le cas à lui-même, trouve qu'elles ne coïncident pas
> avec ce qu'il ressent, elles lui paraissent nécessairement
> injustes et inappropriées, et non convenables aux causes
> qui les suscitent. Par conséquent, approuver les passions
> d'autrui, comme convenables à leurs objets, est la même
> chose qu'observer que nous sympathisons entièrement
> avec elles ; et ne pas les approuver comme telles est la
> même chose qu'observer que nous ne sympathisons
> pas entièrement avec elles. L'homme qui s'indigne
> des torts [*resents the injuries*] qui m'ont été faits et qui
> observe que je m'en indigne précisément comme il le fait
> approuve nécessairement mon indignation [*resentment*[1]].
> L'homme dont la sympathie marche au rythme de ma

---

1. Le *resentment*, dans ce passage, n'est pas une attitude de rancune
personnelle, car il est partageable. Il s'agit ici de la même chose que de
l'indignation (le mot apparaît dans le même développement) devant
une injustice. Le scandale n'est pas privé, et choque au-delà de la
personne qui en est victime, appelant une autre réaction que la vengeance
personnelle. Sur ce point, Smith emprunte à Butler. Voir J. Butler, *Fifteen
Sermons Preached at the Rolls Chapel and Other Writings on Ethics*,
éd. D. McNaughton, Oxford, Oxford University Press, 2017, p. 69 *sq.*

peine ne peut qu'admettre le caractère raisonnable de mon chagrin. Celui qui admire le même poème, ou le même tableau, et les admire exactement comme je le fais, doit certainement admettre la justesse de mon admiration. Celui qui rit de la même plaisanterie, et en rit avec moi, ne peut nier que mon rire soit approprié. Au contraire, la personne qui, en ces diverses occasions, soit ne ressent aucune émotion semblable à celle que je ressens, soit n'en ressent aucune qui soit en proportion avec la mienne, ne peut éviter de désapprouver mes sentiments à cause de leur dissonance avec les siens. Si mon animosité va au-delà de ce à quoi l'indignation [*indignation*] de mon ami peut correspondre ; si mon chagrin excède ce que sa compassion la plus tendre peut accompagner ; si mon admiration est trop grande ou trop faible pour concorder avec la sienne ; si je ris fort et de bon cœur là où il sourit seulement ou, au contraire, si je souris seulement quand il rit fort et de bon cœur, dans tous ces cas, aussitôt qu'il quitte l'objet des yeux pour observer comment il m'affecte, selon qu'il y a une disproportion plus ou moins grande entre ses sentiments et les miens, je dois subir un degré plus ou moins grand de sa désapprobation, et en toutes les occasions ses propres sentiments sont les critères et mesures par lesquels il juge des miens. (*TMS* 1, 1, 3, 1 ; *F* 37-38)

Pourquoi Smith conditionne-t-il l'approbation à une sympathie *complète* et quelles sont les conséquences d'une telle thèse ? Seul le constat d'une coïncidence *parfaite* donne lieu à une approbation. Son absence donne lieu à désapprobation, qu'il s'agisse d'une simple absence d'approbation ou d'une discorde véritable (antipathie). Dans la mesure où la sympathie qui donne lieu à l'approbation doit être parfaite (autant qu'elle puisse l'être, donc en tenant compte de l'écart minimal de degré, entre le sentiment du spectateur et celui de la personne concernée, qui est inévitable), on peut faire correspondre facilement des degrés de désapprobation à des degrés de non-coïncidence, mais on ne voit pas comment on pourrait faire correspondre des degrés d'approbation à des degrés de coïncidence, puisqu'il n'y en a pas. Smith n'apporte pas de grandes lumières sur ce point et il nous laisse le soin de conclure. Nous pouvons en inférer soit que l'approbation, à la différence de la désapprobation, n'admet pas de degré, ce qui est fort étrange, soit qu'elle en admet, mais que leur explication est à chercher ailleurs que dans des degrés de sympathie. Cette dernière piste est plus plausible dans la mesure où Smith affirme qu'il y a des degrés de « propriété » d'une attitude, ce qui implique qu'une conduite mérite une plus grande approbation à proportion de son degré de propriété. Cette hypothèse semble plus en rapport avec notre expérience : nous pouvons approuver plus ou moins une conduite ou une attitude comme étant correcte, de la même façon que nous pouvons désapprouver plus ou moins une conduite comme étant incorrecte. Les degrés d'approbation existent, mais ils ne tiennent pas à des degrés de sympathie. Ils doivent donc tenir à des ingrédients supplémentaires, extérieurs à la sympathie. Il nous semble que c'est une fonction importante de l'admiration, dont parle souvent Smith, que de constituer la forme élevée d'approbation. L'admiration se distingue d'une approbation modérée non par le degré de coïncidence des sentiments, mais par un ingrédient que ne comporte pas nécessairement l'approbation, à savoir l'étonnement.

Qu'en est-il exactement des relations entre constat de la coïncidence parfaite et approbation ? Smith prétend imprudemment qu'il s'agit de « la même chose ». Il transforme en identité ce qui était d'abord, au début de ce passage, présenté comme une corrélation, de manière plus convaincante. En effet, on ne voit pas comme une attitude évaluative dont l'objet est la conduite ou les attitudes d'autrui (ou de soi, à un degré plus complexe de la théorie) pourrait être identique à un constat de coïncidence ou non-coïncidence de nos sentiments. Il nous semble préférable de poser une différence de niveau importante entre ce constat et l'approbation ou désapprobation elle-même. Smith admet d'ailleurs qu'il y a des cas d'approbation sans constat de la correspondance des sentiments (*TMS* 1, 1, 3, 3-4 ; *F* 38-39) et on pourrait dire quelque chose de parallèle pour la désapprobation. Il résout la difficulté en parlant de « sympathie conditionnelle » et en rapportant ce phénomène aux règles générales qui font l'objet de grands développements dans la partie III. Il faut sans doute prendre l'expression « être la même chose » comme une façon de parler approximative. Smith voudrait dire que l'un consiste en l'autre, en un sens compatible avec l'existence d'une différence de niveau[1].

L'analyse de Smith s'applique ici à la sympathie au sens strict et non à la formation de son contexte par l'imagination. Il est d'ailleurs question de diverses formes de sympathie, dont certaines seulement, mais non toutes, exigent que l'on se mette imaginairement à la place d'autrui. Le partage des évaluations esthétiques, dont il est question avec les exemples du poème et de la peinture, est bien susceptible de donner lieu à une sympathie au sens strict pour autant qu'il consiste en une approbation, mais

1. Nous sommes d'accord avec Raphael pour rejeter la thèse de l'identité. Mais il ne nous semble pas que la relation de cause à effet rende compte adéquatement du rapport très étroit entre approbation et observation de la sympathie. Voir D. D. Raphael, *The Impartial Spectator*, *op. cit.*, p. 17-19.

il ne suppose pas un changement de place imaginaire. Ce point n'est pas évoqué ici, mais il est d'importance[1].

À propos des objets de la contemplation esthétique, nature ou art, et des objets de la science, comme ils n'ont pas de relation particulière avec chacun de nous, « nous les observons du même point de vue » (*TMS* 1, 1, 4, 2 ; *F* 42-43). Je n'ai pas besoin de savoir ou d'éprouver une relation particulière telle que celle qu'un collectionneur de timbres (l'exemple est nôtre) a avec sa collection (en ce sens le goût des collections n'est pas du même ordre que celui de l'art, de la nature ou de la science, même s'ils sont mêlés). Je n'ai donc pas besoin pour cela de me mettre imaginairement à la place d'autrui. Notons au passage que Smith, ici, distingue très clairement sympathie au sens strict et changement imaginaire de situation : « Nous n'avons pas d'occasion de sympathie, ou de ce changement imaginaire de situation dont elle procède. » Un peu plus loin, Smith écrit que la sympathie est « fondée » (*founded*) sur cette variation imaginaire (*TMS* 1, 1, 4, 7 ; *F* 45).

Dans ce contexte, l'admiration est rapportée à la sympathie complète parce qu'elle a pour ingrédient nécessaire l'approbation de la propriété. Il est traditionnel de rapporter le beau à l'admiration et à l'amour comme les

1. Voir L. Jaffro, *La Couleur du goût, op. cit.*, p. 97. Selon Hume, lorsque nous trouvons beaux, bons ou utiles certains objets, c'est souvent en nous représentant la satisfaction qu'ils procurent aux personnes bénéficiaires. Ces évaluations reposent donc sur la sympathie au sens large. Smith estime que son ami Hume se trompe sur deux points. D'une part, le jugement esthétique, comme le jugement scientifique, ne passe pas par le circuit de la sympathie au sens large, parce que leurs objets ne sont pas envisagés relativement aux bénéficiaires (voir *TMS* 1, 1, 4, 2 ; *F* 42-43). D'autre part, même les objets qui sont valorisés pour les bénéfices de toute nature qu'ils sont susceptibles d'apporter à des personnes sont admirés pour leur « apparence d'utilité » et non pour leur utilité à proprement parler.

dispositions affectives qui l'apprécient. Cependant Smith va plus loin que cela et dispose d'une théorie très élaborée qui fait de l'admiration une émotion complexe dont une composante est l'approbation, et qui comprend aussi, comme autres ingrédients, l'étonnement et la surprise. Ce ne sont pas seulement les belles œuvres qui sont admirées ou l'univers que découvre la science, mais aussi la personne qui a des « vertus intellectuelles » de délicatesse du goût ou de précision mathématique (*TMS* 1, 1, 4, 2 ; *F* 43-44). Smith a alors manifestement sous les yeux l'essai de Hume, « De la règle du goût », paru deux ans avant la première édition de *La Théorie* et crucial pour son élaboration. Comme Hume, il fait de la délicatesse du goût une qualité, non directement du goût, mais de ses conditions[1]. La délicatesse est une excellence dans l'information : la capacité à saisir les différences de nature les plus menues qui font toute la différence de valeur (*TMS* 1, 1, 4, 3 ; *F* 43).

Examinons de plus près ce rapport entre approbation et observation de la sympathie complète. Lorsque Smith écrit : « quand les passions originelles de la personne principalement concernée sont en accord parfait avec les émotions sympathiques du spectateur, elles lui paraissent nécessairement justes et appropriées », etc., s'agit-il de la première partie d'un biconditionnel ? Il faudrait alors compléter la formulation inverse : « Quand les passions lui paraissent justes et appropriées », alors elles sont en accord parfait avec les sentiments du spectateur, etc. Mais une telle formulation aurait l'inconvénient d'exclure les cas liés aux règles générales. Celles-ci nous permettent en effet de tenir pour justes et appropriées des attitudes sans passer par le circuit de l'observation de nos sentiments. Il est donc prudent d'en rester à la formule conditionnelle : s'il y a

---

1. L. Jaffro, *La Couleur du goût, op cit.*, p. 212-213.

observation de la sympathie complète avec ce sentiment, alors il y a approbation de la propriété de ce sentiment, sans introduire le conditionnel inverse. Pourtant, Smith est bien imprudent quand il substitue à cette formulation la thèse selon laquelle approuver une attitude pour son caractère approprié est « la même chose » qu'observer que nous sympathisons entièrement avec elle.

L'approbation est-elle l'objet d'une analyse ou bien est-elle une notion primitive susceptible seulement d'éclaircissements ou de reformulations pédagogiques ? Elle est assurément l'objet d'une analyse, du moins en principe. Est-elle analysable en termes purement hédoniques ? Non. L'approbation n'est réductible ni au constat d'un plaisir ni à son expression. En effet, même si elle est plaisante, elle a son fondement dans le constat d'une coïncidence parfaite de sentiments et, par suite, dans une information. L'accord que signale l'approbation est à la fois ressenti et observé. L'approbation n'est donc pas non plus analysable en termes purement informationnels. C'est aussi une raison de contester l'identité stricte que Smith semble poser entre l'approbation et l'observation de notre sympathie complète.

UN PARALLÈLE ENTRE APPROBATION D'UN SENTIMENT ET ADOPTION D'UNE OPINION

Dans le paragraphe suivant, conformément à son intérêt constant pour la question de la persuasion[1], Smith propose un parallèle étroit entre notre capacité à endosser ou adopter les opinions d'autrui et notre capacité à la correspondance des sentiments, la sympathie au sens strict.

---

1. Voir B. Walraevens, « Adam Smith's Economics and the *Lectures on Rhetoric and Belles Lettres*. The Language of Commerce », *History of Economic Ideas*, 18 (1), 2010, p. 11-32.

Approuver les opinions d'autrui, c'est adopter ces opinions, et les adopter, c'est les approuver. Si les mêmes arguments qui vous convainquent me convainquent semblablement, j'approuve nécessairement votre conviction. Et si ce n'est pas le cas, je la désapprouve nécessairement. Et il m'est bien impossible de concevoir que je puisse faire l'un sans faire l'autre. Par conséquent, approuver ou désapprouver les opinions des autres, chacun le reconnaît, ne veut rien dire de plus qu'observer leur accord ou désaccord avec les nôtres. Mais c'est également le cas relativement à notre approbation ou désapprobation des sentiments ou passions des autres. (*TMS* 1, 1, 3, 2 ; *F* 38)

Dans le manuscrit d'une leçon sur *La Théorie*, Reid a dénoncé dans ce passage une équivoque sur le terme *approbation*[1]. Mais notre stratégie critique est différente. Admettons : approuver et adopter, c'est tout un. Ce rapprochement est en apparence lumineux, mais il a une certaine saveur rationaliste, ou du moins, s'il était rectifié, il pourrait pointer dans une direction qui est assez différente de la voie empruntée par *La Théorie*. Car le modèle de l'assentiment rationnel, c'est-à-dire de l'assentiment motivé et justifié par des raisons, ne permet pas une semblable réduction à l'observation d'un accord entre des réactions affectives. Car si j'adopte une opinion, c'est généralement pour des raisons, comme Smith lui-même l'admet dans ce passage qui mentionne la dépendance de

---

1. Reid remarque : « Je pense humblement que les opinions des hommes ne sont pas à proprement parler des objets d'approbation ou de désapprobation, car si nous appliquons ces mots aux opinions, approuver l'opinion d'un autre homme ne signifie rien d'autre que d'être de la même opinion. [...] Dire que telle opinion est mon opinion à moi, et dire que c'est une opinion que j'approuve, ce n'est pas dire deux choses, mais une seule et même chose avec des mots différents. » T. Reid, « Leçon sur la théorie des sentiments moraux du Dr Smith », art. cit., p. 117.

la conviction à l'égard d'arguments. Si j'adopte la même opinion que celle d'autrui, c'est parce que je la tiens pour correcte, et cela pour des raisons (qui doivent être de bonnes raisons). La correspondance des croyances dont il est question ici tient justement au caractère public, partageable, des raisons probables de les adopter. Par conséquent, l'adoption des croyances d'autrui ne saurait consister dans l'observation d'une convergence de réponses. Elle implique attention, réflexion, souci de la probabilité. Mais ne serait-il pas possible d'appliquer aux sentiments ce modèle de l'adoption des croyances sur le fondement de raisons ? N'est-ce pas ce que Smith aurait pu et même dû faire ? Il lui aurait fallu remplacer son « spectateur » par un « délibérateur » rationnel et sensible à des raisons. Ce délibérateur aurait eu pour tâche de développer une réflexion pratique et de faire preuve de soin épistémique. Mais il n'aurait pas pu se contenter de prendre acte de la correspondance ou de la non-correspondance de ses réactions avec celle d'autrui. Il aurait dû s'interroger sur les raisons d'avoir telle réaction.

Ce n'est pas cette voie que Smith a empruntée[1]. Pourquoi ? Parce qu'il estimait que le sentimentalisme fournit la bonne description, et une description suffisante,

---

1. L'analogie entre approbation des sentiments et approbation des opinions n'est cependant pas un thème isolé dans *La Théorie*. Elle doit être rapportée au désir de persuader qui est au principe de nos échanges de toutes sortes avec les autres. Voir J. Dellemotte, « Sympathie, désir d'améliorer sa condition et penchant à l'échange », *Cahiers d'économie politique*, 48 (1), 2005, p. 51-78. Gérard Jorland avait déjà suggéré que le passage fameux de *La Richesse des nations*, selon lequel nous attendons notre dîner non de la bienveillance de nos fournisseurs mais du sens de leur intérêt (A. Smith, *Enquête sur la nature et les causes de la richesse des nations*, trad. cit., p. 16), met au principe de l'échange, non directement le *self-love*, mais un désir de persuader qui s'appuie sur lui (G. Jorland, « Le problème Adam Smith », *Annales*, 39 (4), 1984, p. 839).

de la vie évaluative, et que le sentimentalisme avait gagné, avec Hume et Hutcheson, le combat contre le rationalisme ; parce qu'il mettait l'accent sur des réponses affectives qui font rarement l'objet d'une délibération, voire qui sont irréfléchies et immédiates ; peut-être aussi parce que la dépendance à l'égard des raisons est plus directe dans le cas des opinions que dans le cas des sentiments, comme le soulignait Alexander Gerard à la même époque[1].

IPSEDIXITISME ?

Disposons-nous d'un autre index de la propriété d'une attitude que les réponses d'un spectateur ? Non. Mais en même temps, nous ne disposons pas d'autre chose que de nos propres attitudes pour évaluer celles d'autrui. Cela s'explique simplement par la séparation des personnes et le fait que nous ne sortons jamais de nous-mêmes, sinon par l'imagination. N'y a-t-il pas une sorte de contradiction ou au moins de tension entre les deux thèses ? Non, du moins si on accepte que l'adoption du point de vue d'un spectateur fournit un index de la propriété d'une attitude qui s'appuie sur nos propres attitudes. Cependant, Smith ne prête-t-il pas alors le flanc à l'accusation benthamienne d'« ipsedixitisme », la disposition d'un locuteur à tenir p pour vraie et à l'imposer comme norme aux autres uniquement parce qu'il ressent personnellement la vérité de p[2] ?

1. L. Jaffro, *La Couleur du goût, op. cit.*, p. 198 *sq.*

2. Voir J.-P. Cléro, « Le sens moral chez Hume, Smith et Bentham », *in* L. Jaffro (dir.), *Le Sens moral. Une histoire de la philosophie morale de Locke à Kant*, Paris, PUF, 2000, p. 85. L'auteur montre l'importance de ce thème dans le rejet par Bentham de l'idée de sens moral, et soutient que Smith est, autant que Hume, à l'abri d'une telle accusation.

Smith pourrait sans doute répondre que la théorie du spectateur est supposée corriger l'ipsedixitisme des théories du sens moral. Elle répond au risque de centration du jugement évaluatif sur soi : si je n'ai pas d'autre moyen de juger le jugement d'autrui que mon propre jugement (*TMS* 1, 1, 3, 9-10; *F* 40-41); je risque de juger autrui en fonction du critère que constitue mon jugement. Mais précisément le jugement de propriété et le jugement de mérite doivent être régulés et garantis par l'adoption du point de vue de l'autre. Je suis inévitablement un spectateur partial en ce qui concerne mes propres affaires. Je dois donc apprendre l'impartialité qui m'est naturelle quand il s'agit des affaires qui ne me concernent pas. Je peux l'apprendre – et je l'ai déjà apprise, au point que c'est profondément habituel, en tant qu'être social – par un exercice répété de l'imagination qui consiste à me représenter comment autrui peut me juger depuis sa place à lui[1]. C'est heureux, puisque c'est bien cela que Smith a à l'esprit quand il utilise comme interchangeable l'idée du spectateur impartial et celle des hommes en général (*mankind*).

Ce risque de centration sur soi est assumé par Smith quand il insiste sur le fait que dans le changement imaginaire de situation, l'autre reste l'autre, et je reste moi. « La pensée de leur propre sécurité, la pensée qu'elles ne sont pas elles-mêmes réellement les personnes qui souffrent, s'impose continuellement à elles. » (*TMS* 1, 1, 4, 7; *F* 45) La sympathie (au sens large du terme) n'est pas oubli de soi, bien au contraire, et elle n'anéantit pas le sens de ce qui concerne chacun, qui est une des formes de l'attachement à soi qu'à l'époque on pense sous le nom de *self-love*. C'est

---

1. En français, « autrui » ne renvoie pas à tel autre, mais aux autres en général, au point de vue de l'autre.

pourquoi s'il y a similitude d'affection entre le spectateur et la personne concernée, il y a toujours différence de degré. Le point décisif est que la personne concernée en est bien consciente. Elle sait que la vivacité de sa passion ne peut pas avoir d'équivalent dans le spectateur. Elle est ainsi conduite à faire un effort de modération de la passion pour permettre au spectateur de sympathiser (au sens strict) avec elle. C'est ainsi que le désir d'être objet de sympathie de la part d'un spectateur est au principe du gouvernement de soi, de la modération de ses propres passions, et des vertus de la même famille.

Smith trouve ainsi dans une sympathie véritablement mutuelle la racine de la maîtrise de soi (*self-command*). C'est toute l'architecture de *La Théorie* qui commence à se déployer dans ce passage :

> Afin de produire cette concorde, de même que la nature apprend aux spectateurs à adopter le point de vue de la personne principalement concernée, de même elle apprend à cette dernière à adopter dans une certaine mesure le point de vue des spectateurs. De même que les spectateurs se placent continuellement dans sa situation, et de là conçoivent des émotions semblables à celle que la personne ressent, de même elle se place aussi constamment dans leur situation, et de là ressent à propos de son propre sort quelque degré de ce calme qui caractérise, elle le sait, leur point de vue. De même que les spectateurs considèrent constamment ce qu'ils ressentiraient eux-mêmes s'ils étaient réellement les personnes qui souffrent, de même la personne concernée est aussi constamment amenée à imaginer de quelle manière elle serait affectée si elle était seulement l'un des spectateurs de sa propre situation. Comme leur sympathie les fait la considérer dans une certaine mesure avec ses yeux à elle, de même sa sympathie la fait la

considérer dans une certaine mesure avec leurs yeux à eux, particulièrement lorsqu'elle est en leur présence et qu'elle agit [*acting*] sous leur regard ; et de même que la passion réfléchie qu'elle conçoit ainsi est bien plus faible que la passion originale, cela diminue nécessairement la violence de ce qu'elle ressentait avant de se mettre en leur présence ; avant de commencer à se représenter de quelle manière ils seraient affectés par cela et de considérer sa situation sous cette lumière pure [*candid*[1]] et impartiale. (*TMS* 1, 1, 4, 8 ; *F* 46)

Par quel moyen une personne pourrait-elle obtenir la sympathie des spectateurs – au pluriel, donc d'un public –, qu'elle désire « passionnément » obtenir (*TMS* 1, 1, 4, 7 ; *F* 45), si elle ne l'a pas déjà obtenue ? Si l'obstacle est dans le degré de ses propres affections, « elle peut seulement espérer l'obtenir en abaissant cette passion au diapason auquel les spectateurs sont capables de l'accompagner » et, selon la métaphore du concert, « elle doit baisser d'un ton […] sa tonalité naturelle trop aiguë » (*TMS* 1, 1, 4, 7 ; *F* 45). On a donc ici un cas où la conscience du risque d'une discordance avec les sentiments d'un spectateur, jointe au désir d'obtenir son approbation, motive une altération des affections de la personne concernée (ou de leur expression). C'est bien de conscience qu'il s'agit lorsque Smith écrit que « *the person principally concerned is sensible of this* », à savoir que les spectateurs sont animés de la « pensée qu'ils ne sont pas eux-mêmes vraiment les personnes qui souffrent ». Il est question ici du savoir que le témoin a lui-même que son changement de situation est imaginaire et momentané. Je sais qu'autrui sait qu'il

---

1. La candeur est un état d'esprit dans lequel on considère de manière ouverte et franche. Elle est une forme d'impartialité, mais plutôt morale que simplement situationnelle.

n'est pas véritablement à ma place. Pour cette raison je sais que je risque de ne pas bénéficier de la consolation de sa sympathie. Au-delà du désir d'être consolé, c'est le désir d'être approuvé par d'autres que mes seuls proches ou familiers qui peut me conduire à modérer mes passions ou du moins leur expression.

On aura appris qu'il y a une motivation affective du recours aux spectateurs impartiaux réels et au-delà d'eux aux autres en général et au spectateur impartial idéal. C'est le désir que l'infortuné a d'être consolé, de diminuer sa souffrance en la partageant. L'aversion à l'égard de la peine joue ainsi un rôle fondateur au côté de la conscience des limites de la sympathie d'autrui. Sans cette base affective, associée à la base cognitive qui tient à ce que nous savons des autres et à notre capacité de nous représenter ce qui leur arrive ou comment ils nous perçoivent, on ne voit pas comment un contrôle de nos propres passions serait possible. La simple conscience de la nécessité de modérer ses désirs ne saurait suffire à les modérer. Si quelque chose peut accomplir cet apparent miracle, c'est le désir d'être consolé, joint à cette conscience. Et ce désir sera d'autant plus efficace qu'il cherchera la sympathie d'une compagnie plus éloignée de notre cercle familier ; la conversation – pratique sociale extérieure à l'intimité – est un vecteur de socialisation et de contrôle de sa propre apparence et de l'expression de ses émotions (*TMS* 1, 1, 4, 9-10 ; *F* 47[1]).

1. Ici Smith esquisse des considérations qui seront celles de l'anthropologie de George Herbert Mead (« autrui généralisé ») et de la sociologie interactionniste d'Erving Goffman. Voir C. Bonicco-Donato, « Le self, un concept nomade. Des Lumières écossaises à l'École de Chicago en passant par le pragmatisme », *Les Cahiers philosophiques de Strasbourg*, 28, 2010, p. 101-126 ; C. Bonicco-Donato, *Une archéologie de l'interaction. De David Hume à Erving Goffman*, Paris, Vrin, 2016.

Nous avons insisté sur le pluriel des spectateurs. Il donne lieu à ce que l'on pourrait appeler le « problème de Jouffroy » :

> De tant de sympathies, laquelle sera ma règle, laquelle choisirai-je, pour décider de la convenance de mon émotion ? sera-ce la vôtre ou celle de votre voisin, ou celle d'une troisième personne ? ou faudra-t-il que je cherche la moyenne de ces sympathies[1] ?

Jouffroy fonde ainsi son objection : si les spectateurs sont réels, ils présentent une diversité de sensibilités. Mais Smith pourrait répondre, dans le sillage de Hobbes, que les êtres humains se ressemblent assez[2].

L'OBJECTION DE HUME

À partir de la deuxième édition, une note répond à l'objection que Hume avait adressée à la théorie smithienne de l'approbation (*TMS* 1, 3, 1, 9, en note ; *F* 86[3]). Selon l'objection, qui prétend toucher au « pivot » du système de la sympathie[4], la sympathie est toujours agréable d'après

---

1. T. Jouffroy, *Cours de droit naturel (1834-1835)*, Paris, Fayard, 1998, p. 437-438. Jouffroy décline cette objection aussi sous une forme intrapersonnelle et intertemporelle : quand je me fais spectateur, est-ce ma sympathie du matin, du midi ou du soir qui doit me servir de référence ? Il existe un second problème de Jouffroy, opposé au recours au spectateur idéal ; voir *infra*, p. 162-163.

2. Hobbes estime, à l'ouverture du *Léviathan*, que la très grande variété des préoccupations humaines n'empêche pas la très grande similitude des passions, sans laquelle la connaissance des autres et de soi ne serait pas possible. Sur la supposition de la constance de la nature humaine, voir Christopher J. Berry, « Adam Smith's "Science of Human Nature" », *History of Political Economy*, 44 (3), 2012, p. 471-492.

3. *Cf.* D. Hume, « Letter to Adam Smith, 28 July 1759 », *in* J. Reeder (éd.), *On Moral Sentiments. Contemporary Responses to Adam Smith*, Bristol, Thoemmes Press, 1997, p. 9-12.

4. « *This is the hinge of your system* », écrit Hume, *ibid.*, p. 10.

Smith. Or le fait est qu'il existe des cas de sympathie désagréable.

Smith répond en distinguant deux choses impliquées plus ou moins directement dans le sentiment d'approbation : 1. La « passion sympathique du spectateur », qui peut être agréable ou désagréable selon la qualité algédonique de la passion de la personne concernée à laquelle cette passion est semblable. 2. « L'émotion qui naît de l'observation de la coïncidence parfaite entre la passion sympathique en lui et la passion originelle dans la personne concernée. » Cette dernière émotion « en quoi consiste proprement le sentiment d'approbation » est « toujours agréable et plaisante ». On voit mieux alors comment la dimension hédonique ne joue pas seule, mais en relation avec une composante cognitive : l'observation des sentiments et l'imagination de la situation qui donne lieu à leur formation. Il faut aussi prêter attention à la condition de perfection dans la correspondance des sentiments qui, si elle est satisfaite, donne lieu à approbation. Cela éclaire la thèse de Smith sur le rapport entre approbation et correspondance parfaite des sentiments. Le spectateur ne pourrait observer qu'un écart s'il n'y avait pas correspondance parfaite, d'autant plus que les passions du spectateur sont nécessairement plus faibles en degré que les passions de la personne concernée.

Il faut remarquer une différence entre la passion sympathique (qui naît dans le contexte de l'imagination de ce qui arrive à la personne concernée), et l'émotion qui se forme sous fond d'observation plus réflexive de la similitude ou dissimilitude des sentiments. La première est tournée vers autrui, la seconde est tournée vers soi. C'est un point faible de la théorie smithienne, car on ne voit pas en quoi le sentiment d'approbation devrait être une attitude tournée vers soi et non vers ce qui est objet d'approbation.

Reid, dans ses *Essais sur les pouvoirs actifs* (1788), a accusé le sentimentalisme de Hume de constituer une psychologie morale complètement invraisemblable. Cette critique pourrait porter contre Smith mieux que contre Hume. Reid prétend défaire ainsi la théorie sentimentaliste du jugement moral à la Hume :

Si le sentimentalisme est vrai, alors il est vrai que *T* : « l'approbation morale est seulement un sentiment agréable, et non pas un jugement réel ». Si *T* est vraie, alors il est vrai que les deux assertions suivantes doivent avoir la même signification :

1) Assertion par *X* que « l'action de *Y* est bonne et méritoire » et que « sa conduite mérite la plus haute approbation ».

2) Assertion par *X* que « l'action de *Y* lui procure un sentiment très agréable ».

Or, selon Reid, il est manifestement faux que ces deux assertions soient interchangeables ou aient la même signification. En effet, la première « exprime manifestement une opinion ou un jugement sur la conduite de la personne, mais ne dit rien du locuteur », tandis que la seconde « témoigne seulement d'un fait qui concerne le locuteur, à savoir qu'il a eu un tel sentiment ». En outre, la première assertion peut être contestée et même « contredite sans qu'il y ait de motif d'indignation », tandis que la seconde « ne peut pas être contredite sans un affront ». En effet, contester que le locuteur n'avait pas réellement ce sentiment d'approbation est l'accuser de mensonge[1].

---

1. Voir T. Reid, *Essais sur les pouvoirs actifs de l'homme*, trad. cit., p. 372-373. Considérons également la différence entre : « le ministre de l'Intérieur désapprouve l'inconduite violente et raciste de certains fonctionnaires » et « le ministre de l'Intérieur éprouve un sentiment désagréable devant l'inconduite, etc. »

Cet argument reidien pourrait réfuter une version cognitiviste de T, selon laquelle notre approbation morale impliquerait l'observation, la connaissance de nos sentiments. Il pourrait aussi jouer contre toute version non cognitiviste de T qui ne rendrait pas compte de la prétention à l'objectivité qui est incorporée dans les jugements moraux. C'est pourquoi il faudrait distinguer au moins trois versions de T :

$T1$: L'approbation morale est seulement un sentiment agréable et ne comporte aucune affirmation quant aux propriétés morales de ce qui est approuvé.

$T2$: L'approbation morale est seulement l'observation du fait que nous avons un sentiment agréable.

$T3$: L'approbation morale est seulement l'expression d'un sentiment agréable.

L'argument reidien suffit à réfuter $T1$ qui est une forme rudimentairement subjectiviste du non-cognitivisme et $T2$ qui est une forme subjectiviste du cognitivisme[1]. Elle ne suffit pas à réfuter $T3$ qu'on peut appeler la « version expressiviste », si elle n'est pas entendue comme une thèse sémantique. Comme le fait Hume, on peut très bien soutenir $T3$ comme une thèse analytique et non sémantique, et affirmer que l'approbation morale porte sur les conduites et personnes qui sont ainsi évaluées. La charge de Reid contre Hume tombe, sur ce point, à côté[2]. Mais où situer le sentimentalisme de Smith dans

---

1. Je reprends les distinctions que Snare a élaborées sans s'appuyer sur Reid. Voir F. Snare, *Morals, Motivation and Convention. Hume's Influential Doctrines*, Cambridge, Cambridge University Press, 1991, p. 154-155.

2. Ce point est développé dans L. Jaffro, « What is Wrong with Reid's Criticism of Hume on Moral Approbation », *European Journal of Analytic Philosophy*, 2 (2), 2006, p. 11-26.

cette typologie ? Il est clair dans sa réponse à l'objection de Hume qu'il défend *T2*. L'identification du sentiment d'approbation à l'émotion qui surgit à l'observation de la correspondance des sentiments le place du côté de quelque chose de semblable au subjectivisme cognitiviste plutôt que de l'expressivisme humien. Bref, la réponse de Smith à l'objection de Hume l'a conduit à distinguer entre le niveau des sentiments que le spectateur partage avec la personne concernée et le niveau de l'émotion qui se forme à partir de l'observation du niveau précédent. Mais cette distinction rend son sentimentalisme vulnérable à l'objection de Reid.

UNE ÉVALUATION SOUS INFLUENCE

CHAPITRE II

JOSEPH BUTLER ET LES DEUX SORTES DE *RESENTMENT*

Si notre désir de consolation peut motiver le recours à un témoin de notre peine, le besoin de correction de certaines de nos passions l'exige. Ce n'est pas la même chose. D'un côté, on se soulage. De l'autre, on est conduit, parfois contre soi, à se discipliner. Pour que l'on soit motivé à se corriger ainsi, ne faut-il pas que le souci de l'approbation des autres soit complété par le souci de la mériter ? Une passion qui a manifestement besoin de cette correction, car elle tend à l'excès, trouble profondément le jugement et a de fâcheuses conséquences (elle peut augmenter l'injustice tout en prétendant y répondre), est au premier chef le *resentment*. Tout ce que Smith dit du problème paradigmatique du *resentment* se comprend mieux si on revient à sa source dans les *Sermons* de Butler[1].

Dans le Sermon VIII, « Upon Resentment », Butler commente Matthieu 5 : 43-44 :

1. Pour une analyse qui insiste plus sur les différences que sur les continuités entre Butler et Smith, voir A. MacLachlan, « Resentment and Moral Judgment in Smith and Bultler », *in* V. Brown et S. Fleischacker (dir.), *The Adam Smith Review*, vol. 5, Londres, Routledge, 2010, p. 161-177.

> Vous avez appris qu'il a été dit : Tu aimeras ton prochain,
> et tu haïras ton ennemi. Mais moi, je vous dis : Aimez
> vos ennemis, bénissez ceux qui vous maudissent, faites
> du bien à ceux qui vous haïssent, et priez pour ceux qui
> vous maltraitent et qui vous persécutent[1].

Butler considère le fait de notre dotation affective : nous
sommes pourvus de la capacité à haïr comme de la capacité
à aimer. Puisque nous sommes les créatures d'un Dieu
providentiel, la question est d'abord de savoir quelle
est la bonne fonction de cette espèce de haine qu'est le
resentment – une haine qui est une réponse à un mal qui
nous est fait. Le comprendre nous permettra de limiter son
emploi et de mieux respecter le commandement d'amour.
À cette fin, Butler propose une distinction entre deux sortes
de *resentment : hasty and sudden ; settled and deliberate*[2].
Le ressentiment « vif et soudain » est occasionné par une
douleur plutôt que par une injustice ou offense apparente
(*injury*), et il peut être dénommé « colère ». C'est une
passion qui est causée par une sensation de douleur qui ne
passe généralement pas par le circuit d'une représentation
intellectuelle. Elle est même très souvent si immédiate
qu'on peut la considérer comme une réaction réflexe. Le
ressentiment « calme et réfléchi » ne peut être occasionné
que par une injustice apparente, ce qui suppose une
représentation de l'action d'un agent responsable, capable
d'une faute. Il peut arriver que le premier ressentiment,
« vif et soudain », soit occasionné par une injustice, ce qui
implique une intervention de la raison comme capacité à

---

1. Bible Segond.
2. J. Butler, *Fifteen Sermons Preached at the Rolls Chapel and Other Writings on Ethics*, éd. cit., p. 69.

se représenter les intentions d'autrui, mais ce n'est pas le cas fréquent[1].

C'est à ce point de son sermon, afin d'éclairer cette colère morale, ce sens de l'injustice, qu'est le ressentiment de la seconde espèce, que Butler propose à son auditoire de consulter sa propre expérience de la lecture d'une œuvre de fiction qui rapporte une action infâme. Le récit « suscite immédiatement l'indignation et comme un désir de punition ». Butler fait varier les circonstances de cette histoire. Si le méfait est empêché, cela n'enlève rien au scandale. Si ce n'est pas une fiction, et que nous connaissons les personnes concernées, cela ne change rien à notre indignation, sinon qu'elle est plus grande. Mais c'est la même indignation, distincte de la méchanceté, que ressentent les personnes qui sont *unconcerned*. Butler poursuit les variations en supposant que cette histoire nous concerne personnellement, et que nous sommes la cible de cette injustice. C'est la même réaction que nous aurions, même si elle était bien plus vive, parce que, « en vertu de la constitution de notre nature, il nous est impossible de ne pas avoir une sensibilité plus grande, et un intérêt plus profond, pour ce qui nous concerne nous-mêmes[2] ». En d'autres termes, l'indignation de la personne concernée et l'indignation d'un témoin désengagé, que l'on peut dénommer « indignation impersonnelle », ne diffèrent pas qualitativement, mais en degré. Même si l'intérêt privé joue sur le degré de notre indignation, il ne colore pas sa nature, qui est celle de la réaction d'un témoin quelconque

---

1. « L'injustice, distinguée du dommage [*harm*], peut susciter la colère soudaine. [...] Mais considérée comme distincte de la colère calme [*settled anger*], elle [la colère soudaine] sert dans notre nature à l'autodéfense et non à l'administration de la justice. » *Ibid.*, p. 70.

2. *Ibid.*

de l'injustice. C'est toute la différence entre l'injustice essentiellement liée à une action délibérée et la simple douleur infligée. Le scandale de l'injustice fait réagir celui que Smith appellera un « spectateur impartial ». Mais l'idée smithienne est déjà présente dans l'argument de Butler. Si on entend par sympathie la correspondance des sentiments, elle est bien ce qui est constaté par le lecteur de la fiction qui se met imaginairement à la place d'un personnage. Plus loin, dans le sermon IX qui porte sur le pardon des offenses, Butler insiste sur la nécessité d'adopter un « point de vue approprié » afin d'apprécier avec justesse les injustices dont nous pensons être victimes, afin d'échapper aux distorsions de l'amour de soi qui peuvent nous faire prendre une erreur d'autrui pour une véritable faute à notre endroit[1]. Cette « juste distance » doit permettre de sortir de la perspective biaisée qui est souvent nôtre. La juste estimation de nos propres réactions passe ainsi par leur confrontation avec les réactions d'un tiers désengagé.

Ces considérations de Butler, enrichies d'une extension, au-delà de l'esthétique, de la théorie humienne des juges experts[2], ont certainement alimenté la réflexion de Smith, et lui ont permis d'articuler les questions de la punition légale, le commandement chrétien d'amour, et la théorie du spectateur impartial. Lorsque l'expression *impartial spectator* au singulier, succédant aux spectateurs au pluriel du développement précédent – mais ne désignant pas nécessairement encore une instance moins réelle et plus idéelle qu'eux, qui avaient déjà la forme d'autrui en général –, apparaît au début du chapitre 5, c'est dans

---

1. J. Butler, *Fifteen Sermons Preached at the Rolls Chapel and Other Writings on Ethics*, éd. cit., p. 80.
2. L. Jaffro, *La Couleur du goût*, *op. cit.*, p. 104-105.

un contexte très proche de celui des *Sermons* de Butler (*TMS* 1, 1, 5, 4; *F* 49-50). C'est avec l'exemple butlérien de la colère et du ressentiment que Smith illustre la distinction entre les vertus aimables – les vertus liées à la compréhension d'autrui – qui ont leur origine dans l'effort de sympathie d'un spectateur, et les vertus respectables, comme la maîtrise de soi, dont le principe est dans l'effort de modération de ses propres passions d'une personne qui cherche à être objet de sympathie de la part d'un spectateur. Précisément, une fureur vindicative n'est pas susceptible de donner lieu à une émotion semblable dans le spectateur, contrairement à la « colère noble et généreuse » (*noble and generous resentment*), qui correspond à cette « indignation que les injustices appellent dans le cœur du spectateur impartial ». La personne qui modère ses désirs vindicatifs pour adopter le registre de l'indignation illustre la vertu respectable de maîtrise de soi.

Sous la plume de Butler, la distinction entre les deux sortes de ressentiment est aussi une manière de fonder dans l'économie providentielle des passions et des sentiments la distinction entre la punition légale et la vengeance privée. Le sermon IX montre comment, pour éviter le cercle de violence de la vengeance privée, nous sommes dotés de la capacité de pardonner des torts quand nous en sommes les victimes[1].

La question de la discipline du *resentment* est particulièrement urgente parce que cette réaction est susceptible d'être purement émotionnelle et irrationnelle, capable même d'aggraver le cycle de la violence, alors qu'elle est supposée être une mesure fiable du « démérite » au sens de Smith. Un objet du bon *resentment* est l'injustice

1. Voir *infra*, p. 223.

qui appelle la punition légale[1]. Or, comme l'avait bien
vu Butler, il n'est pas du tout évident que le *resentment*
soit lui-même juste et la compréhension de sa régulation
suppose un examen attentif. Comme Butler, Smith
envisage deux voies de régulation : ordinaire, par la
modération externe des sentiments vindicatifs grâce à une
administration de la justice ; extraordinaire, par le pardon
qui est un dépassement interne, par la victime elle-même,
des sentiments vindicatifs. L'évaluation de la pertinence
du *resentment* repose fondamentalement sur le sens de la
propriété, même si, comme nous le verrons bientôt, elle
est biaisée. Mais nous devons d'abord faire un détour par
l'examen des normes de la propriété.

DEUX NORMES : IDÉALE ET RELATIVE

À l'occasion de la distinction entre vertu et « simple
propriété », Smith donne des indications importantes sur la
question de la norme (*standard*) qui permet de déterminer le
degré de désapprobation ou d'approbation. En développant
une analogie avec deux conceptions de la règle du goût
(l'une prenant pour référence la perfection, l'autre, une
échelle de perfections qui comporte des degrés et permet
des comparaisons nuancées), il distingue entre une norme
que nous pouvons dire superlative et qui est fournie par
the idea of complete propriety and perfection et la norme
que nous pouvons dire comparative qui est fournie par

---

1. Cependant, un ressentiment qui consiste en un désir de vengeance
privée, du moment qu'il est assez contrôlé et dépassionné pour
avoir l'agrément du spectateur, est aussi « généreux et noble » que
l'administration de la justice (*TMS* 1, 2, 3, 8 ; *F* 73). Dans son cours de
philosophie du droit, Smith fait même du sentiment de vengeance de la
victime « la véritable source du châtiment des crimes », A. Smith, *Leçons
sur la jurisprudence*, trad. cit., p. 149.

le degré de distance par rapport à la norme superlative (*TMS* 1, 1, 5, 9 ; *F* 52[1]).

Cependant, la distinction entre norme superlative et norme comparative, et la distinction entre vertu et propriété, ne se superposent pas, même si elles se ressemblent. La première distinction concerne directement deux évaluations de la propriété, et pas nécessairement l'évaluation de la vertu, même si elle lui est utile. La seconde distinction, entre vertu et propriété, est relative aux réponses affectives qu'elles suscitent, qui diffèrent : la propriété suscite l'approbation ; la vertu, l'admiration – donc l'approbation *et* l'étonnement. En outre, comme Smith l'observe contre les systèmes qui font consister la vertu en la seule propriété (à la manière des stoïciens), la vertu, en tant qu'elle a du « mérite », appelle souvent aussi la récompense, comme le vice appelle souvent la punition en plus de la désapprobation (*TMS* 7, 2, 1, 50 ; *F* 394).

Smith prend soin de distinguer la propriété et ses degrés de la vertu et ses degrés. Une conduite peut être complètement appropriée sans être du tout vertueuse (comme manger quand on a faim). Une conduite peut avoir « un degré considérable de vertu », mais être éloignée de la norme superlative de la propriété, tout simplement parce que la maîtrise de soi qu'elle manifeste est celle d'un agent faible, qui a le mérite de faire un maximum d'efforts sans parvenir à contrôler ses passions au point de modération (*pitch of moderation*) qui permettrait à un spectateur de se mettre à son diapason (*TMS* 1, 1, 5, 8-11 ; *F* 52). Par cette conception, Smith paraît plus aristotélicien que stoïcien. Il ne considère pas qu'il y ait d'un côté les sages, incarnant la norme superlative de propriété, et de l'autre côté les fous. Il y a une norme qui permet de comparer les écarts

1. Voir aussi la même distinction en *TMS* 6, 3, 23 ; *F* 341.

par rapport à un idéal. La propriété admet des degrés, comme la vertu.

LE POINT DE PROPRIÉTÉ DU *RESENTMENT*

À l'ouverture de la deuxième section de cette partie I, la même saveur aristotélicienne se retrouve dans le traitement de la notion de « point de propriété » qui est une « médiété » (*mediocrity*). Le point de propriété des passions qui ont le corps pour origine (*TMS* 1, 2, 1-5 ; *F* 57-59) est très bas : nous attendons tempérance, réserve, abnégation, discrétion, endurance. Celui des passions qui ont l'imagination pour origine est plus haut : nous en sommes plus facilement affectés et pouvons mieux y entrer, sauf lorsqu'elles reposent sur un tour de l'imagination qui est singulier et lié à des habitudes propres aux personnes concernées (*TMS* 1, 2, 2, 1 ; *F* 63). Par exemple, les histoires d'amour des autres sont parfois si particulières qu'il nous est difficile de sympathiser avec leur passion amoureuse, alors que nous pouvons facilement sympathiser avec les « passions secondaires » qui l'accompagnent, comme la détresse d'un amant malheureux.

Smith appelle « point de propriété » « le degré d'une passion quelconque que le spectateur approuve » (*TMS* 6, 3, 14 ; *F* 336). Cette considération est un apport important à la philosophie des émotions et reste aujourd'hui encore souvent négligée. Une vue commune dans les théories des émotions est que l'émotion de la peur est inappropriée s'il n'y a pas de danger, et qu'elle est appropriée en présence d'un danger. Smith aussi conçoit ce qu'il appelle *propriety* comme une relation normative entre une émotion et son objet ou son occasion. Sa thèse est qu'une forme de la sympathie fournit le critère épistémique de la propriété. Smith adopte (pour des raisons méthodologiques plutôt que métaphysiques) une conception sociosubjectiviste de la propriété : ce sont des attitudes subjectives de tiers qui permettent de savoir si une émotion est appropriée à son objet. Mais il fait aussi cette remarque décisive, que toute philosophie des émotions devrait prendre en compte : l'appropriation est affaire de degré. Pour revenir à l'exemple de la peur : un petit danger n'appelle pas une grande peur. Le degré compte, et c'est quelque chose que Smith a découvert en étant attentif à la phénoménologie de l'approbation du *self-command*.

Sur une échelle qui va du défaut à l'excès d'une passion, la situation du point de propriété varie selon la passion considérée, et plus exactement selon qu'éprouver la passion est agréable ou pénible pour la personne concernée. La loi générale est qu'un spectateur est plutôt disposé à sympathiser avec les passions dont le point de propriété est élevé, du côté de l'excès, et qu'il est agréable d'éprouver ; et plutôt moins disposé à sympathiser avec celles dont le point de propriété est bas, du côté du défaut, et qu'il est pénible d'éprouver. Nous avons ainsi tendance à être indulgents avec les excès de gentillesse ou avec les défauts dans les sentiments rétributifs[1].

Le développement sur les différents points de propriété dans la deuxième section de la partie I permet à Smith de revenir sur la question de la propriété du ressentiment et de son degré (*TMS* 1, 2, 3). C'est au titre des passions asociales[2], qui sont des espèces de la haine, que le

1. La composante algédonique qui compte ici est celle du *feeling* de la passion elle-même pour la personne concernée et non pas de la sympathie du spectateur. Cette remarque est importante au regard de l'objection que Hume avait faite à Smith. Voir *supra*, p. 79 *sq*.

2. *Unsocial* : asociales non pas au sens où elles seraient sans rapport avec la société, mais au sens où elles sont susceptibles de lui nuire.

ressentiment est examiné. Ces passions asociales donnent lieu à une sympathie divisée, pour la personne concernée et pour la personne objet, pour le sujet et pour l'objet du ressentiment ; par un effet de symétrie admirable, les passions sociales donnent lieu à une sympathie redoublée (*TMS* 1, 2, 4) ; et les passions *selfish* ne peuvent donner lieu ni à sympathie redoublée ni à sympathie divisée, simplement parce que la personne objet est, dans ce dernier cas, la même que la personne concernée (*TMS* 1, 2, 5).

Le point de propriété du ressentiment peut s'abaisser considérablement s'il paraît excessif et si la personne concernée n'en diminue pas l'intensité. En effet, si le ressentiment paraît excessif, la sympathie va en partie à la personne objet, alors que celle-ci, si le ressentiment est approprié, est objet de notre propre ressentiment ou d'une passion semblable (*TMS* 1, 2, 3, 1-2 ; *F* 67). Comme Butler, et selon les mêmes considérations providentialistes, Smith estime que le ressentiment maîtrisé est heureusement au principe de l'administration de la justice (*TMS* 1, 2, 3, 4 ; *F* 69-70). Mais il y a un biais de l'imagination en défaveur du ressentiment, qui est une variante du biais temporel dans la poursuite des plaisirs ou l'aversion à l'égard des peines. Il est toujours *à première vue* excessif et par suite paraît inapproprié. Nous surestimons les effets immédiats désagréables d'une passion qui peut avoir pourtant des effets lointains avantageux pour l'individu ou le groupe ; de la même façon qu'une prison, socialement utile, est vouée à être un « objet désagréable », à l'inverse du palais qui est valorisé alors que ses effets à long terme peuvent être nocifs comme ceux de toute institution du luxe (*TMS* 1, 2, 3, 4 ; *F* 69). Ce biais en défaveur du ressentiment n'est qu'une espèce du biais en défaveur de la colère ou de la haine, dont la « voix » effraie toujours immédiatement (*TMS* 1, 2, 3, 5-6 ; *F* 71).

Les stoïciens croyaient que l'exercice de pensée cosmopolite, qui consiste à se représenter les questions pratiques du point de vue de l'univers et de la providence, permet d'échapper à la partialité et l'erreur d'un jugement centré sur soi. Mais ce serait naïveté d'attendre d'une telle « spéculation » qu'elle ait le moindre effet sur ce type de biais temporel de l'imagination (*TMS* 1, 2, 3, 4 ; *F* 70). Dans le cas du ressentiment, la défaveur dont il est l'objet motive sa modération, sa distinction de la haine vindicative, sa transformation en une indignation respectueuse de sa cible. Le ressentiment est mieux accepté et est objet de sympathie s'il est moins personnel, plus impersonnel, appelé par l'intérêt de la justice plutôt que par la fureur de la passion (*TMS* 1, 2, 3, 8 ; *F* 72-73). Une providence apparente a eu la sagesse de ne pas rendre facilement « sympathisables », si l'on peut dire, des émotions négatives qui tendent à opposer les êtres humains plutôt qu'à les réunir.

DISSYMÉTRIE DE NOS ATTITUDES À L'ÉGARD DE LA PEINE ET DE LA JOIE

La triangulation de la sympathie entre le spectateur, la personne concernée, et la personne objet de l'attitude de la personne concernée donne lieu à redoublement ou à division de la sympathie selon que les passions sont, respectivement, sociales et asociales. La sympathie du spectateur pour la bienveillance de A à l'égard de B est redoublée par sa sympathie pour la gratitude de B à l'égard de A. La sympathie du spectateur pour le ressentiment de A à l'égard de B est divisée par sa sympathie pour la peine que B ressent à cette colère. Cette structure ne se déploie pas quand il s'agit des passions égoïstes dans lesquelles manque la distinction de la personne concernée et de la personne objet (*TMS* 1, 2, 5 ; *F* 77-81).

La sympathie pour la joie (*joy*) est par nature plus plaisante et plus facile que la sympathie pour la peine, puisqu'elle consiste dans une similitude de sentiments agréables. Ce principe est perturbé par une passion, l'envie, lorsque la joie est occasionnée par la bonne fortune qui suscite de la part d'un tiers cette passion. Si les petites joies sont objet de sympathie, c'est qu'elles ne suscitent pas l'envie. À l'inverse, les petites peines ou plus exactement les peines occasionnées par des infortunes qui manquent de grandeur ou de gravité suscitent la raillerie, une certaine malveillance (*malice*) chez les êtres humains venant ainsi perturber la sympathie pour la peine (*TMS* 1, 2, 5, 3 ; *F* 81[1]).

Cette perturbation de la sympathie par une passion peut connaître un raffinement plus grand encore quand cette dernière est à son tour perturbée par une autre passion. C'est ainsi que l'on peut avoir honte d'être envieux à l'égard de la joie donnée par une grande fortune (*TMS* 1, 3, 1, 4 ; *F* 84).

La dissymétrie entre sympathie pour la joie et sympathie pour la peine, la première étant plus facile pour les faibles degrés que pour les hauts degrés de joie, la seconde étant plus facile pour les hauts degrés que pour les faibles degrés de peine, n'est pas simplement fonction de la dimension algédonique de ces passions. Car si elle l'était, la sympathie pour la joie serait non limitée et son point de propriété serait très élevé, ce qui est contraire à l'observation. C'est

---

1. Ce thème a son origine lointaine dans la conception aristotélicienne du comique et a animé les discussions du XVIIIe siècle britannique sur le ridicule. Voir L. Jaffro, « The Passions and Actions of Laughter in Shaftesbury and Hutcheson », *in* A. Cohen et R. Stern (dir.), *Thinking about the Emotions. A Philosophical History*, Oxford, Oxford University Press, 2017, p. 130-149.

la perturbation par l'envie, suscitée par le spectacle de la jouissance de la bonne fortune, qui explique ce phénomène.

La dissymétrie entre le point de propriété de la sympathie pour la peine et celui de la sympathie pour la joie nous fournit un exemple de découplage entre sympathie et approbation. On a vu que l'approbation est supposée consister en l'observation d'une correspondance complète de sentiments, ou du moins reposer sur elle. Dans le cas d'un chagrin excessif, nous ne l'approuvons pas, c'est-à-dire que nous n'avons pas de correspondance complète de sentiments : nous ne pouvons pas le « suivre », et cependant nous avons une certaine sympathie à son égard. Dans le cas d'une joie excessive, si nous ne l'approuvons pas, c'est que nous n'avons pas la moindre sympathie (*TMS* 1, 3, 1, 2; *F* 84).

Comment expliquer cette dissymétrie ? Quelques paragraphes plus loin, Smith suggère que la solution se trouve dans la considération de l'information que nous avons sur les passions qui nous permettent d'évaluer le mérite des personnes qui les éprouvent :

> Nous avons de l'indulgence pour le chagrin excessif que nous ne pouvons pas entièrement suivre. Nous savons quel effort prodigieux est requis avant que la personne qui souffre puisse réduire ses émotions au niveau d'une harmonie et d'un accord complets avec celles du spectateur. Par conséquent, même si elle échoue, nous lui pardonnons aisément. Mais nous n'avons pas une telle indulgence pour la joie immodérée, parce qu'il manque cette conscience qu'un effort aussi immense serait requis pour la réduire à ce en quoi nous pourrions entièrement entrer. L'homme qui dans les plus grands malheurs peut contrôler son chagrin paraît digne de la plus haute admiration ; mais qui dans la plénitude de la

prospérité peut d'une manière semblable maîtriser sa joie ne paraît pas mériter le moindre éloge. Nous sommes conscients du fait que dans un des deux cas il y a un écart bien plus grand entre ce qui est naturellement ressenti par la personne principalement concernée et ce que le spectateur peut entièrement suivre. (*TMS* 1, 3, 1, 6 ; *F* 85)

L'indulgence devant un chagrin excessif supplée, ici, à une approbation fondée sur la sympathie, qui est manquante.

QUE LA MAÎTRISE DE LA PEINE EST ADMIRABLE

Si nous avons ce type de savoir, c'est sans aucun doute grâce à l'expérience de nos attitudes à l'égard de nos propres émotions. Nous savons qu'il est plus difficile, et donc plus admirable, de modérer la peine que la joie. Pour utiliser le vocabulaire de l'amour du système[1], nous sommes plus impressionnés par le système de la maîtrise de la grande peine que par le système de la maîtrise de la grande joie. Cela tient au fait que, comme nous savons que le chagrin est d'autant plus déplaisant qu'il est grand, nous sommes peu disposés à sympathiser avec le chagrin, et comme nous le savons d'expérience, nous sommes d'autant plus admiratifs devant la maîtrise de la personne qui discipline son chagrin. Cette capacité à surmonter ce qui est très difficile est la source de notre étonnement. De là vient notre admiration pour le *self-command* stoïcien (*TMS* 1, 3, 1, 13 ; *F* 88).

Dans ces analyses qui reposent sur la considération de deux ingrédients, à savoir la dimension algédonique des affects et les représentations de la situation des personnes bénéficiaires, il y a quelque chose qui rappelle la manière dont Hume découvrait une « double relation » dans des

---

1. Voir *infra*, p. 107 *sq.*

passions comme l'amour, la haine, la fierté et la honte :
une « relation d'idées » entre l'objet de la passion et la
représentation d'un *self* ou d'une personne et une « relation
d'impressions » entre la sensation produite par cet objet
et le *feeling* de cette passion[1].

Le statut de la perturbation de l'envie ou de la malice
est celui d'une association d'idées. C'est une constante
des usages philosophiques de l'association des idées,
depuis John Locke (notamment), d'en faire une source
de perturbation. Hume a donné à l'association un rôle
constitutif, au-delà de ses seuls effets perturbateurs ; c'est
en ce sens qu'il est associationniste[2]. Smith ne paraît pas
suivre Hume jusqu'au bout dans cette voie. Comme son
prédécesseur Hutcheson, il voit plutôt dans l'association
une sorte de mode opératoire des préjugés, des biais acquis :

> En dépit de ce préjugé, cependant, j'ose affirmer que
> quand il n'y a pas d'envie dans l'affaire, notre propension
> à sympathiser avec la joie est bien plus grande que notre
> propension à sympathiser avec le chagrin ; et que notre
> correspondance de sentiment avec l'émotion agréable
> s'approche de la vivacité de ce qui est naturellement
> ressenti par les personnes principalement concernées de
> bien plus près que ce que nous concevons pour l'émotion
> pénible. (*TMS* 1, 3, 1, 5 ; *F* 85)

L'approche adoptée par Smith dans ce contexte est
matérielle et non formelle. Il examine les objets possibles
de sympathie, le « sympathisable » si l'on peut dire, que
nous noterons désormais *S*. Être *S*, c'est être susceptible
d'être objet de sympathie sans nécessairement la mériter.

---

1. *T* 2, 2, 2, 4 (D. Hume, *A Treatise of Human Nature*, vol. 1, trad.
cit., p. 216).
2. L. Jaffro, *La Couleur du goût*, *op. cit.*, p. 54-57.

Les petites joies liées à la fortune sont S, les grandes joies liées aux grandes fortunes (ou plus exactement à l'accession à la grande fortune) ne le sont pas en vertu de la perturbation de l'envie. Si on pouvait faire abstraction de l'envie, en raison de sa qualité hédonique une grande joie serait plus S qu'un grand chagrin, et la thèse selon laquelle la tendance à la compassion est plus forte que la tendance à la sympathie pour la joie se montrerait erronée. Quand Smith détermine si x dans telles circonstances est S, il le fait de manière descriptive en dégageant des corrélations générales à partir d'observations sociales et historiques (au sens classique du terme : empiriques). Mais parfois il adopte aussi un vocabulaire qui l'engage au-delà de la simple description, vers une explication par des causes. Le fait que la joie est intrinsèquement plaisante explique qu'elle est S. En revanche, la perturbation par l'envie semble dépendre plus de la constitution contingente de la nature humaine (qui répond apparemment à des causes finales) que de la nature des émotions[1].

---

1. Nous rejoignons les interprétations qui nient la centralité de l'envie dans *La Théorie*. Voir É. Le Jallé, « Sympathie et envie chez David Hume et Adam Smith », dans M. Bessone et M. Biziou (dir.), *Adam Smith philosophe. De la morale à l'économie ou philosophie du libéralisme*, Rennes, PUR, 2009, p. 77-94 ; C. Pignol et B. Walraevens, « Rousseau and Smith on Envy in Commercial Societies », *European Journal of the History of Economic Thought*, 24 (6), 2017, p. 1214-1246. L'envie n'est pas une qualité ou une dimension de la sympathie, contrairement à ce qui a pu être soutenu dans une interprétation inspirée de la théorie du désir mimétique de René Girard (J.-P. Dupuy, *Le Sacrifice et l'Envie*, *op. cit.*, chap. 3).

DE LA DYNAMIQUE DES SENTIMENTS
AUX DISTINCTIONS SOCIALES

Les discussions sur la dissymétrie entre sympathie pour la joie et sympathie pour la peine préparent les considérations sur ce que Smith appelle « l'origine de l'ambition et de la distinction des rangs »[1]. Pour passer du problème psychologique à la théorie sociale, il suffit de prendre en compte, outre la capacité de telle ou telle émotion à être plus ou moins S, le désir d'être S de la part des personnes. Car la S-itude est une qualité non seulement des attitudes dans toute leur variété, mais aussi des caractères. Comme nous désirons être S, il nous faut faire belle figure pour obtenir le regard des autres : « C'est parce que les hommes (*mankind*) sont disposés à sympathiser plus complètement avec notre joie qu'avec notre peine que nous faisons parade de nos richesses et cachons notre pauvreté. » (*TMS* 1, 3, 2, 1 ; *F* 91) C'est ainsi que l'on peut expliquer pourquoi on préfère se vouer à l'insatisfaction dans la poursuite de la richesse et de ses signes, plutôt que de se contenter de ce peu qui est pleinement satisfaisant, à savoir la « conscience nette », accessible à la plupart des hommes, de qui est sans dettes et n'a pas lieu de se rien reprocher.

C'est à l'occasion de la comparaison des attitudes de l'homme pauvre et de l'homme riche, et des attitudes des autres à l'égard de l'un et de l'autre, que Smith observe que c'est la « vanité, non le confort ou le plaisir qui nous

---

1. Il s'agit du vocabulaire de la division sociale. Sur l'histoire de l'introduction du lexique des « classes » sociales (une terminologie que Smith n'emploie pas en ce sens dans *La Théorie*), voir M.-F. Piguet, « *Classe* ». *Histoire du mot et genèse du concept, des physiocrates aux historiens de la Restauration*, Lyon, Presses universitaires de Lyon, 1996.

intéresse. Mais la vanité est toujours fondée sur la croyance que nous sommes l'objet de l'attention et de l'approbation » (*TMS* 1, 3, 2, 1 ; *F* 92).

On ne saurait rendre compte de l'émulation économique par la poursuite des buts que constituent la satisfaction des besoins (pour le salariat) ou l'obtention de plaisirs luxueux (pour les classes non laborieuses). C'est le désir d'obtenir l'approbation, et même l'admiration des autres qui est le moteur. On a donc affaire ici au versant subjectif de l'amour des systèmes[1]. De même que Smith rejette l'explication humienne de la valorisation esthétique par l'utilité, au profit d'une explication par la passion des machineries étonnantes, de même il rend compte de la motivation de l'esprit d'entreprise, non par la poursuite de l'intérêt, mais par les gratifications passionnelles associées aux réalisations admirables[2].

Être remarqué et être approuvé sont deux choses différentes, la première conditionnant la seconde. Pour être objet de sympathie, encore faut-il être visible. L'homme pauvre n'est ni l'un ni l'autre. On ne fait pas attention à lui. Il est socialement invisible. Quand il devient visible, les autres n'ont guère de compassion pour sa situation, mais souvent une forme de dégoût, qui a pour pendant la honte qu'il éprouve. Le pauvre retourne vite à son invisibilité, car sa visibilité est pénible pour tous. Le riche attire tous les regards. Il fait la couverture et suscite l'envie. Mais ces deux choses différentes sont étroitement liées : le

---

1. Le versant objectif consiste dans le type d'arrangement qui suscite cette passion.

2. Sur l'utilité selon Smith et sa réévaluation par l'amour des systèmes, voir l'analyse de D. Diatkine, « L'utilité et l'amour du système dans la *Théorie des sentiments moraux* », *Revue philosophique de la France et de l'étranger*, 190 (4), 2000, p. 489-505.

regard est retenu par ce qui est l'objet d'un désir positif; il se détourne de ce qui est l'objet d'une aversion. C'est pourquoi l'infortune de l'homme pauvre ne présente qu'un très faible degré de S. Mais l'infortune des rois tire de nous des larmes, en vertu des mêmes « couleurs illusoires dont l'imagination peint la condition des grands » (*TMS* 1, 3, 2, 2 ; *F* 94). L'infortune des rois et l'infortune des amants font les deux grands sujets du théâtre[1].

Remarquons qu'il s'agit, au principe de la vanité, de la croyance que nous sommes remarqués et approuvés et non pas de la croyance que nous méritons d'être approuvés, c'est-à-dire la croyance que le spectateur impartial nous approuverait ou devrait nous approuver. La vanité ne s'appuie pas sur une croyance relative aux réponses du spectateur idéal, ni même d'un spectateur réel dont on rechercherait l'avis impartial. Ce point est évidemment crucial pour distinguer vanité et moralité. Mais en même temps il semble que le désir d'être S soit au principe à la fois de la vanité, de la recherche des superfluités du luxe, des signes de réussite sociale ou économique, et de la moralité. Il faudra donc comprendre comment cette même racine peut donner lieu à deux branches différentes. Ou bien s'agit-il de deux racines différentes ?

Les effets de l'illusion de l'imagination jointe au privilège accordé au sort des grands ne nourrissent pas seulement le théâtre (et plus généralement la littérature et les arts). C'est toute la société qui est ainsi ce qu'on peut appeler, pour emprunter à Guy Debord, une « société du spectacle ». Les effets ne se limitent pas à l'agitation des cœurs. Ils concernent aussi l'ordre de la société, et d'abord

---

1. Quand on a les deux en même temps, le succès est assuré. C'est le syndrome de Lady Di.

la « distinction des rangs ». Car c'est sur cette disposition à sympathiser avec les riches et les puissants que sont fondées cette distinction sociale et la servilité qui l'accompagne. On sert ainsi les puissants non dans l'espoir de faveurs (qui ne sont d'ailleurs pas assurées), mais en vertu de l'admiration pour leur situation. « Nous sommes avides de les aider à achever un *système du bonheur* [nous soulignons] qui approche de si près la perfection ; et on désire les servir pour les servir pour eux-mêmes [*for their own sake*], sans autre récompense que la vanité ou l'honneur de leur complaire. » (*TMS* 1, 3, 2, 3 ; *F* 95) C'est bien l'amour du système qui constitue encore une fois la motivation de cette conduite qui a tout d'une valorisation désintéressée : ce ne sont pas les avantages que l'on pourrait escompter des grands qui nous pousse à leur service, mais l'admiration pour ce système du bonheur, qui n'est pas la même chose que le désir du bonheur – l'amour du système valorise les moyens comme s'ils étaient des fins[1]. L'ordre social repose donc sur des principes bien différents de ceux que dégage la philosophie politique dans ses versions contractualiste (Hobbes et Locke), ou utilitaire, ou eudémoniste (aristotélicienne). Ni la considération de la légitimité (qui règle l'obéissance et la désobéissance dans la perspective de Locke), ni celle de l'utilité, ni celle du bonheur, bref, aucune forme du bien public ne joue réellement dans les ressorts de la distinction des rangs et plus généralement de l'organisation sociale et

---

1. Certains ont cru voir dans l'importance de la vanité la source d'un « nouveau problème Adam Smith ». Voir la réponse de D. Diatkine, « Vanity and the Love of System in *Theory of Moral Sentiments* », art. cit. Voir aussi la discussion dans J. Dellemotte. « La cohérence d'Adam Smith, problèmes et solutions : une synthèse critique de la littérature après 1976 », art. cit.

de la soumission aux puissants. C'est l'amour du système qui fait le travail effectif.

Smith conjoint à cette description une perspective téléologique. La nature a coupé l'herbe sous les pieds des philosophes qui raisonnent à propos de la politique, en faisant en sorte que les êtres humains n'attendent rien des puissants en contrepartie de leur obéissance et de leur service. Un sourire, dont nous croyons avec ravissement qu'il nous est adressé personnellement, nous suffit. Nous sommes heureux de nous imaginer partager ce que nous imaginons comme étant leur bonheur. Nous sommes heureux d'être utiles ; et cela n'est pas la même chose que la recherche de l'utilité ou de l'avantage ; ce n'est pas du calcul, mais de l'admiration ; ce n'est pas de l'intérêt, mais du désintérêt, c'est-à-dire de l'intérêt pris à autre chose que soi, à plus grand que soi ; nous sommes heureux de participer ; le plaisir que nous prenons à la participation à ce système du bonheur est au principe de notre disposition naturelle à respecter et à admirer les puissants et les riches. Il faut voir les choses aussi du point de vue des grands. Le jeune aristocrate s'adonne aux arts de la politesse, du maintien, etc., pour être *S*, alors que les mêmes efforts seraient ridicules chez les pauvres qui l'imiteraient. De leur part, ce seraient des singeries (*TMS* 1, 3, 2, 5 ; *F* 97-98).

En résumé, l'admiration que la masse a pour la richesse et la grandeur est le plus souvent « désintéressée » (*TMS* 1, 3, 3, 2 ; *F* 104). Comment l'expliquer ?

L'INFLUENCE DU GOÛT POUR LA BEAUTÉ DE L'APPARENCE D'UTILITÉ

Smith appelle « apparence d'utilité » quelque chose de bien différent de ce que nous avons en tête quand nous demandons quelle est l'utilité d'un artéfact quelconque.

L'apparence d'utilité n'est ni la fonction ou la finalité de l'objet, ni la satisfaction qu'il procure, bref, ni la « commodité », ni le « plaisir », mais l'« ajustement exact des moyens d'obtenir une commodité ou un plaisir », ce que Smith appelle aussi *happy contrivance*, l'heureuse disposition ou conception d'un dispositif, qui suggère une intelligence technique (*TMS* 4, 1, 1-3 ; *F* 251-252). Smith procède ainsi de manière virtuose à une rectification de la proposition de Hume qui, dans le *Traité*, rendait compte de la « beauté d'intérêt », et, corrélativement, de l'estime pour les riches et du mépris pour les pauvres, en faisant appel à la sympathie d'un spectateur pour la personne qui jouit du plaisir ou de la commodité de la chose[1]. Smith ne nie pas qu'on puisse sympathiser avec l'heureux propriétaire d'un jardin magnifique, ni qu'on puisse consulter les préférences esthétiques du spectateur impartial pour vérifier si on a une appréciation appropriée. Mais il nie que l'appréciation en ces matières passe nécessairement par un test de sympathie avec les sentiments des personnes qui jouissent de la commodité ou de l'agrément des objets en question, et il estime que ce qu'un spectateur apprécierait concerne non cette commodité et cet agrément, mais la perfection de ces objets. Smith substitue ainsi à celle de Hume une proposition plus audacieuse, et qui dispense d'introduire le circuit de la sympathie pour le plaisir du bénéficiaire dans les goûts de l'esthète, du curieux féru de science, de l'entrepreneur ou du consommateur amateur de beaux objets techniques : certains objets plaisent et sont désirés non pour la jouissance ou la commodité qu'ils procurent à la manière dont un moyen permet d'atteindre une fin, mais en vertu même de leur organisation finale apparente,

---

1. *T* 2, 2, 5 (D. Hume, *A Treatise of Human Nature*, vol. 1, éd. cit., p. 231-236).

c'est-à-dire de la disposition astucieuse des parties ou moyens relativement à leur fin.

Ces développements se présentent ainsi comme une réponse subtile à la discussion du *Traité* de Hume sur la beauté d'intérêt. Ils font aussi positivement écho aux propositions de Cléanthe dans la partie II des *Dialogues sur la religion naturelle*, qui concernent l'apparence d'organisation finale dans la nature et la manière dont sa machinerie extraordinairement fine et complexe donne à penser un projet intelligent ou quelque chose d'analogue à son principe[1].

Il ne s'agit pas, ici, de la pertinence prudentielle du choix des moyens en vue d'une fin conforme à l'intérêt, mais du goût, exprimé dans l'émotion d'admiration, pour la structure interne de l'objet, qui implique notamment le juste arrangement des moyens. L'intérêt qui guide l'évaluation est pris à l'objet lui-même, et non aux personnes que l'objet concerne, de près ou de loin. Ainsi l'amateur de montres cherche des mécanismes dont la perfection est montrée par leur précision extrême ; c'est cette perfection en tant que telle, et non pas la ponctualité qu'elle permet, qui l'enchante (*TMS* 4, 1, 5 ; *F* 252-253). C'est donc bien l'apparence, l'effet d'adaptation, l'organisation finale ou l'ordonnancement interne de l'objet, qui est tellement

---

1. Le rapprochement entre le Cléanthe de Hume et le providentialisme de Smith est fait par T. Peach, « Adam Smith's "Optimistic Deism", the Invisible Hand of Providence, and the Unhappiness of Nations », *History of Political Economy*, 46 (1), 2014, p. 78. Sur les relations entre l'image de la « main invisible » et le vocabulaire de la téléologie stoïcienne, voir aussi E. Rothschild, *Economic Sentiments. Adam Smith, Condorcet, and the Enlightenment*, Cambridge, Mass., Harvard University Press, 2001, p. 134-136. Sur le thème de la machine et de la téléologie au XVIIIe siècle, voir P. Pimenta, *A trama da natureza : organismo e finalidade na época da Ilustração*, São Paulo, UNESP, 2018.

goûté. En un mot, c'est le « système » qui plaît et c'est l'« amour du système » qui constitue la motivation :

> En vertu d'un certain esprit de système, en vertu d'un certain amour de l'art et de l'industrie (*contrivance*), nous paraissons parfois valoriser (*value*) les moyens plus que la fin, et être avides de promouvoir le bonheur de nos semblables, plus dans la perspective de perfectionner et améliorer un certain système beau et ordonné qu'en vertu d'un sens ou sentiment immédiat de ce dont ils souffrent ou jouissent. (*TMS* 4, 1, 11 ; *F* 258)

Hume appliquait à cette question sa conception des passions qui les insère dans le réseau de l'association des idées. Il mettait en avant la relation entre l'objet de l'approbation esthétique et l'idée d'une personne qui en bénéficie, et qui, distincte de l'évaluateur, est aussi l'objet de sa possible sympathie. Sans exclure dans le principe une telle association, Smith rapporte au premier chef le plaisir de l'évaluateur – mais aussi du consommateur qui en bénéficie – à la considération de la structure de l'objet. Cet objet peut être assez abstrait, comme celui que constitue une science, un art ou une pratique, comme l'art politique.

Cela vaut aussi pour la motivation de l'agent économique. Le fils de l'homme pauvre, nous dit Smith, qui admirait l'aisance des riches (notamment les propriétaires fonciers) et désirait se procurer toutes les commodités extraordinaires dont ils jouissent, a passé sa vie d'entreprise et d'intrigue à essayer d'obtenir la richesse qui est le seul moyen de se les procurer (et une richesse d'entreprise, seule accessible à qui n'est pas propriétaire foncier). Au soir de sa vie, aigri,

> il commence enfin à trouver que la richesse et la grandeur sont de simples babioles à l'utilité frivole, pas plus aptes à procurer le confort du corps ou la tranquillité d'esprit

que les mallettes de beauté des amateurs de jouets ; comme elles, elles sont plus pénibles à la personne qui les transporte que ne sont commodes tous leurs avantages. (*TMS* 4, 1, 8 ; *F* 254)

Mais son jugement est celui d'un homme épuisé, déprimé, dégoûté, incapable d'appréciation correcte. Car les autres en général, la société, bref, le « spectateur » admire la vie des classes supérieures, entre facilement en sympathie avec les satisfactions des personnes qui en jouissent, non parce qu'il « imagine qu'elles sont réellement plus heureuses que les autres, mais parce qu'il imagine qu'elles possèdent plus de moyens d'être heureux » (*ibid.*). Les désirs du vieillard sont si éteints qu'il ne voit plus la beauté de cette machine qui articule les moyens que constitue la richesse et les effets qu'elle permet d'obtenir, mais seulement sa fragilité et sa vanité. C'est pourtant cette grande machinerie qui donne à l'acquisition d'une grande fortune une apparence d'utilité – qui n'a rien à envier à celle des artéfacts luxueux qu'elle permet d'ailleurs de se procurer – qui suscite dans le spectateur un plaisir spécifique, celui de la satisfaction de l'amour des systèmes, bien distinct du plaisir de l'utilisateur ou bénéficiaire de l'objet. On pourrait avoir le sentiment que cette analyse de la vaine accumulation qu'est la fable du fils de l'homme pauvre nous éloigne des motivations de l'agent économique, supposées être exclusivement intéressées ; mais, en réalité, on peut tout aussi bien dire que Smith introduit dans la réflexion sur la richesse l'importance des jugements désintéressés, c'est-à-dire intéressés à l'objet et non à la personne qui en jouit, qu'elle soit l'esthète, le curieux ou le savant[1].

---

1. D. Diatkine, « Vanity and the Love of System in *Theory of Moral Sentiments* », art. cit.

Revenons à la comparaison de l'amour des systèmes et de la prudence. Tous deux valorisent l'adoption de moyens appropriés à une fin. Dans le cas de la prudence, il s'agit du soin de soi. L'amour des systèmes est une passion intellectuelle qui n'est pas animée par le souci de soi, mais simplement par le souci du système en tant que tel. La théorie de l'amour des systèmes fournit un cadre beaucoup plus vaste, susceptible de rendre compte du goût de l'organisation dans toute activité humaine, notamment scientifique – pour prendre un exemple éminemment smithien, l'astronomie[1] – ou esthétique. Même la valeur attachée à la prudence est susceptible d'être décrite dans ce cadre. Smith écrit ainsi que la prudence d'une personne « a toute la beauté qui peut appartenir à la machine la plus parfaite qui fut jamais inventée afin de promouvoir la fin la plus agréable » (*TMS* 4, 2, 1 ; *F* 261). Si nous approuvons la prudence, ce n'est pas tant sur le fondement de son utilité – pourtant indéniable puisqu'elle est la disposition à promouvoir l'intérêt de l'individu ou du groupe – que sur le fondement de cette qualité de nature systématique. Il en va de même pour tous les caractères vertueux ou sages et de cette beauté de la moralité dont Hume avait pensé erronément qu'elle procédait de l'utilité pour les personnes (*TMS* 4, 2, 3 ; *F* 261).

Pour illustrer la dimension systématique – nous n'avons pas trouvé de meilleur terme – de la beauté des caractères, Smith se livre à un examen des qualités les plus utiles, afin de montrer que ce n'est pas l'utilité qui fait leur beauté. À cette occasion, il donne des indications cruciales sur ce qu'est le *self-command* désigné, dans ce

---

1. A. Smith, « The History of Astronomy », *in* W. P. D. Wightman et J. C. Bryce (éd.), *Essays on Philosophical Subjects*, éd. cit.

contexte précis, comme une des deux qualités, au côté de la capacité intellectuelle de prévision des conséquences, qui composent la prudence plutôt que comme une vertu distincte de la vertu de prudence (*TMS* 4, 2, 6 ; *F* 263). Il est plausible que le *self-command* soit ici un degré assez modeste de management intertemporel des plaisirs et des peines. Un degré beaucoup plus élevé de *self-command* pourrait ainsi constituer la vertu respectable du *self-command* qui est autre que la vertu de prudence et à laquelle celle-ci, comme la justice et la bienfaisance, emprunte son « éclat »[1]. Smith dit ainsi des vertus respectables qu'elles consistent « en ce degré de maîtrise de soi qui étonne par sa supériorité stupéfiante [*amazing*] sur les passions les plus incontrôlables de la nature humaine » (*TMS* 1, 1, 5, 6 ; *F* 51). Prêter attention à la gradualité de la maîtrise de soi, à ses « diverses nuances et gradations » (*TMS* 3, 3, 21 ; *F* 208), permet de distinguer une excellence admirable – la vertu – et divers degrés inférieurs de cette qualité[2].

1. Sans cette distinction entre le degré de maîtrise et l'excellence dans la maîtrise, la double caractérisation du *self-command* comme qualité dont est composée la prudence et comme vertu à part entière, bien distincte de la prudence, pourrait paraître contradictoire. La distinction entre le degré de qualité et la vertu robuste est suggérée par Smith quand il parle de la maîtrise de soi non admirable qui est présente dans la prudence (*TMS* 6, Conclusion, 3 ; *F* 360).

2. C'est notre manière de rendre compte d'une dualité de sens dans l'usage du terme *self-command*. Une solution différente est proposée par M. A. Carrasco, « Adam Smith : Self-Command, Practical Reason and Deontological Insights », *British Journal for the History of Philosophy*, 20 (2), 2012, p. 391-414. La considération de la gradualité est féconde. Elle permet, par exemple, la comparaison des styles affectifs nationaux. Voir M. Bee, « Wealth and sensibility. The historical outcome of better living conditions for all according to Adam Smith », *European Journal of the History of Economic Thought*, 25 (3), 2018, p. 473-492.

La maîtrise de soi suscite l'approbation du spectateur, et même son admiration ; elle inclut donc un ingrédient d'étonnement, au regard de ce qu'il sait *from experience* de la difficulté qu'il y a à préférer un plaisir plus grand mais plus tardif à un moindre plaisir mais plus immédiat. Aux yeux du spectateur, la conduite qui consiste à se précipiter sur le plaisir moindre mais présent paraît aberrante précisément parce qu'il « ne ressent pas les sollicitations de nos appétits présents ».

Notons que le spectateur n'est pas ici une instance évaluative externe ; il est une perspective imaginaire de la personne qui ne parvient à la maîtrise de soi qu'en adoptant son point de vue :

> Le plaisir dont nous devons jouir dans dix ans nous intéresse si peu en comparaison de celui dont nous pouvons jouir aujourd'hui, la passion que le premier suscite est naturellement si faible en comparaison avec cette émotion violente que le second est capable d'occasionner, que l'une ne pourrait jamais contrebalancer l'autre s'il n'était pas soutenu par le sens de la propriété, par la conscience que nous méritons l'estime et l'approbation de chacun, en agissant d'une façon, et que nous devenons l'objet approprié de leur mépris et de leur moquerie en agissant de l'autre. (*TMS* 4, 2, 8 ; *F* 264-265)

La maîtrise de soi qui permet d'échapper à l'incohérence temporelle justifie cette admiration que nous pourrions rapprocher de l'amour des systèmes. Car l'admiration du spectateur pour la « fermeté résolue » d'un planificateur efficace s'attache à la beauté interne de sa conduite, indépendamment de la considération de l'avantage auquel elle donne lieu. La suggestion est risquée. Mais l'admiration comporte, outre l'approbation, un élément de *wonder* qui est aussi au principe de l'amour des systèmes. La sympathie donne lieu à l'approbation du spectateur ; mais ne peut-on dire que l'amour des systèmes donne lieu à son admiration ? Cette lecture paraît confortée quelques paragraphes plus loin : Smith déclare que « pour autant que le sentiment de l'approbation naît de la perception de cette beauté de l'utilité, il n'a aucune référence d'aucune sorte aux sentiments des autres » – cela distingue très fortement ce type d'approbation de l'approbation selon la propriété, qui repose sur l'observation de la coïncidence des sentiments.

Smith confirme cela par une expérience de pensée qui consiste à imaginer un enfant sauvage devenu adulte sans quitter sa solitude[1]. Il est capable d'évaluer sa propre conduite, indépendamment de toute considération d'utilité publique, c'est-à-dire des effets sur d'autres personnes. Même s'il est en capacité de l'évaluer en fonction des effets qu'elle a sur lui-même, l'utilité privée n'est pas non plus le critère. Car il considère sa propre prudence « avec cette sorte de satisfaction avec laquelle nous considérons une machine bien conçue (*well-contrived*) », et sa propre inconduite « avec cette sorte de dégoût et d'insatisfaction avec lesquels nous considérons une conception (*contrivance*) très maladroite et grossière » (*TMS* 4, 2, 12 ; *F* 267). Certes, l'enfant sauvage devenu adulte ne pourrait avoir de sens de son mérite et de son démérite, de sa responsabilité (et de sa punissabilité) devant les autres, et son regard sur sa propre conduite

---

1. Raphael signale un cas d'enfant sauvage connu de lord Monboddo (D. D. Raphael, *The Impartial Spectator, op. cit.*, p. 130-131).

serait purement esthétique, le regard du goût et non du
jugement moral[1].

　　La manière dont l'amour des systèmes rend compte
d'une valorisation indépendante des considérations sur
l'utilité pour les personnes est cohérente avec la priorité
que Smith accorde au sens de la propriété par rapport à
tout autre critère d'évaluation, comme la considération de
l'utilité. Cependant, tandis que le sens de la propriété est
un ingrédient essentiel de l'édifice de la moralité autant
que des évaluations sociales de diverses natures (comme
l'étiquette), le goût pour la beauté liée à l'apparence
d'utilité – contemplation d'une apparence qui, répétons-
le, n'est pas une considération d'utilité – constitue une
tendance esthétisante dans nos évaluations qui peut exercer
une influence perturbatrice sur le sens de la propriété et
sur le sens du mérite.

LE CONFLIT ENTRE SOCIALITÉ ET MORALITÉ : UN LUXE

　　Le désir d'être *S* (être susceptible d'être objet de
sympathie, qu'on en soit ou non digne) est la source non
seulement des conduites d'acceptation et de renforcement
de la distinction des rangs, mais aussi de la corruption des
sentiments moraux qui est l'objet de la section suivante
(*TMS* 1, 3, 3). Le conflit entre les effets du désir d'être *S* et
la moralité plaide pour la distinction, non de deux branches
d'une même racine, mais de deux racines distinctes : un
désir d'être *S* et un désir d'être digne de sympathie.

　　C'est ici que Smith aménage à sa façon l'allégorie
d'Hercule à la croisée des chemins, attribuée au sophiste
Prodicos dans le livre II des *Mémorables* de Xénophon.
Ce thème, qui a eu une fortune extraordinaire dans l'art

1. Voir aussi *infra*, p. 158.

européen[1], a été illustré notamment par Shaftesbury dans *A Notion of the Historical Draught or Tablature of the Judgment of Hercules* qui est jointe à la plupart des éditions des *Characteristicks* au cours du XVIIIᵉ siècle. Hercule voit apparaître deux déesses, l'une qui lui désigne le sommet d'une montagne escarpée, l'autre qui essaie de l'attirer vers des satisfactions moins difficiles, et il réfléchit au choix qu'il doit faire. Il s'agit de la représentation visuelle classique d'un événement intérieur, le choix moral, entendu comme un choix entre deux genres de vie, de plaisir ou de vertu[2].

> Deux chemins différents se présentent à nous, menant également à l'obtention de cet objet tant désiré ; l'un, par l'étude de la sagesse et la pratique de la vertu ; l'autre, par l'acquisition de la richesse et de la grandeur. Deux caractères différents sont proposés à notre aspiration : l'un, de l'ambition fière et de l'avidité ostentatoire ; l'autre, de l'humble modestie et de la justice équitable. Deux modèles différents, deux tableaux différents, nous sont offerts, d'après lesquels nous pouvons façonner notre propre caractère et notre propre comportement ; l'un plus criard et étincelant dans ses couleurs ; l'autre plus correct et d'une beauté plus délicate dans son dessin ; l'un s'imposant à l'attention de tout œil distrait ; l'autre n'attirant l'attention de presque personne en dehors de l'observateur le plus studieux et le plus attentif. Ce sont surtout les sages et les vertueux, un cercle choisi, mais, j'en ai peur, réduit, qui sont les vrais et fidèles admirateurs de la sagesse et de la vertu. La grande masse des êtres

---

1. E. Panofsky, *Hercule à la croisée des chemins*, trad. fr. D. Cohn, Paris, Flammarion, 1999.

2. L. Jaffro, « Le choix d'Hercule : le problème artistique de l'expression du moral dans la tradition shaftesburienne », *DoisPontos*, 11 (1), 2014, p. 39-65.

humains sont les admirateurs et les adorateurs et, ce qui peut sembler plus extraordinaire, le plus souvent les admirateurs et les adorateurs désintéressés, de la richesse et de la grandeur. (*TMS* 1, 3, 3, 2 ; *F* 104)

Il y a une différence évidente entre le respect pour la vertu et la sagesse et le respect pour la richesse et la grandeur. Mais cette différence n'apparaît qu'aux observateurs attentifs et, sans cette attention, la confusion est si facile que beaucoup tendent à admirer ces dernières. Cela explique, en outre, que nous soyons si indulgents avec les vices des puissants, que nous ne supporterions pas chez les hommes ordinaires (*TMS* 1, 3, 3, 3 ; *F* 104-105). Cette analyse conforte l'hypothèse que le spectateur est surtout un observateur attentif et critique, capable d'une vision bien distincte. Elle confirme la dimension cognitive du recours au spectateur idéal et l'importance du thème de la distinction de la représentation de la situation, au côté de celui de sa vivacité[1].

L'allégorie de Prodicos convient pleinement à un âge aristocratique, car c'est pour les grands (parmi lesquels il faut compter Xénophon et Shaftesbury) que les deux routes divergent complètement. Pour les individus de condition modeste ou inférieure (« *middling and inferior stations of life* »), le choix d'Hercule ne saurait donner lieu à grande hésitation. En effet, les deux routes convergent et se confondent même dans l'unique chemin du travail et de l'effort (*TMS* 1, 3, 3, 5 ; *F* 105). Avoir le souci de la bonne réputation (à défaut de la reconnaissance ou de la célébrité que l'on trouve chez les grands et les puissants et que même le scandale peut renforcer), c'est se contraindre à la moralité autant qu'au type de succès social, modeste,

---

1. Voir *supra*, p. 48 *sq*.

auquel on peut prétendre. Smith dit que l'adage *honesty is the best policy* s'applique parfaitement ici. Les efforts achètent, si l'on peut dire, aussi bien la bonne réputation que l'honnêteté. Les opposer est un luxe qu'on ne peut pas se permettre. C'est seulement pour les riches et l'aristocratie qu'il y a quelque chose d'objectivement héroïque dans le choix de la vertu.

Mais la convergence objective dans un univers social en mutation[1] n'empêche pas la persistance subjective du modèle aristocratique et la diffusion des effets de société de cour. Car Smith jette aussi le soupçon sur la morale héroïque dont les adeptes et imitateurs, même parmi les pauvres, sont particulièrement vulnérables à une forme de duperie de soi motivée par la vanité. Il évoque l'incohérence des croyances que se dissimulent à peine des personnes tiraillées entre les valeurs morales et l'imitation des vices qui sont des signes de hautes positions sociales : elles « désirent être louées pour ce qu'elles ne trouvent pas elles-mêmes louable, et ont honte des vertus démodées, qu'elles pratiquent parfois en secret, et pour lesquelles elles ont secrètement un peu de dévotion véritable » (*TMS* 1, 3, 3, 7 ; *F* 107).

Une providence semble avoir ainsi mis en place les conditions d'un conflit potentiel entre ordre social et moralité. En même temps que la disposition à admirer les riches est au fondement de l'ordre social, elle corrompt les sentiments moraux. Les fausses valeurs sociales sont

---

1. *Cf.* A. de Tocqueville, *De la démocratie en Amérique, II*, éd. J.-C. Lamberti, « Bibliothèque de la Pléiade », Paris, Gallimard, 1992, p. 636-638. La « doctrine de l'intérêt bien entendu », selon Tocqueville, fait converger prudence et moralité et est appropriée à une époque moins aristocratique et, à plus forte raison, à une société post-aristocratique comme celle des États-Unis.

promues au détriment des valeurs morales. Il faudrait presque une théodicée pour innocenter l'auteur de la nature de ce qui est à première vue une faute « méta » – une faute non à l'intérieur de la morale sociale, mais dans sa structuration – qui consiste à avoir fait de la pauvreté et non pas du vice un objet ordinaire de mépris, et de la richesse et non pas de la vertu un objet d'admiration. Mais la providence donne-t-elle, dans son plan supposé, la priorité aux fins morales, plutôt qu'à l'utilité pour les sociétés humaines ?

Smith sait que la fascination à l'égard des personnes fortunées pourrait paraître déplacée en comparaison de l'estime que méritent les valeurs authentiques de la sagesse et de la vertu. Il n'ignore pas que les moralistes mettent en garde contre les excès de cette admiration et trouvent plus sûre la compassion pour les infortunés. La distinction des rangs n'est pas une distinction de mérites. Ne faut-il pas déplorer qu'il n'en soit pas autrement ? Mais « la nature a sagement jugé que la distinction des rangs, la paix et l'ordre de la société reposeraient plus sûrement sur la différence de naissance et de fortune, manifeste et sensible, que sur la différence de sagesse et de vertu, invisible et souvent incertaine » (*TMS* 6, 2, 1, 20 ; *F* 314). Les causes finales semblent liées à des considérations d'efficacité plutôt que de justice morale. Ce point est confirmé dans le regard téléologique sur le patriotisme. Pourquoi la nature nous a-t-elle faits chauvins plutôt que cosmopolites ?

> Les mêmes principes qui gouvernent l'ordre dans lequel les individus sont recommandés à notre bienfaisance gouvernent semblablement l'ordre dans lequel les sociétés lui sont recommandées. Celles pour qui notre bienfaisance est ou peut être de la plus grande importance

lui sont recommandées prioritairement et principalement.
(*TMS*, 6, 2, 2, 1 ; *F* 316)

Il y a donc une échelle dans l'importance qui est
antérieure à et indépendante de l'approbation individuelle.
Cependant, de quelle nature est cette importance ? Dans la
mesure où il est question des « mêmes principes » que ceux
qui régissent la manière dont la bienfaisance est accordée
aux individus, et que celle-ci vise leur conservation et
bien-être, elle semble de nature non proprement morale,
mais prudentielle. C'est ainsi, plus généralement, qu'on
peut spéculer sur la fonctionnalité des « influences » et
des inflexions qui affectent l'évaluation.

CHAPITRE III

L'ANALYSE DU SENS DU MÉRITE

L'IMPORTANCE DES CONSÉQUENCES

Lorsque Smith parle de « sens de la propriété » et de « sens du mérite » (dans l'évaluation des autres), puis (cette fois pour l'évaluation de soi) de « sens du devoir », il utilise le même type de vocabulaire que Hutcheson[1], mais il ne l'entend pas du tout de la même manière que cet auteur qui voyait dans le sens du beau, le sens du ridicule, etc., autant de canaux primitifs de la sensibilité aux valeurs, des facultés de perception dont nous sommes naturellement dotés[2]. Hutcheson n'allait pas plus loin que le supposé fondement de notre constitution dans la providence, et n'essayait pas de décomposer ces « sens » en leurs ingrédients psychologiques plus élémentaires. Au contraire, Smith y voit non une donnée première de notre constitution, mais un complexe analysable en termes de sympathie et d'imagination. Il y a une diversité d'espèces

---

1. Sur le plan lexical, Smith reste beaucoup plus proche de Hutcheson que ne le croit Raphael, qui comprend le sens moral hutchesonien comme un *feeling* alors qu'il consiste en une faculté (D. D. Raphael, *The Impartial Spectator, op. cit.*, p. 28).

2. F. Hutcheson, *Recherche sur l'origine de nos idées de la beauté et de la vertu*, trad. cit., p. 64-65.

de l'approbation ou de la désapprobation, mais ces trois « sens », par une économie de moyens remarquable, qui manifeste la puissance explicative du système de la sympathie, s'analysent par les mêmes principes. Dans la vie évaluative concrète, les opérations imputées à ces trois sens sont extrêmement intriquées. Si *La Théorie* a commencé par le sens de la propriété, c'est parce qu'il a une priorité par rapport aux deux autres sens qui le supposent comme ingrédient.

Pour aborder la deuxième espèce d'évaluation qui est l'objet de la partie II, commençons par des définitions. Le mérite et le démérite (*merit, demerit*) sont, respectivement, « les qualités de mériter (*deserving*) récompense et de mériter punition » (*TMS* 2, 1, Introduction, 1 ; *F* 111). Pour le dire, l'anglais dispose d'au moins deux termes, *merit* et *desert* (on pourrait ajouter *worth*), là où le français n'en a qu'un, « mérite » (auquel on peut cependant ajouter « valeur », assez flexible pour être aussi capable de cela). Smith parle dans le même contexte de « *the merit or demerit, the good or ill desert of the action...* » : « le mérite ou démérite, la valeur bonne ou mauvaise de l'action ». Le sens du terme *merit* qui est ici pertinent est celui de la juste récompense. Le mérite est une sorte de valeur qui est essentiellement relationnelle, et plus exactement relative à la distribution de sanctions. Le démérite d'une personne fait qu'il est juste de la punir. Le mérite d'une personne lui donne un titre à être récompensée.

N'aurait-il pas pu se faire que le mérite et le démérite se confondent avec, respectivement, la propriété et l'impropriété ? Une action appropriée ou inappropriée aurait alors directement mérité une sanction plaisante ou pénible, uniquement en vertu de son caractère approprié ou inapproprié, qui s'apprécie indépendamment de la considération des conséquences de l'action sur un tiers. Ce n'est cependant pas ainsi que nous sommes constitués. Lorsque nous évaluons les attitudes ou actions des autres, les conséquences sur un tiers comptent à un certain point. Nous avons donc besoin d'une deuxième conception de la valeur. La première conception, exposée dans la partie I de *La Théorie* – mais toujours à l'œuvre dans les parties III et III –, peut être caractérisée comme non conséquentialiste : elle entend la valeur d'une attitude ou d'une action comme sa justesse, son caractère approprié, supposant ainsi une norme de correction dont Smith pense qu'elle est fournie par l'appréciation même du spectateur. La deuxième conception est conséquentialiste. Elle rapporte la valeur à ce qui est bon ou mauvais pour autrui, au bénéfice ou dommage pour des tiers. Alors que propriété et impropriété sont des qualités de l'affection ou disposition envisagée dans son rapport à ce qui l'occasionne ou est son objet, mérite et démérite sont des qualités de l'affection ou disposition envisagée dans son rapport à ses conséquences pour les autres.

Déjà Hutcheson proposait deux regards sur la valeur d'une action : elle dépend prioritairement de la qualité de la disposition affective qui la motive et seulement de manière secondaire de la qualité de ses conséquences ou effets. Deux conceptions de la valeur sont ici mobilisées : la valeur de la motivation, vue comme indépendante de celle des conséquences, et la valeur entendue de manière conséquentialiste[1]. À qualité égale de motivation, l'action la meilleure est celle qui bénéficie au plus grand nombre[2].

---

1. L. Jaffro, « La mesure du bien. Que calcule le calcul moral de Hutcheson ? », *Philosophiques*, 40 (1), 2013, p. 197-215.

2. F. Hutcheson, *Recherche sur l'origine de nos idées de la beauté et de la vertu*, trad. cit., p. 215-216.

Ces conséquences se limitent-elles à ce qui est intentionnel ou bien incluent-elles les effets non intentionnels ? Il y a une sorte de privilège qui est communément accordé aux effets intentionnels dans les expériences de la gratitude et du *resentment* qui sont les attitudes par lesquelles on réagit au bien et au mal qui nous sont faits. On le remarque en particulier quand on prête attention aux différences entre, d'une part, la gratitude et le « ressentiment » et, d'autre part, l'amour et la haine – toutes passions qui ont cependant en commun de consister à vouloir, respectivement, le bonheur ou le malheur d'autrui. L'amour et la haine se satisfont, respectivement, du bonheur ou du malheur d'autrui d'où qu'ils viennent. Je suis content qu'une personne que j'aime soit heureuse d'une bonne fortune qui ne me doit rien. Mais si je dois lui manifester ma gratitude (la récompenser pour son bienfait), la bonne fortune qui lui échoit n'y fera rien. Car le bonheur ou malheur d'autrui dont peuvent se satisfaire la gratitude et le ressentiment sont du fait de l'agent, sont dépendants de son action et de son intention, et sont donc de sa responsabilité (*TMS* 2, 1, 1, 5)[1].

Cependant, le fait que l'action a une « tendance bénéfique » et qu'elle l'a en vertu d'une intention de l'agent est une condition nécessaire, mais non suffisante de la gratitude. Encore faut-il que la disposition bienfaisante de l'agent qui est au principe de cette tendance bénéfique soit approuvée comme appropriée, donc objet d'une

1. Rappelons que l'on peut traduire *resentment* parfois par « indignation », quand il est pris en bonne part comme réponse adéquate au démérite ; mais cela n'empêche pas Smith d'en parler plus loin comme de « la passion la plus odieuse », cependant sans contradiction puisqu'il s'agit alors de son excès, en comparaison de l'indignation qui est le ressentiment modéré et donc partageable par un spectateur (*TMS* 2, 1, 5, 8 ; *F* 125).

sympathie complète (*TMS* 2, 1, 4, 2). De la même façon, l'approbation du *resentment* de la victime d'un méfait intentionnel est requise au-delà du simple fait que la personne est l'auteur du méfait, pour que la punition soit considérée comme juste, méritée. Or pour approuver le *resentment* de la victime, il convient d'abord que nous désapprouvions les motifs de l'auteur (*TMS* 2, 1, 4, 3-4). On voit ici comment le sens de la propriété revient jouer un rôle central au moment même où le lecteur pourrait croire que Smith passe à un sens du mérite ou du démérite qui en est indépendant.

Il semble que la thèse de Smith à propos de l'évaluation du mérite, soit très semblable à la conception qu'avait Hume de la sympathie[1], qui est à même, elle aussi, de rendre compte de l'approbation de la générosité d'une conduite par la capacité à partager les émotions de la personne qui en bénéficie. Cependant, Smith insiste de manière originale sur la priorité du sens de la propriété relativement au sens du mérite.

COMMENT L'ÉVALUATION DU MÉRITE
DÉPEND DE CELLE DE LA PROPRIÉTÉ

L'expression « sens du mérite et du démérite » est un raccourci pour désigner, non pas un sens interne de plus à côté du sens de la propriété, mais un processus complexe dont ce dernier est un ingrédient majeur. La propriété est comprise toujours comme la pertinence de l'affection par rapport à son objet ou sa cause. Il y a quelque chose de très paradoxal dans le fait que, tout en donnant des définitions conséquentialistes du mérite et du démérite, puisqu'ils

---

1. *T* 2, 2, 5, 4-6 (D. Hume, *A Treatise of Human Nature*, vol. 1, éd. cit., p. 232).

dépendent essentiellement des effets d'une attitude ou d'une conduite sur un tiers, Smith conduit une analyse du sens du mérite en termes non conséquentialistes : l'action méritante (qui justifie la gratitude de qui en bénéficie) doit prioritairement être une action correcte ; l'action déméritante (qui justifie le ressentiment de qui en pâtit) doit prioritairement être une action incorrecte. Le sens de la propriété en est le seul détecteur. La sympathie complète indique la propriété. L'absence de sympathie complète indique l'impropriété. L'estimation de la propriété de la gratitude ou du *resentment* est ainsi la mesure du mérite ou du démérite d'une action :

> L'action qui doit paraître mériter récompense est celle qui paraît être l'objet approprié et approuvé de ce sentiment qui nous incite très immédiatement et directement à récompenser autrui à lui faire du bien. Et de la même manière, l'action qui doit paraître mériter punition est celle qui paraît être l'objet approprié et approuvé de ce sentiment qui nous incite très immédiatement et directement à punir autrui et à lui infliger du mal. (*TMS* 2, 1, 1, 1 ; *F* 112)[1]

Le rôle motivationnel des attitudes réactives est signalé par Smith en même temps qu'il insiste sur leur rôle épistémique.

Notons qu'en vertu d'un principe d'unité d'explication de l'évaluation interpersonnelle et de l'évaluation intrapersonnelle intertemporelle, Smith applique les analyses du sens du mérite et démérite respectivement

---

1. Smith parle de l'action qui doit paraître mériter récompense ou punition comme celle qui est, non pas simplement l'objet de gratitude ou de ressentiment, mais l'objet « approprié et approuvé ». S'il n'apportait pas cette précision, il y aurait un glissement manifeste du descriptif au normatif.

à cette forme de satisfaction d'avoir bien fait qu'est la conscience du mérite (*consciousness of merit*) et au sentiment du remords. C'est le cas du criminel rongé, même dans la solitude, par un sentiment complexe qui

> se compose de honte en vertu du sens du caractère inapproprié de sa conduite passée, de peine pour ses effets, de pitié à l'égard de ceux qui en ont souffert, et d'effroi et terreur de la punition en vertu de la conscience du juste ressentiment que cette conduite provoque chez toutes les créatures rationnelles (*TMS* 2, 2, 2, 3 ; *F* 138).

La différence principale avec la configuration interpersonnelle est que le spectateur est « idéal » dans le remords ou la conscience du mérite. Dans le cas intrapersonnel, c'est l'agent qui adopte le point de vue du spectateur.

Regardons de plus près la structure implicite du raisonnement de Smith, qui est celle d'un biconditionnel ; nous avons trois personnes : l'auteur de l'action, la personne objet, et le spectateur réel ou supposé :

(M)

M1. Le spectateur sympathise complètement avec l'attitude *T* de la personne à l'égard de l'auteur de l'action dont elle est l'objet.

M2. Si le spectateur sympathise complètement avec *T*, alors *T* est correcte.

M3. (Conclusion) *T* est correcte.

(N)

M3. *T* est correcte.

N2. Si *T* est correcte, alors le spectateur attribue correctement mérite ou démérite à l'action qui affecte la personne objet.

N3. (Conclusion) Le spectateur attribue correctement mérite ou démérite à l'action.

Acceptons la clause d'équivalence entre sympathie d'un spectateur réel ou supposé et évaluation correcte. Sous cette clause, soutenir (M) et (N) revient à soutenir que T est correcte si et seulement si le spectateur attribue correctement mérite ou démérite à l'action.

(N) ne pose pas formellement de problème – même si, sur le plan de son contenu, le raisonnement implicite qui rend compte des attributions de mérite ou de démérite s'appuie sur le seul sens de la propriété, ce qui ne laisse pas d'étonner. La correction supposée de T guide entièrement l'assignation du mérite. En (M), la seconde prémisse autorise également l'inférence, mais elle est difficile à accepter en l'absence de spécification de la qualité du spectateur. Accepterait-on que les réponses de n'importe quel spectateur soient l'index de la correction de T? Il faut *a minima* qu'il s'agisse ici d'un spectateur impartial et convenablement informé.

Le sens du mérite et démérite est distinct du sens de la propriété qu'il suppose nécessairement et qui lui est logiquement antérieur. En effet, la notion de propriété est mobilisée dans la définition de l'action méritoire. Le sens du mérite comporte une relation supplémentaire à la personne objet de la disposition qui est méritoire ou non. L'exposé procède du simple au complexe et suit donc, de la première à la troisième partie de *La Théorie*, un ordre synthétique.

Cependant, dans cette section Smith pratique aussi l'analyse, notamment dans le chapitre 2 dans lequel il essaie d'expliquer ce que cela veut dire d'être l'objet approprié et approuvé de la gratitude ou du *resentment*. L'analyse est aussi la méthode employée dans le chapitre 5 qui, fait remarquable en ce qu'il manifeste l'ambition de l'auteur, mentionne le terme *analysis* dans son titre. Si

Smith emploie ce terme ici et non auparavant, c'est sans doute qu'il estime qu'il a réussi à conduire assez avant l'analyse du sens du mérite et du démérite, alors que l'analyse qu'il a esquissée du sens de la propriété reste moins fouillée. Il est plus facile d'analyser une réalité complexe !

JUSQU'OÙ VA L'ANALYSE ?

L'approche est analytique parce qu'elle entend découvrir les ingrédients du sens du mérite et du démérite en descendant jusqu'à des principes qui comprennent le sens de la propriété, lui-même susceptible d'analyse. Revenons à la définition du mérite : une personne X a du mérite si et seulement si la gratitude de Y pour l'action bénéfique de X à son égard est appropriée. Tout le problème est de déterminer comment on attribue correctement du mérite (et du démérite). Si on laisse l'évaluation du mérite à Y, alors Y est juge et partie. Pour un lecteur de Joseph Butler qui distingue le sentiment d'injustice de la passion à l'origine de la vengeance, cela ne peut pas aller[1]. La solution de Smith consiste à confier l'évaluation, non pas à la personne objet, mais à un tiers. Cependant, ce tiers n'opère pas à proprement parler comme un évaluateur raisonnant, ou délibérateur, pesant le pour et le contre, mais comme un spectateur dont les réponses sentimentales spontanées dispensent de « pesée » approfondie.

Attribuer du mérite à X a évidemment bien peu à voir avec l'attribution d'une qualité perceptible, par exemple une voix grave ou des taches de rousseur. En effet, l'attribution du mérite est l'estimation d'une valeur et non la perception d'un phénomène. Cependant, il y a,

---

1. Voir *supra*, p. 85 *sq*.

sous la plume de Smith, une analogie implicite entre les deux opérations. Cette analogie est typique d'une théorie de la réponse, selon laquelle les réponses affectives d'un spectateur convenablement situé (il s'agit *a minima* de conditions d'information) sont des indicateurs fiables de la valeur.

Appelons *A* la qualité qui vaut à *T* d'être correcte, c'est-à-dire d'être approuvable au sens non de pouvoir être approuvé, mais d'en être digne, de sorte même qu'il serait injuste de refuser l'approbation. Smith rend compte de *A* par des formulations qui sont plus ou moins claires et satisfaisantes. Dans un premier temps, il écrit :

> Être l'objet approprié et approuvé soit de la gratitude soit du ressentiment ne peut signifier rien d'autre qu'être l'objet de cette gratitude ou de ce ressentiment qui naturellement paraît approprié et est approuvé. (*TMS* 2, 1, 2, 1 ; *F* 115)

« Naturellement » ne signifie pas ici « de fait », mais plutôt quelque chose comme « de droit ». Plus loin, Smith parle d'ailleurs d'« objet naturel de gratitude » (*TMS* 2, 1, 2, 3 ; *F* 115). « Naturel » a plausiblement un sens voisin de ce que signifie pour nous « normal ». La thèse de Smith est que *T* a la qualité *A* si *T* donne lieu à des réponses de la part d'un spectateur, qui consistent dans la sympathie. Mais l'attribution de *A* risquerait d'être instable s'il s'agissait des réponses de n'importe quelle personne. Cependant, Smith n'hésite pas à prendre pour référence les réactions de « tout cœur humain ». Le propos est moins vulnérable à l'objection lorsqu'il précise qu'il s'agit de « tout spectateur impartial », de « tout témoin indifférent » (*TMS* 2, 1, 2, 2 ; *F* 115), et mieux encore de « tout homme raisonnable », ce qui montre qu'il s'agit des spectateurs réels (*TMS* 2, 1, 2, 3 ; *F* 115). Smith paraît donc vouloir dire quelque chose comme ceci :

> Une attitude dans telles circonstances est *A* si toute personne désengagée et raisonnable sympathise entièrement avec elle.

Smith n'a pas prétendu qu'une attitude est *A seulement si* toute personne, etc. En effet, il y a des cas où nous estimons correctement qu'une attitude est *A* sur la foi de « règles générales », sans passer par le circuit de la sympathie. Il pourrait alors écrire, néanmoins : une attitude dans telles circonstances est *A* seulement si toute personne désengagée et raisonnable était justifiée à sympathiser entièrement avec elle. Considérons les formulations biconditionnelles suivantes :

> B1. Une attitude dans telles circonstances est *A* si et seulement si toute personne désengagée et raisonnable sympathise entièrement avec elle.
> B2. Une attitude dans telles circonstances est *A* si et seulement si toute personne désengagée et raisonnable est justifiée à sympathiser entièrement avec elle.

D'un point de vue smithien, B1 est matériellement faux pour la raison que nous avons donnée ; B2 semble vrai, mais est frustrant pour le projet smithien puisqu'il présuppose apparemment une norme de correction antérieure aux réponses du spectateur, dans la mesure où celles-ci doivent être justifiées. B2 correspond plutôt à une position brentanienne, qui ressemble de loin à celle de Smith, mais en est distincte[1].

---

1. Sur le sentimentalisme classique comparé au néosentimentalisme brentanien, voir *infra*, Conclusion.

Elle satisfait aussi la critique reidienne du système de la sympathie[1].

Récapitulons. Notons A la qualité d'être digne d'approbation. Mais il y a deux sortes de A, selon que l'approbation est celle de la propriété (Ap) ou celle du mérite (Am). Dans la partie I de *La Théorie*, Smith nous a livré d'emblée les résultats d'une analyse qui découvre dans l'ensemble constitué par le changement de place imaginaire et la sympathie les deux ingrédients fondamentaux qui rendent compte de l'évaluation de Ap. Mais l'évaluation morale comporte une complexité supplémentaire qui n'est vraiment explicitée qu'avec l'étude du sens du mérite. Dans la partie II, Smith analyse le processus bien plus complexe qui est au principe de Am.

Quelle est la portée analytique d'un ouvrage dont nous avons caractérisé la méthode comme synthétique ? Rappelons que le sous-titre de *La Théorie*, à partir de la quatrième édition (1774), fait apparaître l'« analyse » comme un objectif : *An essay towards an analysis of the principles by which men naturally judge concerning the conduct and character, first of their neighbours, and afterwards of themselves.*

---

1. « Il est impossible de juger qu'un homme devrait être affecté de telle manière dans certaines circonstances si nous n'avons pas une faculté par laquelle nous percevons que le fait qu'il soit affecté de cette manière est correct et que le fait qu'il soit affecté de telle autre manière est incorrect. [...] Il m'apparaît donc que cette définition de la sympathie rend nécessaire qu'une faculté morale soit antérieure à notre sympathie ; et par conséquent nos sentiments moraux ne peuvent pas être l'effet de la sympathie : ils doivent la précéder et lui fixer des bornes. », T. Reid. « Leçon sur la théorie des sentiments moraux du Dr Smith », art. cit., p. 114-115.

QUELLE MÉTHODE POUR L'ANALYSE ?
UNE THÉORIE DE LA RÉPONSE

Dans le cas de *Am* autant que de *Ap*, le cadre est celui d'une théorie de la réponse, qui n'est pas sans rappeler les discussions contemporaines sur les conceptions qui rendent compte des valeurs en termes d'attitudes appropriées (*fitting attitudes*), mais avec des différences importantes. Selon une théorie de la réponse, il est vrai que *x* est *A* si et seulement si tout observateur placé dans certaines conditions spécifiables a certaines réponses, et en particulier si et seulement si cet observateur tient *x* pour *A*. La question qu'il faut se poser est d'abord celle des conditions spécifiables. S'agit-il d'une condition d'information ? Sans aucun doute. Smith insiste souvent sur le fait que le spectateur impartial est un spectateur bien informé. Il est capable d'une perception distincte, assez détaillée et fine. Ces conditions incluent l'impartialité entendue aussi bien comme « candeur » que comme désengagement lié à la situation d'altérité. Faut-il y inclure aussi des conditions de rationalité ? Smith ne répond pas explicitement à une question qui serait posée en ces termes. Il reste qu'il dit bien qu'il s'agit du point de vue du « cœur de tout *reasonable man* » (*TMS* 2, 1, 1, 3 ; *F* 115). L'interprétation de la clause de raisonnabilité n'est pas aisée. Smith vise-t-il la réponse de toute personne dotée de raison, donc de tout être humain ? Ou bien de toute personne dotée de qualités morales et intellectuelles au-delà de la simple faculté de la raison ? *Reasonable* reste ambigu.

Contre une telle conception, on pourrait objecter qu'il y a des cas d'approbation sans sympathie. Cependant, on sait que Smith les admet sans difficulté, notamment en raison de l'usage de règles générales, qui disent quelle attitude adopter en telles ou telles circonstances. Comme nous l'avons indiqué, il suffit alors d'employer seulement un « si » et non pas un « si et seulement si » dans la formulation de la théorie de la réponse.

Cette théorie peut être formulée de manière négative[1]. Cela arrive sous la plume de Smith : « Il est impossible que nous déplaise la tendance d'un sentiment dont nous savons [*we feel that*] que nous ne pouvons éviter de l'adopter quand nous rapportons l'affaire à nous-même. » (*TMS* 2, 1, 3, 3 ; *F* 120) *To feel that*, c'est ici savoir que… et l'objet de ce savoir ou de cette observation est que nos sentiments correspondent avec ceux de la personne dont la propriété des sentiments est évaluée. Mais au lieu de décrire cela en termes positifs de sympathie complète, ici Smith parle négativement de sentiments que nous ne pouvons nous empêcher d'adopter, c'est-à-dire que nous échouons à rejeter[2]. Ce serait très proche du contractualisme de Scanlon s'il était question de la considération des principes qu'aucune personne raisonnable ne pourrait rejeter[3], et si la raisonnabilité s'entendait dans un rapport essentiel à la considération de raisons. Mais ce n'est pas ce que dit Smith, qui souscrit à une version profondément

1. Si cette théorie est formulable de manière positive, en termes d'acceptation, elle peut être formulée aussi de manière négative, en termes de non-rejet. Mais Smith n'a pas envisagé que la bonne version de la théorie de la réponse soit seulement négative, c'est-à-dire qu'elle ne nous renseigne que sur ce qu'il convient de désapprouver, sans nous indiquer suffisamment ce qu'il convient d'approuver.

2. Claire Etchegaray a attiré notre attention sur le fait que le ressentiment est à première vue à rejeter, et acceptable s'il résiste à ce premier mouvement (*TMS* 1, 2, 3, 8 ; *F* 72).

3. Voir T.M. Scanlon, *What We Owe to Each Other*, *op. cit.*, p. 189 *sq*.

sentimentaliste de la conception qui rapporte la valeur à des attitudes subjectives, sans faire dépendre celles-ci de la considération de raisons. On rencontre aussi la même formulation négative quand il est question de la conduite qui consiste à nuire à autrui, à chercher son bonheur propre au détriment de celui d'autrui, comme quelque chose « qu'aucun spectateur impartial ne peut suivre », du moins lorsque cette nuisance ou interférence n'est pas motivée par une juste indignation (*TMS* 2, 2, 2, 1 ; *F* 135). Cette formulation négative, si elle était devenue centrale au propos, aurait exigé une révision de l'analyse des rapports entre approbation et sympathie. En effet, elle aurait sans doute conduit à attirer l'attention sur l'importance de la différence entre le rejet (antipathie) et la simple non-acceptation. Sur l'échelle de la correspondance des sentiments, le changement qualitatif dans le déplacement du curseur n'aurait pas été sur la sympathie complète, mais quelque part entre divers degrés d'absence de sympathie complète.

La théorie de la réponse s'applique aux deux espèces de l'approbation, *Am* et *Ap*. Pourtant, on pourrait objecter qu'elle est plus plausible dans le cas de *Ap* que dans le cas de *Am*. En effet, lorsqu'il s'agit de cette dernière, il existe des raisons d'approuver ou de désapprouver qui tiennent aux conséquences des actions ou à ce que l'on pourrait appeler leur valeur conséquentialiste. Mais alors, si on peut inférer le mérite de la considération des conséquences, si l'approbation en ce cas dépend de raisons conséquentialistes, pourquoi devrait-on prendre la sympathie du spectateur pour index du mérite ? On comprend qu'on doive la prendre pour index de la propriété puisque la thèse la plus fondamentale de Smith est que nous n'avons pas d'autre mesure de celle-ci que l'observation de la correspondance des sentiments. Mais dans le cas de l'autre sorte de valeur qu'est le mérite, nous disposons d'une autre source. Le maître de Smith, Hutcheson, admettait une arithmétique morale qui comparait les mérites de diverses lignes de conduite également appropriées, mais inégalement bénéfiques[1] ?

Appliquer une théorie de la réponse aux deux espèces de l'approbation revient à étendre au sens du mérite une analyse taillée à la mesure du sens de la propriété. C'est évident dans le passage suivant :

> Nous sommes prompts à sympathiser avec l'affection reconnaissante qu'elle [la personne objet] a pour une personne [la personne concernée] à laquelle elle doit tant ; et en conséquence nous louons ce qu'elle est disposée à faire en retour pour les bons services dont elle a bénéficié. Dans la mesure où nous entrons complètement dans l'affection dont ces retours procèdent, ils paraissent en tout point appropriés et adéquats à leur objet. (*TMS* 2, 1, 2, 4 ; *F* 116)

Bien que le sens du mérite soit une espèce d'approbation distincte du sens de la propriété, Smith en parle dans les termes de la propriété de la gratitude ou du *resentment*. Apprécier le mérite ou le démérite revient à apprécier la propriété de l'une de ces dispositions affectives de la part de la personne qui est objet de l'action de la personne dont le mérite ou le démérite est évalué. La structure triangulaire est essentielle dans l'analyse du mérite et du démérite,

---

1. L. Jaffro, « La mesure du bien. Que calcule le calcul moral de Hutcheson ? », art. cit.

mais, en même temps, elle n'enlève pas le premier rôle au sens de la propriété.

Comment comprendre cette application à l'analyse de *Am* d'une théorie de la réponse appropriée forgée pour rendre compte de *Ap* ? Cette application est cohérente avec une thèse constante de *La Théorie* : la considération de l'utilité est secondaire par rapport à celle de la propriété. Elle est tellement secondaire que le mérite et le démérite eux-mêmes, qui concernent les conséquences d'une action, ne sont pas appréciés d'après l'utilité ! On aurait pu en effet imaginer une division du travail, avec une théorie de la réponse appropriée appliquée à la seule *Ap*, et une appréciation pondérée des conséquences appliquée à *Am*. Mais ce n'est pas du tout ainsi que Smith procède. C'est particulièrement manifeste quand il s'agit de la sympathie pour la victime d'un crime et du scandale que constitue un crime impuni. Smith écrit à propos de l'exemple de l'homicide volontaire :

> Relativement, au moins, à ce crime le plus terrible entre tous, la nature, *antérieurement à toute réflexion sur l'utilité de la punition* [nous soulignons], a imprimé de la sorte sur le cœur humain, dans les caractères les plus marqués et les plus indélébiles, une approbation immédiate et instinctive de la loi sacrée et nécessaire du Talion [*the sacred and necessary law of retaliation*]. (*TMS* 2, 1, 2, 5 ; *F* 117)

Le rétributivisme, et non le conséquentialisme, fournit la bonne description de la manière dont nous évaluons le démérite de la personne qui fait intentionnellement le malheur d'autrui par un crime odieux. La rétribution procède d'une émotion appropriée à son objet, et cette appropriation à l'objet est évaluée par le sens de la propriété d'un spectateur[1]. Cette analyse du *desert* de la personne concernée par une théorie de la réponse du spectateur devant la réponse de la personne objet que constitue la gratitude, l'indignation ou la colère court-circuite toute considération conséquentialiste[2].

Le circuit de l'approbation du mérite est toutefois un peu plus complexe, car la sympathie ou l'absence de sympathie à l'égard de la personne concernée en tant qu'elle est objet de la gratitude ou du *resentment* peut jouer au côté de la sympathie pour la personne objet de son action et vecteur de la gratitude ou du *resentment* (*TMS* 2, 1, 2, 2-3 ; *F* 117-118). Mais cette remarque va dans le même sens de la priorité du sens de la propriété sur toute considération d'utilité. Elle est aussi pleinement cohérente avec le développement antérieur sur la sympathie divisée et la sympathie redoublée. Smith revient sur ces deux sympathies au début du chapitre 5 en les qualifiant

1. L'interprétation du rétributivisme de Smith est controversée. Le fait que la disposition rétributive soit profondément ancrée dans notre disposition affective signifie-t-il que, pour Smith, aucune réforme profonde du système punitif ne soit accessible ? C'est la conclusion de P. Russell, *Freedom and Moral Sentiment*, Oxford, Oxford University Press, 2002, p. 144-149 ; voir la critique de R. Stalley, « Adam Smith and the Theory of Punishment », *Journal of Scottish Philosophy*, 10 (1), 2012, p. 69-89.

2. La théorie smithienne de la peine est ainsi purement sentimentaliste et, à la différence de celle de Hume, ne fait jouer aucun rôle à l'utilité publique, comme le souligne M. S. Pritchard, « Justice and Resentment in Hume, Reid, and Smith », *Journal of Scottish Philosophy*, 6 (1), 2008, p. 59-70. Pour une position moins tranchée, voir M. Bessone, « Une théorie mixte de la justice pénale, entre sentiment rétributiviste et utilité sociale », *in* M. Bessone et M. Biziou (dir.), *Adam Smith philosophe. De la morale à l'économie ou philosophie du libéralisme*, Rennes, PUR, 2009, p. 107-124.

de « sympathie indirecte » (sympathie pour la personne objet, que l'on peut appeler le « bénéficiaire », vecteur de gratitude ou de ressentiment) et de « sympathie directe » (sympathie pour la personne concernée qui est l'acteur). Si la première est dite indirecte, c'est qu'elle suppose la sympathie directe avec l'acteur (*TMS* 2, 1, 5, 1-2 ; *F* 123). Cette priorité de la sympathie directe a son équivalent dans la priorité de l'antipathie directe :

> Comme nous ne pouvons certes entrer dans le ressentiment de la personne qui souffre sauf si notre cœur désapprouve d'abord les motifs de l'agent, et rejette toute correspondance de sentiment, il s'ensuit que le sens du démérite, comme celui du mérite, paraît être un sentiment composé, et être fait de deux émotions : une antipathie directe à l'égard des sentiments de l'agent et une sympathie indirecte pour le ressentiment du patient. (*TMS* 2, 1, 5, 5 ; *F* 124)

On se gardera de confondre la sympathie indirecte à l'égard de la personne objet avec une prise en compte de ce que Bentham appelle l'extension des plaisirs et des peines, c'est-à-dire les personnes affectées. Il ne s'agit pas de considérer « le bien-être de tous », selon le mot de Martha Nussbaum[1]. Ici comme ailleurs, l'utilité n'est pas un objet dans la perspective de l'agent, mais un sujet de spéculation pour qui contemple l'ensemble du dispositif.

---

1. Nussbaum fait de Smith un « proto-utilitariste » parce qu'elle confond la sympathie indirecte avec un « souci social ». M. C. Nussbaum, *Anger and Forgiveness. Resentment, Generosity, Justice*, New York, Oxford University Press, 2016, p. 52-53.

La théorie de la réponse est appliquée dans des conditions non idéales, et même des conditions qui sont celles de la faiblesse humaine. Le rationalisme moral ou une forme de conséquentialisme pourrait convenir à un délibérateur rationnel. Mais le sentimentalisme décrit mieux notre situation de fait. La pertinence du type de théorie morale semble réglée au niveau des causes finales.

Smith doit affronter la même difficulté que Butler[1] : comment la providence a-t-elle pu nous doter d'une telle disposition, et non pas du seul amour? Le ressentiment est une espèce de haine. La haine encourage la haine. Le ressentiment est ainsi susceptible de dégénérer en violence, et plus généralement ses conséquences quand il n'est pas modéré peuvent être catastrophiques. La réponse de Smith rejoint celle de Butler et la complète en recourant plus explicitement au spectateur pour distinguer du ressentiment excessif l'indignation modérée (par le *self-command*) et donc partageable. Le ressentiment joue un rôle essentiel, non seulement dans la vengeance, mais aussi dans l'administration de la justice. S'adressant à un lectorat protestant, Smith n'hésite pas à reprendre le vocabulaire calviniste de la dépravation de l'humanité (*the present depraved state of mankind*, *TMS* 2, 1, 5, 8 ; *F* 126) pour montrer que dans ce triste état même une passion mauvaise comme le ressentiment peut avoir une fonction assignée par la providence. Mais ce sont *tous* nos principes d'évaluation à propos de ce qui relève des « fins privilégiées de la nature » qui suivent le modèle du ressentiment. Nous sommes providentiellement dotés de capacités de réponse affective immédiate et même « instinctive », de manière générale.

---

1. J. Butler, *Fifteen Sermons Preached at the Rolls Chapel and Other Writings on Ethics*, éd. cit., p. 68.

L'économie de la nature est à cet égard exactement la même que dans bien d'autres occasions. En ce qui concerne toutes les fins qui, en vertu de leur importance particulière, peuvent être considérées, si une telle expression est permise, comme les fins privilégiées de la nature, elle a toujours ainsi doté l'humanité non seulement d'un appétit pour la fin qu'elle propose, mais aussi d'un appétit pour les seuls moyens par lesquels cette fin peut être réalisée, pour eux-mêmes et indépendamment de leur tendance à la produire. Ainsi, la préservation de soi et la propagation de l'espèce sont les grandes fins que la nature semble avoir proposées dans la formation de tous les animaux. Le genre humain est doté d'un désir de ces fins et d'une aversion pour leurs contraires, d'un amour de la vie et d'une hantise de la disparition, du désir de la continuation et de la perpétuation de l'espèce et de l'aversion à la pensée de son extinction totale. Mais bien que nous soyons ainsi dotés d'un très fort désir de ces fins, il n'a pas été confié à la lente et incertaine détermination de notre raison, de trouver les moyens appropriés pour les réaliser. La nature nous a dirigés vers la plupart d'entre eux par des instincts originaux et immédiats. La faim, la soif, la passion qui unit les deux sexes, l'amour du plaisir et la crainte de la douleur nous poussent à appliquer ces moyens pour eux-mêmes, et sans aucune considération de leur contribution aux fins bénéfiques que le grand Directeur de la nature entend produire par elles. (*TMS* 2, 1, 5, 10 ; *F* 126-127)

PERSISTANCE D'UN BIAIS CONSÉQUENTIALISTE

De même que l'asymétrie entre notre tendance à sympathiser avec la joie plutôt qu'avec la peine est une loi générale dont l'application est perturbée parfois par les passions liées à la considération des revers de fortune, de même l'évaluation du mérite et du démérite, dont le principe ne repose pas sur la considération des conséquences, est elle-même affectée en pratique par « l'influence de la fortune ». Nous pouvons parler d'un biais conséquentialiste, car il y a un écart entre la norme du mérite et du démérite qui ne fait pas appel aux considérations de conséquences, et notre constitution psychologique qui est telle que nous leur donnons spontanément du poids.

Smith pose le problème en récapitulant, à la suite de Hutcheson et de Hume[1], les diverses vues que l'on peut prendre sur une action. L'évaluation de toute qualité d'une action, par suite aussi du mérite ou du démérite, doit la considérer sous l'un ou l'autre des angles suivants, dont la liste épuise les considérations possibles :

1. « L'intention ou affection du cœur dont l'action procède. »

2. L'« action externe » comme « mouvement corporel ».

3. Les conséquences de l'action.

Le « fondement » (*TMS* 2, 3, introduction, 1) de l'évaluation du mérite ou démérite ne peut se trouver que dans cette liste. La thèse de Smith est qu'il se trouve seulement en (1). Sur ce point, Smith est plus rigide que Hutcheson. Ce dernier niait aussi que la valeur puisse être fondée en (2), au nom du même argument que celui de Hume et Smith : l'action externe blâmable peut être indiscernable de l'action externe innocente. Cependant, même s'il accordait la priorité à (1), Hutcheson admettait

---

1. Voir F. Hutcheson, *An Essay on the Nature and Conduct of the Passions and Affections, with Illustrations on the Moral Sense*, éd. A. Garrett, Indianapolis, Liberty Fund, 2002, p. 176-177 ; *T* 3, 1, 1, 26 (D. Hume, *A Treatise of Human Nature*, vol. 1, éd. cit., p. 301). Voir aussi les « règles générales » de « moralité des actions », dans F. Hutcheson, *Système de philosophie morale*, trad. fr. J. Szpirglas, Paris, Vrin, 2016, II, chap. 2.

l'importance du rôle de (3), mais dans la seule comparaison d'actions que la considération de (1) ne permet pas de hiérarchiser, c'est-à-dire d'actions qui sont de valeur égale sous l'angle de la qualité de la motivation, et de valeur inégale eu égard à leurs conséquences.

L'argument de Smith pour rejeter la considération des conséquences est qu'elles « dépendent non de l'agent, mais de la fortune » (*TMS* 2, 3, introduction, 2). Les seules conséquences qui dépendent de l'agent, pour lesquelles l'agent, dit Smith, est *answerable*, sont celles qui sont intentionnelles ou procèdent d'une affection du cœur. Le fondement des conséquences voulues est ainsi réductible à (1). Pourtant, la considération (3), par exemple des effets non intentionnels liés à la fortune, joue *de facto* dans l'évaluation du mérite.

Comme dans le cas de la perturbation par l'envie ou la malveillance du principe général d'asymétrie dans la sympathie, en faveur de la joie plutôt que de la peine, l'« irrégularité du sentiment[1] » se situe au niveau des cas particuliers et concrets. Il s'agit d'expliquer cette irrégularité « que chacun éprouve (*feels*), dont presque personne n'est suffisamment conscient, et que personne n'est enclin à admettre » (*TMS* 2, 3, introduction, 6 ; *F* 150). Smith envisage successivement les causes structurelles de cette irrégularité (chap. 1), ses effets (chap. 2), et ses causes finales (chap. 3).

Smith commence par une sorte de phénoménologie du ressentiment sous sa forme élémentaire. Nous pouvons

1. Sur l'importance de cette notion pour la théorie smithienne du jugement, voir G. Sayre-McCord, « Sentiments and Spectators. Adam Smith's Theory of Moral Judgment », *in* V. Brown et S. Fleischacker (dir.), *The Adam Smith Review*, vol. 5, Londres, Routledge, 2010, p. 124-144.

avoir du ressentiment ou de la gratitude à l'égard d'êtres inanimés, comme s'ils étaient de véritables agents, mais de manière superstitieuse (en projetant une sorte d'activité et d'esprit dans l'inanimé). Ces réactions sont moins inappropriées quand elles sont occasionnées par des êtres sensibles comme les animaux. Elles peuvent être pleinement adéquates lorsque ce sont des agents conscients des effets de leurs actions qui en sont l'objet. Ressentiment et gratitude impliquent une sorte de partage de la conscience de ces effets. Dans le cas du ressentiment, son but n'est pas tant d'infliger la douleur en retour que de rendre la personne consciente (*sensible of*) du « tort (*wrong*) qu'elle nous a fait » (*TMS* 2, 3, 1, 5 ; *F* 153). Il ne suffit pas qu'autrui nous ait fait du mal, mais il est requis que ce mal soit une injustice, donc quelque chose qu'on ne peut pas estimer approprié. Si nous sommes conscients du fait que l'attitude d'autrui est appropriée, nous ne pouvons pas lui en vouloir. Smith parvient ainsi à énumérer trois conditions pour qu'une personne puisse être un objet « complet et approprié » de gratitude ou de ressentiment :

1. Elle doit être cause de plaisir ou de peine.
2. Elle doit être capable de les ressentir.
3. Elle doit les avoir produits intentionnellement.

La première qualité est la cause efficiente de la gratitude ou du ressentiment. Les autres qualités sont requises pour leur correction, mais la production de la gratitude ou du ressentiment est déjà assurée au niveau inférieur. Le ressentiment s'adresse à des agents responsables qui ont l'intention d'accomplir les actions qui en fournissent l'objet. Mais cette intentionalité est une cause adjuvante, la cause première étant la peine produite.

C'est pourquoi nous sommes constitutionnellement vulnérables à ce biais. Si du mal ou du bien nous est fait, nous avons ces réponses indépendamment de la considération de l'intention de l'agent. À l'inverse, si l'intention de nous faire du tort échoue, nous n'avons pas de ressentiment (*TMS* 2, 3, 1, 7 ; *F* 154). Comme les conséquences des actions ne sont pas dans le contrôle de l'agent, mais sont « entièrement sous l'empire de la fortune », nos réactions de gratitude ou de ressentiment sont affectées par l'influence de la fortune. Les conséquences non intentionnelles des actions, autant que les intentionnelles, affectent la manière dont nous apprécions le mérite ou le démérite.

Quels sont les effets de ce biais ? Quand les actions intentionnelles échouent, cela conduit à sous-estimer le mérite ou le démérite. Quand il y a des conséquences positives importantes, même accidentelles, cela conduit à surestimer le mérite ou le démérite « au-delà de ce qui est dû aux motifs ou dispositions dont ces actions procèdent » (*TMS* 2, 3, 2, 1 ; *F* 155). Cette irrégularité de sentiment « est éprouvée (*felt*[1]), dans une certaine mesure, même par le spectateur impartial ». Une question importante est de savoir pourquoi Smith soutient que le spectateur impartial n'est pas préservé de ce biais. Nous pourrions nous étonner : s'il est impartial, comment pourrait-il ne pas régler son verdict sur les seules considérations pertinentes ? Smith apporte deux réponses. D'abord, « même l'esprit le meilleur et le plus noble » n'échappe pas à ce travers. Bref, personne n'en est exempt. Ensuite, c'est nous qui imaginons un spectateur qui est affecté par des considérations du même genre (*TMS* 2, 3, 2, 2 ; *F* 156).

---

1. Dans le contexte, il est clair que *felt* a un sens objectif (comme on dit en français que l'on ressent une crise économique : on en expérimente les effets). Cela ne signifie pas que la personne serait consciente du biais qui l'affecte.

Nous ne lui attribuons pas de privilège à cet égard. Dans l'abstrait, la considération des conséquences non voulues ne devrait pas jouer sur l'estimation du mérite ou du démérite. Mais, prenant le cas d'un ami qui a eu besoin du concours d'autres personnes pour nous rendre un service personnel, Smith soutient que non seulement cela ne se passe pas tout à fait ainsi pour nous, mais que nous nous représentons le spectateur comme partageant notre sort à cet égard : personne ne se sent autant obligé à l'égard de cet ami que s'il avait réussi à nous rendre ce service tout seul, et nous imputons ce sentiment de moindre obligation au spectateur. Il est clair, ici, que Smith refuse de faire entrer toute considération conséquentialiste dans le point de vue du spectateur. Lorsque Smith ne peut pas ne pas voir que ce refus est très contestable – car le fait est que l'anticipation des conséquences joue un rôle dans notre expérience morale –, il laisse à la considération conséquentialiste un strapontin : celui de l'irrégularité de sentiment.

APPROBATION DU MÉRITE ET SYMPATHIE ILLUSOIRE

Smith attire notre attention sur une différence entre les deux sortes d'approbation, qui consiste dans le fait que l'approbation de la propriété appelle la sympathie réelle, alors que celle qui est au fondement de l'approbation du mérite ne le fait pas. La notion de sympathie illusoire, présentée dès le premier chapitre de *La Théorie*, n'est pas péjorative et ne désigne pas une forme de sympathie dont on devrait s'abstenir. La sympathie illusoire n'est pas nécessairement erronée et encore moins inappropriée. C'est une sympathie sans contrepartie dans le sentiment de la personne concernée.

Je dois remarquer une différence entre l'approbation de la propriété et celle du mérite ou de la bienfaisance. Avant d'approuver les sentiments de toute personne comme appropriés et adaptés à leurs objets, nous devons non seulement être affectés de la même manière qu'elle, mais nous devons percevoir cette harmonie et cette correspondance des sentiments entre elle et nous. Ainsi, bien qu'en entendant parler d'un malheur qui est arrivé à mon ami, je doive concevoir précisément le degré d'inquiétude auquel il succombe, cependant tant que je ne suis pas informé de la manière dont il se comporte, tant que je ne perçois pas l'harmonie entre ses émotions et les miennes, on ne peut dire que j'approuve les sentiments qui influent sur son comportement. L'approbation de la propriété exige donc, non seulement que nous sympathisions entièrement avec la personne qui agit, mais que nous percevions cette parfaite concordance entre ses sentiments et les nôtres. Au contraire, quand j'entends parler d'un avantage qui a été accordé à une autre personne, quelle que soit la manière dont celui qui l'a reçu est affecté, si, en rapportant sa situation à moi, je sens la gratitude naître en mon sein, j'approuve nécessairement la conduite de son bienfaiteur, et la considère comme méritoire, et l'objet propre de la récompense. Que la personne qui a reçu l'avantage ait ou non conçu de la gratitude, il est évident que cela ne peut, à aucun degré, modifier nos sentiments quant au mérite de celui qui l'a accordée. Il n'est donc pas nécessaire d'avoir ici une correspondance réelle des sentiments. Ce fait est suffisant : si la personne avait de la gratitude, ils correspondraient ; et notre sens du mérite est souvent fondé sur l'une de ces sympathies illusoires, par laquelle, lorsque nous rapportons à nous-mêmes la situation d'un autre, nous sommes souvent affectés d'une manière dont la personne principalement concernée est dans l'incapacité de l'être. Il y a une différence semblable

entre notre désapprobation du démérite et celle de
l'impropriété. (*TMS* 2, 1, 5, 11 ; *F* 127)

On voit ici qu'était disponible dès la première édition
de 1759 la substance de la réponse à l'objection de Hume
donnée, à partir de la deuxième édition, en *TMS* 1, 3, 1.
Deux ingrédients du principe de l'approbation selon la
propriété (*Ap*) sont distingués : la similitude de sentiments,
à savoir la sympathie proprement dite, et la perception de
cette correspondance. Il est aussi remarquable que ces
deux ingrédients ne soient pas présentés ici comme des
parties de l'approbation, mais comme deux prérequis, deux
conditions (du moins pour *Ap*) : « Avant d'approuver les
sentiments de toute personne comme appropriés... » La
sympathie et son observation constituent ensemble une
condition nécessaire de l'approbation, et non l'approbation
elle-même. Cela évite certaines des difficultés que poserait
l'identification de la sympathie et de l'approbation. C'est
aussi plus conforme à une théorie de la réponse appliquée à
l'approbation : les deux ingrédients font partie du contexte
de la réponse.

Ces considérations nous conduisent à nuancer
l'application du modèle du sens de la propriété dans
l'analyse du sens du mérite. Smith considère que les
conditions de l'approbation sont quelque peu différentes,
puisque le sens du mérite n'a pas à reposer sur l'observation
d'une correspondance réelle de sentiments. Cependant, il
lui faut une condition de correspondance contrefactuelle
ou hypothétique : « Si la personne avait de la gratitude,
ils correspondraient[1]. » Cela dit, la différence entre les
conditions respectives de *Am* et *Ap* est-elle si importante ?

1. Pour une interprétation qui essaie de tirer toutes les conséquences
de l'appel à des conditions contrefactuelles, voir E. Schliesser,

dans les conditions requises, minimales, d'information et d'impartialité. Même la complication du recours à un spectateur dans des conditions contrefactuelles, qui permet de parler des réponses qu'un spectateur « aurait » ou « devrait avoir » n'enlève rien au caractère factuel de ses réponses.

Smith a confié l'évaluation de la propriété des attitudes (qu'il s'agisse d'attitudes de premier ordre ou d'attitudes qui elles-mêmes répondent à d'autres attitudes, comme dans l'analyse du sens du mérite ou du démérite), en dernière instance à des attitudes ; mais non pas à des attitudes elles-mêmes appropriées en un autre sens, c'est-à-dire au sens où elles rempliraient des conditions de correction. Loin que ces attitudes de référence aient à être adoptées selon des normes, les normes de l'évaluation sont fixées par ces attitudes. Nous restons donc, malgré tout, sous l'influence de la conception qu'avait Hutcheson d'un équipement évaluatif naturel et providentiel. Même si celui-ci consiste dans la sympathie et d'autres pouvoirs et non pas dans un « sens moral »[1], il reste que nous sommes ainsi faits que nous avons telles réponses. C'est sur la contingence du fait de notre constitution que repose entièrement cette théorie de la réponse[2].

LE CONTENU DU MÉRITE ET DU DÉMÉRITE

Jusque-là, nous avons déterminé formellement le mérite et le démérite. Nous savons comment nous attribuons *Am* : sur la base du caractère *Ap* de l'attitude de gratitude ou de *resentment* à leur égard. Il faut maintenant le déterminer

---

1. Voir F. Calori, « *Sense or sensibility ?* Adam Smith et "l'inoubliable Dr Hutcheson" », *in* M. Bessone et M. Biziou (éd.), *Adam Smith philosophe, op. cit.*
2. Voir *infra*, Conclusion.

Le sens de la propriété pourrait, lui aussi, s'accomm⟨
de cas de sympathie illusoire. Ce qui est requis est, s⟨
une véritable perception de la correspondance réelle⟨
sentiments, au moins une croyance ou imagination qu⟨
sentiments correspondent ou correspondraient.

VÉRIFIER LA CORRECTION ?

Nous avons signalé une certaine ressemblance e⟨
la théorie de la réponse à laquelle Smith a recour⟨
les approches de l'épistémologie des valeurs en ter⟨
d'attitudes appropriées. Même si Smith accorde une pl⟨
importante à la dimension cognitive et informationn⟨
du processus de sympathie au sens large[1], il reste⟨
c'est à des réponses affectives qu'il confie le r⟨
d'identifier les attributions correctes de *Am* et *Ap*⟨
s'agit donc d'une théorie radicalement sentimental⟨
de la réponse. Les attributions correctes sont détermin⟨
par la considération des réponses affectives spontan⟨
qu'aurait automatiquement un spectateur dans les bon⟨
conditions d'information et d'impartialité. En ce se⟨
son épistémologie de la valeur est plus proche d'⟨
version dispositionnaliste de la dépendance des vale⟨
à l'égard d'une réponse que d'une théorie des attitu⟨
appropriées qui donnerait un rôle central à la dimens⟨
normative : Smith ne conditionne pas la pertinence de⟨
consultation du spectateur à la *correction* de ses répons⟨
Il suffit de consulter les réponses de fait du spectate⟨
quelles qu'elles soient, pour savoir si l'attitude éval⟨
est *Ap* ou *Am*, pourvu qu'il s'agisse bien d'un spectat⟨

« Counterfactual Causal Reasoning in Smithian Sympathy », *Re⟨*
internationale de philosophie, 269 (3), 2014, p. 307-316.
    1. Voir *supra*, p. 30-31.

matériellement, c'est-à-dire identifier les types d'action qui ont du mérite (qui méritent la gratitude, donc une récompense) ou du démérite (qui méritent le *resentment*, donc une punition).

Les actions qui paraissent les seules à être *Am*, ce sont les actions qui ont une « tendance bienfaisante » (*TMS* 2, 2, 1, 1 ; *F* 129). Les actions qui transgressent la justice appellent un ressentiment approprié dont la punition est la « conséquence naturelle » (*TMS* 2, 2, 1, 5 ; *F* 131). « Le ressentiment paraît nous avoir été donné par la nature pour la défense, et seulement pour la défense. » (*TMS* 2, 2, 1, 4 ; *F* 130)

La bienfaisance est libre, non obligatoire au sens de l'obligation parfaite. Manquer à la bienfaisance n'est pas punissable, même si c'est blâmable. Par exemple, comme la gratitude est elle-même une forme de bienfaisance, l'ingratitude n'est pas objet de ressentiment, car elle ne fait pas positivement de mal à quiconque. Cependant, l'ingratitude diffère du manquement à la charité qui est une autre forme de bienfaisance. Le manquement à la charité, comme le manquement à l'amitié, n'est sans doute pas blâmable comme l'est l'ingratitude.

Les actions qui transgressent la justice ne sont pas seulement blâmables, mais punissables. La punition des crimes est une obligation parfaite, en réponse au mal positivement fait à quelqu'un (qui appelle le ressentiment). Manquer à la justice, c'est nuire positivement à quelqu'un, ce qui est plus que manquer à la bienfaisance. Un principe de non-nuisance suffit ainsi à caractériser la justice. Nous avons donc besoin d'une distinction entre obligation parfaite et obligation imparfaite, qui est parallèle à la distinction entre droits parfaits et droits imparfaits que Smith, dans ses *Leçons de jurisprudence*, emprunte explicitement à Hutcheson qui l'avait lui-même empruntée, rappelle Smith, à Pufendorf. Les droits parfaits sont ceux dont la satisfaction peut être légitimement exigée d'autrui[1].

Un aspect de cette distinction des obligations parfaites et imparfaites est que certaines obligations – celles de la justice, non de la bienfaisance – appellent une mise en œuvre par la force. Certes, Smith observe qu'une législation positive peut forcer à l'observation de certaines obligations imparfaites (*TMS* 2, 2, 1, 8 ; *F* 132-133). Cependant le point est que dans ce cas l'imposition par la force et parfois la punition est due à la législation positive et non à la nature même de l'obligation. « Aller trop loin est destructeur de toute liberté, sécurité et justice. » « La simple justice est dans la plupart des occasions seulement une vertu négative et nous empêche seulement de nuire à notre prochain. » (*TMS* 2, 2, 1, 9 ; *F* 133) Une conséquence est aussi que si la transgression de l'obligation imparfaite ne justifie pas une punition, son respect justifie une récompense, tandis que le respect de l'obligation parfaite ne justifie pas une récompense, et que sa transgression justifie une punition.

CONSIDÉRATIONS FONCTIONNELLES SUR LE MÉRITE

Récapitulons. Dans le tableau suivant, le suffixe -*able* est pris au sens du mérite et non de la susceptibilité.

---

1. A. Smith, *Leçons sur la jurisprudence*, trad. cit., p. 10-11. La question de la vertu de justice et de la situation de Smith relativement aux théories modernes du droit naturel appelleraient de grands développements. On dispose notamment de l'étude de K. Haakonssen, *L'Art du législateur. La jurisprudence naturelle de David Hume et d'Adam Smith*, trad. fr. F. Kearns, Paris, PUF, 2000.

	justice	*bienfaisance*
observance	louable, non récompensable	récompensable, donc louable
transgression	punissable, donc blâmable	blâmable, non punissable

Pourquoi cette distribution ? Smith en propose une explication fonctionnelle, qui consiste en spéculations téléologiques et même providentialistes, fortement distinguées des théories de l'intérêt (sans parler des théories évolutionnistes, dont il n'avait pas connaissance).

Le chapitre « *Of the utility of this constitution of nature* » envisage ainsi la question sur le plan des causes finales. Il ne faut pas se méprendre sur le sens de l'utilité mentionnée dans ce titre. Il ne s'agit pas d'une utilité dont la considération par les hommes aurait conduit à l'adoption de certains moyens, ni même quelque chose de réductible à l'intérêt de la société, mais de l'utilité aux yeux de la providence supposée. Smith dénonce l'illusion des théoriciens de l'intérêt ou de l'utilité qui voient là un projet humain, alors qu'il s'agit apparemment d'un plan divin. Il ne peut pas en être autrement, car, comme peu d'hommes ont réfléchi à la nécessité de la justice, cette réflexion ne peut pas être à l'origine de son institution. La notion d'intérêt de la société est d'ailleurs trop abstraite pour être l'objet d'un calcul effectif (*TMS* 2, 2, 3, 6-10 ; F 143-145).

Quel est le contenu, certes limité, des spéculations finalistes de Smith ? Si la transgression du devoir de bienfaisance n'est pas punissable, c'est parce que la bienfaisance n'est pas aussi indispensable à la société que la justice. La société pourrait se maintenir sans le fondement de la bienfaisance, uniquement par l'intérêt et l'échange de services, même si c'est au prix d'un certain désagrément.

> La société peut subsister entre des hommes, comme entre
> des marchands, en vertu d'un sens de son utilité, sans
> aucune affection ou aucun amour mutuels ; et bien que
> dans cette société aucun homme n'ait d'obligation ni ne
> soit tenu à la gratitude à l'égard de personne, elle peut
> être maintenue par un échange mercenaire de bons offices
> selon une estimation convenue. (*TMS* 2, 2, 3, 2 ; *F* 141)

L'échange économique et plus généralement social
ne suppose pas nécessairement la bienveillance des
protagonistes. *La Théorie* ne dit pas autre chose que *La
Richesse des nations*[1]. En revanche, la société a pour
« pilier principal » la justice (*TMS* 2, 2, 3, 4 ; *F* 141). Il lui
faut absolument des institutions de justice pour subsister,
et par conséquent la politique est indispensable à son
organisation. C'est pourquoi la nature a « implanté dans
le cœur humain la conscience du démérite (*consciousness
of ill desert*) », et la peur des « châtiments mérités » et a
fait de la justice une obligation parfaite. « La société peut
subsister, même si ce n'est pas dans la condition la plus
confortable, sans la bienfaisance ; mais la domination
de l'injustice la conduit nécessairement à sa destruction
complète. » (*TMS* 2, 2, 3, 3 ; *F* 141)

L'importance vitale de la justice donne lieu à l'illusion
à laquelle succombent les théoriciens de l'intérêt ou
de l'utilité : ils attribuent à l'action délibérée des êtres
humains la promotion de leurs intérêts. L'institution de la
justice tient en effet à des capacités affectives implantées
dans les cœurs des êtres humains. Elle ne se conçoit pas
autrement et certainement pas par l'intérêt ou l'utilité en
tant qu'objet d'un calcul de la raison ou d'une tendance

---

1. *Cf.* A. Smith, *Enquête sur la nature et les causes de la richesse
des nations*, trad. cit., p. 16. Cette « continuité » était signalée par
P. Rosanvallon, *Le Capitalisme utopique. Critique de l'idéologie
économique*, Paris, Seuil, 1979, p. 40.

dont la satisfaction procède par ajustement mécanique[1].
En *TMS* 2, 2, 3, 5, l'analogie avec les rouages d'une
montre qui n'ont pas de projet, mais sont concertés par
l'horloger, suggère fortement que l'admiration qu'appelle
l'organisation globale de la justice et de la bienfaisance
et, notamment, le privilège que la justice a d'être une
obligation parfaite sont suscités par un « système ».

L'emploi par Smith de l'expression *system of human
nature* (*TMS* 2, 2, 3, 5 ; *F* 143) est ambigu. Entendu
positivement, ce système est admirable, et manifeste la
wisdom of God, et non, comme le croient les philosophes
de la société et du gouvernement, la *wisdom of man*.
Car les théories politiques prétendent en rendre compte
analytiquement en s'appuyant sur les projets individuels
des acteurs ou de manière holiste (à la Hume) en insistant
sur les mécanismes d'ajustement des groupes sociaux. Mais
dans les deux cas, on manque le tout ; on est incapable de
rendre compte de sa perfection, car on s'appuie sur les
seules causes efficientes dont on sait pourtant qu'elles ne
peuvent fournir une théorie satisfaisante de l'organisation
dans son ensemble. C'est incohérent avec la manière
dont nous considérons globalement les objets techniques
complexes comme les montres, dont nous savons bien
qu'ils dépendent d'une conception intelligente. Cela
suggère une autre manière de comprendre l'expression
system of human nature. Dans le contexte, elle renvoie à
une systématisation arbitraire, celle qui rend compte de
l'organisation sociale par l'utilité des conventions. Il est
possible que cette formule soit une manière de désigner
la conception qu'a Hume de la justice.

1. L'argument de Smith est autant antihumien qu'anticontractualiste.
Voir la critique du recours à l'idée d'« intérêt général de la société », qui
porte contre la théorie des vertus artificielles dans le *Traité* de Hume
(*TMS* 2, 2, 3, 10-11 ; *F* 145-147).

Quoi qu'il en soit, Smith souscrit à la méthode de la science de la nature humaine que revendique Hume à l'ouverture de son *Traité*. Cependant, la science de la nature humaine ne peut faire l'économie – non dans le contenu de ses explications qui reposent nécessairement sur la seule considération des causes efficientes, mais dans l'appréciation quasi esthétique de l'ensemble – d'une réflexion sur les causes finales[1].

1. Voir *supra*, p. 22, n. 2. Sur ce thème, voir aussi F. Dermange, *Le Dieu du marché. Éthique, économie et théologie dans l'œuvre d'Adam Smith*, Genève, Labor et Fides, 2003.

CHAPITRE IV

LA CONDITION SOCIALE DE LA CONSCIENCE

LE MIROIR DE LA SYMPATHIE

Smith affirme l'unité et la simplicité de son explication de l'évaluation, même si elle mobilise plusieurs principes. Il estime sans doute satisfaire une ambition newtonienne d'économie explicative[1] en montrant que le principe fondamental de l'évaluation de la conduite d'autrui et celui de l'évaluation de sa propre conduite sont identiques : dans les deux cas, l'approbation s'analyse comme l'observation d'une sympathie complète avec les réponses affectives de la personne placée dans telle situation. Dans le cas de l'évaluation de soi, cela ne peut être accompli qu'en adoptant par l'imagination le point de vue d'autrui sur soi. Pour essayer d'entrer dans mes propres sentiments, il me faut d'abord en sortir en me représentant comme un autre le ferait (*TMS* 3, 1, 1-2 ; *F* 171-172). Je ne dispose pas *par moi-même* d'un miroir qui me permettrait de

---

1. Il arrive à Smith de critiquer les effets pervers du souci de l'économie explicative. C'est ainsi qu'il reproche aux théories de l'intérêt ou de l'utilité de proposer un principe unique d'explication de l'ordre social. Voir *TMS* 2, 2, 3, 5. Sur la méthode newtonienne dans *La Théorie*, voir J. Dellemotte, « Gravitation et sympathie : l'essai smithien d'application du modèle newtonien à la sphère sociale », *Cahiers d'économie politique*, 42 (1), 2002, p. 49-74.

m'apprécier[1]. C'est seulement en entrant dans le point de vue d'un autre sur moi que je me procure ce miroir d'emprunt. Dans ce que nous appelons le « miroir de la sympathie », la sympathie au sens large est le moyen d'emprunter le miroir, mais non le miroir lui-même, qui consiste dans le regard du spectateur. Or c'est uniquement au contact des autres que la conscience de ce regard peut se développer : « Faites entrer l'homme en société, et il est immédiatement pourvu du miroir dont il manquait jusque-là. » (*TMS* 3, 1, 3, 3 ; *F* 172)

C'est pourquoi Smith a recours à une expérience de pensée. Il fait l'hypothèse d'un homme sauvage ayant grandi sans contact avec la société. Ses passions, sentiments et désirs ne pourraient pas être vraiment l'objet de ses propres pensées ni de passions de second ordre, ou plus généralement d'attitudes de second ordre qui en évalueraient la propriété. Le solitaire pourrait avoir peur ou être en colère, mais il ne pourrait pas avoir honte de sa peur ou être triste de sa colère. C'est uniquement dans la société humaine, sous le regard des autres que nous apprenons à être sensibles à nos attitudes et à notre conduite aussi bien qu'à notre apparence physique, et à les évaluer (*TMS* 3, 1, 3-4 ; *F* 172-173). Ce deuxième ordre, crucial pour l'évaluation de nos attitudes notamment affectives, est aussi présent dans un contexte social qu'il est absent dans la vie sauvage ainsi conçue. C'est le miroir social qui fournit le principe de la réflexion évaluative que Shaftesbury attribuait à tort au sens moral[2]. Shaftesbury suivait les

---

1. Le thème et la formulation se trouvent déjà dans *T* 2, 2, 5, 21 (D. Hume, *A Treatise of Human Nature*, vol. 1, éd. cit., p. 236) : « Les esprits des hommes sont des miroirs les uns pour les autres. »

2. « Supposons une créature qui, dépourvue de raison, et étant incapable de réfléchir, a néanmoins de nombreuses bonnes dispositions

stoïciens en mettant au principe de la moralité un « sens du juste et de l'injuste » qui est une capacité naturelle à évaluer et critiquer ses propres représentations et en particulier ses passions en les rapportant, de manière déflationniste, à leur base réelle, comme lorsque nous découvrons qu'il n'y a rien à craindre d'un danger apparent. Une telle crainte apparaît à la réflexion comme inappropriée et doit être surmontée. Smith maintient également que le « sens de la propriété » est au fondement de la vie morale. Mais il n'en fait pas une capacité dont l'individu serait doté par lui-même de manière atomique, c'est-à-dire indépendamment de ses interactions sociales. C'est la réflexion apportée par le regard des autres, et non un équipement individuel comme le sens moral shaftesburien, qui permet l'évaluation de soi et de ses représentations et passions. Reprenant l'image du miroir que l'on trouvait aussi dans Shaftesbury[1], Smith défend la thèse holistique selon laquelle son substrat n'est pas un esprit individuel indépendant, mais l'interaction avec les autres :

> Nous nous supposons nous-mêmes les spectateurs de notre propre conduite et nous efforçons d'imaginer quel effet elle produirait sur nous sous ce jour. C'est l'unique miroir par lequel nous pouvons, dans une certaine mesure, avec les yeux des autres, scruter la propriété de notre conduite. (*TMS* 3, 1, 5 ; *F* 174)

et qualités, comme l'amour de son espèce, le courage, la gratitude ou la pitié. Il est certain que si vous dotez cette créature d'une faculté de réflexion, elle approuvera immédiatement la gratitude, la bienveillance et la pitié ». Troisième comte de Shaftesbury, *Characteristicks of Men, Manners, Opinions, Times*, éd. cit., vol. 1, p. 215, notre traduction. Par son expérience de pensée, Smith entend réfuter cette proposition. Sur ces notions, voir M. Biziou, *Shaftesbury. Le sens moral*, Paris, PUF, 2005.

1. Troisième comte de Shaftesbury, *Soliloque ou conseil à un auteur*, trad. fr. D. Lories, Paris, L'Herne, 1994, p. 82, 98-99.

LA « RÉFÉRENCE SECRÈTE »
AU JUGEMENT DES AUTRES

Dans cette ouverture de la partie III, Smith mentionne plusieurs modalités possibles des jugements d'autrui auxquels les jugements sur soi font implicitement référence : « Quel que soit le jugement que nous pouvons former » à propos de nos propres sentiments, « il faut toujours qu'il comporte une référence secrète à ce qu'est, ou à ce que serait sous une certaine condition, ou encore à ce que nous imaginons devoir être le jugement des autres » (*TMS* 3, 1, 2 ; *F* 171-172[1]). Nous avons trois modalités : celle du fait simple ; celle du fait hypothétique ; celle du devoir-être (*ought*). Faut-il reprocher à Smith une certaine confusion, ou, au moins, une hésitation sur les modalités ? C'est ce que pointe Reid dans une leçon sur *La Théorie* :

> Quand l'auteur remarque que notre approbation des passions d'autrui comme justes et appropriées naît du fait que nous les percevons comme étant en accord avec ce que nous devrions ressentir dans de telles circonstances, le mot *devrions* [*should*] est ici ambigu. Soit il signifie ce que nous aurions le devoir de ressentir [*what we ought to feel*] dans de telles circonstances ou ce que nous ressentirions de fait [*what we actually would feel*] dans de telles circonstances. Si c'est dans le premier sens, cela suppose que nous ayons une faculté morale par laquelle nous jugeons de la justesse et de la propriété de nos sentiments, comme on l'a déjà fait remarquer. Mais si nous prenons le mot *devrions* dans le sens de ce que nous ressentirions de fait dans de telles circonstances, je crois que cette explication de l'approbation est très éloignée

---

1. Jusqu'à la 5ᵉ édition, il est question des « sentiments » des autres et non de leur « jugement ».

de la vérité. [...] Notre approbation des autres ne dépend donc pas de ce que serait de fait notre conduite dans ces circonstances, mais de ce que nous pensons notre devoir de faire. Il y a une mesure du juste et de l'injuste que nous pouvons avec une égale facilité appliquer à notre propre conduite ou à la conduite d'autrui[1].

L'objection de Reid concerne deux points : l'interprétation de la proposition de Smith ; la solidité de cette proposition. Quant au second point, Reid est un tenant de l'antériorité et de l'indépendance de la connaissance des normes morales par rapport à toute procédure telle que celle de la consultation d'un spectateur ; son opposition est cohérente avec cette thèse. Sur la question de l'interprétation – qu'a voulu dire Smith ? –, l'objection est trop rapide quand elle attribue à l'auteur une équivoque, car c'est de propos délibéré que Smith varie les formulations. La diversité de ces modalités permet de rapporter à un unique cadre explicatif les recours au spectateur factuel (l'opinion d'un autre, sans spécification de conditions particulières), au spectateur placé dans un certain point de vue, et au spectateur « juste (*fair*) » ou « pur (*candid*) ». L'imagination est particulièrement mobilisée dans la référence aux sentiments d'autrui selon la troisième modalité, dans laquelle est considéré ce que *devrait être* le jugement d'un tiers équitable et non engagé.

Première modalité : Je compare mon jugement à ce qu'est (ce que je crois être) le jugement des autres.

Deuxième modalité : Je compare mon jugement à ce que serait (ce que je m'attends à être) le jugement des autres « sous une certaine condition » – dont Smith ne dit

1. T. Reid. « Leçon sur la théorie des sentiments moraux du Dr Smith », art. cit., p. 115.

pas ici en quoi elle consiste, mais on peut supposer qu'elle concerne l'information requise[1].

Troisième modalité : Je compare mon jugement à ce que j'imagine devoir être le jugement de n'importe quel spectateur équitable et impartial.

On pourrait distinguer ces trois modalités en parlant respectivement du spectateur de fait, du spectateur bien informé, et du spectateur bien informé *et* équitable.

Nous insistons sur le fait qu'il n'y a pas d'hésitation ou d'indétermination du propos de Smith. Son analyse de l'évaluation dans le système de la sympathie couvre bien une diversité de recours à un témoin, depuis le spectateur « réel » au spectateur « idéal » ou « abstrait »[2]. « Idéal » désigne ici une entité qui existe à la manière d'une idée, et non pas nécessairement une perfection[3]. Le spectateur en moi est idéal au sens où, selon la formule de Raphael, il est « une création de mon imagination »[4]. Jouffroy y voyait une contradiction interne à *La Théorie*[5].

1. La personne qui est consciente d'avoir agi selon son devoir, alors que la compagnie dans laquelle elle se trouve l'ignore, « se considère elle-même non tant sous le jour sous lequel les hommes la considèrent en fait que sous celui sous lequel ils la considéreraient s'ils étaient mieux informés » (*TMS* 3, 2, 5 ; *F* 178).

2. *TMS* 3, 3, 38 ; *F* 218 : « L'homme dedans le cœur, le spectateur abstrait et idéal de nos sentiments et de notre conduite. »

3. Notre compréhension du terme *idéal* s'oppose aux interprétations qui en font un synonyme de « dépourvu de défauts », comme celle que propose G. Sayre-McCord, « Sentiments and Spectators. Adam Smith's Theory of Moral Judgment », art. cit., p. 130. Sur les différences entre le spectateur smithien et l'observateur idéal à la Roderick Firth, voir T. D. Campbell, *Adam Smith's Science of Morals*, op. cit., p. 128-139 ; et D. D. Raphael, *The Impartial Spectator*, op. cit., p. 43-45.

4. *Ibid.*, p. 35.

5. Le spectateur idéal « n'est ni un individu réel de ce monde, ni une moyenne entre les individus réels de ce monde ; il sort, il émane de moi, c'est-à-dire de mes sentiments. Je juge donc avec mes sentiments

C'est seulement dans la troisième modalité qu'il est question d'un « supposé juge équitable ». L'impartialité au sens minimal où Smith l'entend est réalisée dès la première modalité. Comme elle signifie le désengagement, le fait de ne pas être concerné directement par l'attitude qui est l'objet de l'évaluation, elle est attachée au regard de tout autre sur moi, du moment qu'il est un autre que moi. C'est pourquoi la condition de distinction des personnes est fondamentale ; s'il y a une forme d'identité entre la personne concernée et le spectateur, elle n'est pas l'identité personnelle, mais une autre sorte d'identité. En ce sens l'impartialité n'est pas une qualité morale, mais positionnelle. Il ne semble pas que le spectateur ait besoin d'être juste ou équitable pour être impartial. En revanche, la *fairness* du spectateur suppose qu'il ne soit pas seulement désengagé, témoin de mon attitude, mais qu'il ait une qualité morale de justice[1]. Parfois Smith dit que le spectateur est *candid and impartial* (*TMS* 3, 3, 28), et cela peut se comprendre de la même façon : dans la langue de l'époque, *candid* semble désigner une qualité morale, proche de la probité.

Bien que Smith s'exprime d'une manière qui pourrait donner à croire que les notions d'impartialité et d'équité

qui, selon le système, ne peuvent me juger, les sentiments d'autrui, qui, selon le système, peuvent seuls me juger ». T. Jouffroy, *Cours de droit naturel (1834-1835)*, *op. cit.*, p. 441. Sur une autre difficulté pointée par Jouffroy, qui concerne les spectateurs réels, voir *supra*, p. 79.

1. La troisième modalité est alors vue comme le niveau de la normativité morale. Voir C. Von Villiez, *Double standard – Naturally ! Smith and Rawls : A Comparison of Methods*, *in* L. Montes et E. Schliesser (dir.), *New Voices on Adam Smith*, Londres, Routledge, 2006, p. 115-139. Cette lecture fait de la troisième modalité le niveau d'une justification qui identifie moralité et universalité des normes et qui rompt avec les modalités précédentes. Nous plaidons pour la continuité.

sont interchangeables, il ne les confond pas. Il attache
d'ailleurs parfois aussi à l'impartialité des qualités qui ne
sont pas morales, comme celle d'être « intelligent » ou
« bien informé ». Nous avons aussi des notions morales
qui nous permettent de nous représenter ce que devrait être
le jugement sur nos sentiments d'un spectateur impartial.
Cependant, si Smith insistait vraiment sur la condition
de candeur comme une qualité proprement morale et
lui donnait un rôle décisif, cela limiterait le caractère
sentimentaliste de *La Théorie*. En effet, dans ce cas, la
présence d'une qualité morale serait alors une condition de
pertinence de la réponse du spectateur. Une telle conception
exigerait que l'on puisse avoir un point de vue moral correct
constitué antérieurement à tout recours au spectateur. Mais
alors, quel besoin d'y recourir[1]?

CONDITION DE DISTINCTION DES PERSONNES
ET PROBLÈME D'IDENTITÉ

Brodant sur les thèmes de la distinction intrapersonnelle
des *selves* et du dialogue avec des personnages imaginaires
sur la scène mentale, le « soliloque » dont Shaftesbury
avait fait merveille[2], Smith insiste sur le fait que quand on
s'évalue soi-même par les yeux du spectateur imaginaire,
la personne qui juge et la personne jugée ne sont pas
identiques : « Que le juge soit en tout point le même que
la personne jugée est aussi impossible que la cause soit
en tout point la même que l'effet. » (*TMS* 3, 1, 6 ; *F* 174)
Il n'est pas certain que cet emprunt à l'art shaftesburien
du dialogue intérieur, entre mon « meilleur soi » et mes

---

1. Voir l'observation de Reid, *supra*, p. 132, n. 1.
2. Troisième comte de Shaftesbury, *Soliloque ou conseil à un auteur*,
trad. cit., p. 80 *sq*.

passions et désirs[1], exprime adéquatement ce que veut dire Smith. Car il devrait plutôt insister sur l'altérité du spectateur idéal sur le modèle de l'altérité réelle des autres. Néanmoins, on peut aussi voir dans cette formulation (ils ne sont pas le même *in every respect*) l'allusion aux aspects sous lesquels le juge et la personne jugée doivent être d'une certaine manière la même personne. Si le sentiment du spectateur ne pouvait pas être sous un certain angle *le mien*, s'il restait toujours radicalement celui *d'un autre*, comment pourrait-il avoir une autorité particulière pour moi, sachant que ce qui guide directement ma conduite, ce sont mes sentiments et mes désirs ? En dépit de la condition de distinction des personnes, il faut que soit remplie aussi une condition apparemment contraire, celle d'une certaine identité que nous disons pratique plutôt que personnelle. Deux personnes distinctes peuvent avoir une identité pratique commune pour autant qu'elles partagent des goûts, des opinions, des attitudes, des manières de réagir dans lesquels elles se reconnaissent et qui sont importants pour elles. Une même personne peut différer d'elle-même sous l'angle de l'identité pratique à divers moments de sa vie pour autant qu'elle ne se reconnaît pas dans les actions et les manières de réagir qui ont été les siennes par le passé, alors même qu'elle en assume la responsabilité en tant qu'elle est bien la personne qui les a eues.

Quoi qu'il en soit, il faut faire une différence entre le spectateur « réel » que constituent des témoins en chair et en os, qui peuvent être ou non équitables, mais qui sont constitutionnellement impartiaux parce que non

---

1. Sur ce thème, voir L. Jaffro, « Cyrus' Strategy. Shaftesbury on Human Frailty and the Will », *in* P. Müller (dir.), *New Ages, New Opinions. Shaftesbury in his World and Today*, Francfort-sur-le-Main, Peter Lang, 2014, p. 153-166.

directement concernés, et le spectateur que Smith dit souvent « supposé », qui est non seulement impartial, mais aussi toujours équitable, ou du moins imaginé tel[1]. Le spectateur réel, c'est autrui. La condition de distinction des personnes est d'emblée remplie et l'impartialité est constitutionnellement assurée. La source de mes informations sur les avis des autres n'est pas l'imagination, mais l'observation, la discussion, et, de manière générale, l'interaction sociale. Mais comment un spectateur « supposé », dont la considération repose entièrement sur mon imagination, pourrait-il être impartial ? Je pourrais me former l'« homme au-dedans » qui m'arrange. Smith est conscient de cette difficulté puisqu'il consacre des développements importants au thème de la duperie de soi, comme on le verra bientôt.

Comment la condition de distinction des personnes pourrait-elle être remplie dans le cas du recours au spectateur « supposé » ? Deux réponses complémentaires peuvent être données. La première est qu'il y a une continuité substantielle, en dépit de la différence formelle très importante, entre le spectateur supposé et le spectateur réel. Le contenu de ce que j'imagine être le jugement du spectateur supposé est informé par le contenu de ce que je sais être le jugement des autres qui sont dans la bonne position pour évaluer le type d'attitude que j'adopte. L'« homme au-dedans » a beau ne pas être en chair et en os, la substance de ce qu'il me dit est empruntée à mon expérience des autres, à la même source d'information

---

1. *TMS* 3, 1, 2 ; *F* 172 : « L'approbation de ce juge équitable supposé ». Sur l'opposition du « réel » et du « supposé », voir, par exemple, *TMS* 3, 3, 21 ; *F* 208. L'imagination par chacun d'un autre en soi, le spectateur idéal, est, selon Raphael, le second rôle de l'imagination après celui de la représentation de la situation par un spectateur externe (D.D. Raphael, *The Impartial Spectator*, *op. cit.*, p. 15).

que celle qui est au principe de l'autorité, pour moi, d'un spectateur réel. Sans cela le spectateur supposé ne serait pas seulement un objet, mais un produit de mon imagination, bref, une simple fiction. Le spectateur supposé ne reflète pas seulement ma personne. Il ne reflète pas non plus seulement les autres. Il est le juge avisé que je ne peux jamais être pour moi directement, et que les autres peuvent être pour moi.

La deuxième réponse apparaît quand on prête attention à l'importance du thème de l'habitude et de la culture des dispositions. L'habitude d'adopter le point de vue d'un autre sur soi peut être acquise. Grâce à l'expérience des interactions avec les autres en chair et en os, je peux développer l'habitude qui consiste à envisager ma propre situation sous leur angle. Je ne sors pas formellement du cercle de mon imagination, mais son objet ou son contenu est bien le point de vue d'un autre. Cela ne suffit cependant pas à répondre l'objection de Reid, selon laquelle la sympathie, dans *La Théorie*, n'est qu'une modification du *self-love* ordinaire (non nécessairement excessif) par l'imagination[1]. En effet, dans le meilleur des cas, je me mets en situation de réfléchir du point de vue d'une autre personne qui n'est pas moins animée que moi par

---

1. « L'auteur de ce système s'efforce de réduire la morale à très peu de principes originels, car, de même que tous les sentiments moraux s'analysent en la sympathie, de même cette sympathie semble être analysée en un amour de soi dont la direction est quelque peu modifiée par une opération de l'imagination. », T. Reid, « Leçon sur la théorie des sentiments moraux du Dr Smith », art. cit., p. 109. L'objection de Reid revient à rapprocher *La Théorie* de la conception hobbesienne, à laquelle Smith prétendait s'opposer radicalement. Voir L. Jaffro, « Présentation de la leçon de Thomas Reid sur *La Théorie des sentiments moraux* d'Adam Smith », *Revue de métaphysique et de morale*, 109 (2), 2021, p. 101-108.

le *self-love* naturel[1]. L'« homme au-dedans » est, comme toute personne, soucieuse de son confort et de son intérêt. Lorsque je considère la situation en me mettant à sa place, je le fais d'un point de vue qui est centré sur soi, depuis une perspective personnelle dont je ne m'extrais pas[2].

COMMENT DISTINGUONS-NOUS ÊTRE BLÂMÉ DE FAIT ET MÉRITER LE BLÂME?

La distinction entre la vanité et la sensibilité à l'évaluation morale, entre la recherche de l'approbation des autres et le souci d'être digne de cette approbation, s'ancre dans ces considérations. Le problème est que, comme nous l'avons montré, Smith applique au « mérite » autant qu'à la « propriété » sa théorie de la réponse. De la même façon qu'affirmer que X est réellement approprié revient seulement à soutenir que X apparaît approprié à des témoins, de la même façon affirmer que tel caractère vicieux mérite la haine consiste à soutenir qu'il serait l'objet de la haine de tout autre. Dans le langage de Smith : les vices et les vertus ont « une référence immédiate aux sentiments des autres » (*TMS* 3, 1, 7 ; *F* 175). Cette théorie de la réponse conduit Smith à une formulation imprudente : « La vertu n'est pas dite aimable ou méritoire parce qu'elle

1. Smith nie que la sympathie soit, d'une manière ou d'une autre, centrée sur soi (*TMS* 7, 3, 1, 4). Sur les difficultés de cette position, voir C. Griswold, *Adam Smith and the Virtues of Enlightenment, op. cit.*, p. 91 *sq.*

2. Cette centration naturelle sur soi constitue une sorte de reprise d'un stoïcisme de l'*oikeiōsis* (appropriation à soi), amputé de son cosmopolitisme, selon F. Forman-Barzilai, « Smith's Anti-Cosmopolitanism », *in* V. Brown et S. Fleischacker (dir.), *The Adam Smith Review*, vol. 5, Londres, Routledge, 2010, p. 144-160. Voir aussi F. Forman-Barzilai, *Adam Smith and the Circles of Sympathy. Cosmopolitanism and Moral Theory, op. cit.*, Introduction.

est l'objet de son propre amour ou de sa propre gratitude, mais parce qu'elle suscite ces sentiments chez les autres hommes. » Dans la mesure où être aimable, c'est mériter d'être aimé, Smith aurait dû écrire : « parce qu'elle *mérite* de susciter ces sentiments chez les autres hommes ». Sans quoi la formule rend compte d'un droit dans les termes d'un fait, du normatif dans les termes du descriptif. Le mérite et le démérite sont signalés non par n'importe quelles attitudes des autres, mais par leurs attitudes appropriées (une gratitude appropriée à l'égard du mérite, un ressentiment approprié à l'égard du démérite). Le sens de la propriété a ainsi une priorité par rapport au sens du mérite.

Une théorie de la réponse *idéale* pourrait fournir un cadre moins insatisfaisant pour rendre compte de manière non réductrice de la valeur d'une vertu dans les termes de réponses de juges adéquatement situés, informés, et avisés. On pourrait alors écrire sans faux pas manifeste : « parce qu'elle suscite ces sentiments » chez ces juges experts. Plusieurs philosophes au XXᵉ siècle ont développé ce type d'approche qui établit une équivalence entre autorité normative et dépendance à l'égard de la réponse d'agents idéalisés[1]. Estimer que l'on a le devoir moral d'adopter telle attitude, cela revient à croire que des agents plus « rationnels » (un terme qu'Adam Smith n'utilise pas en ce sens ni dans ce contexte[2]) voudraient que l'on adopte cette attitude dans les mêmes circonstances.

Le faux pas apparent de Smith tient davantage à un manque de précision dans la formulation qu'à une confusion. Le chapitre suivant est entièrement consacré

---

1. L. Jaffro, « Are Moral Reasons Response-Dependent ? », *Philosophical Inquiries (ETS)*, 3 (2), 2015, p. 17-34.

2. Smith emploie *reasonable* de manière ambiguë. Voir *supra*, p. 133.

à la distinction indispensable entre être de fait l'objet de l'éloge ou du blâme et mériter l'éloge ou le blâme (être louable ou blâmable au sens fort de ces termes).

> L'éloge et le blâme expriment ce que sont réellement les sentiments des autres à l'égard de notre caractère ou de notre conduite. La louabilité [*praiseworthiness*] et la blâmabilité [*blameworthiness*] expriment ce qu'ils doivent être normalement [*naturally*]. L'amour de l'éloge est le désir d'obtenir les sentiments favorables du prochain. L'amour de la louabilité est le désir de nous rendre nous-mêmes les objets appropriés de ces sentiments. Dans cette mesure, ces deux principes se ressemblent et sont apparentés. On trouve la même affinité et ressemblance entre la crainte du blâme et celle de la blâmabilité. (*TMS* 3, 2, 25 ; *F* 189)

Cette distinction était attendue : l'amour de la *praiseworthiness* « n'est en aucune façon dérivé entièrement[1] » de l'amour du *praise* (*TMS* 3, 2, 2 ; *F* 176). Le premier terme que nous traduisons sans élégance par « louabilité » aurait pu être rendu par la transposition « éloge mérité », mais il aurait fallu garder en tête que le « désir de l'éloge mérité » est un désir d'être méritant et non un désir d'être loué[2]. Smith est très clair sur le fait

---

1. Un faux-pas de traducteur est de rendre « *is by no means derived altogether* » par « n'est en rien dérivé », et d'omettre le *altogether* qui paraît porter sur *derived* et non sur l'assertion négative elle-même.

2. Smith distingue en effet, apparemment, une troisième sorte de désir, le désir de la « vraie gloire », qui est le désir d'obtenir l'approbation *en la méritant* (M. Bee, « The Pleasure of Exchange : Adam Smith's Third Kind of Self-Love », *Journal of the History of Economic Thought*, 43 (1), 2021, p. 118-140). Il ne s'agit pas d'un désir d'être méritant (*TMS* 7, 2, 4, 9). Le désir de la louabilité (*praiseworthiness*) n'est pas ce désir de l'éloge sous la condition du mérite, mais le désir de mériter l'éloge. En raison de cette différence d'objet, le désir de la « vraie gloire » paraît

que c'est seulement *in many respects* que le principe du désir de l'éloge et le principe du désir de mériter l'éloge sont « distincts et indépendants l'un de l'autre ». Il y a donc certains points sur lesquels ces désirs de deux types différents sont « connectés », de sorte qu'il est envisageable de soutenir que le désir de mériter l'éloge dérive *en partie* et *sous certains aspects* du désir de l'éloge, ou tout aussi bien que le désir de l'éloge repose *en partie* et *sous certains aspects* sur le désir de mériter l'éloge. Il insiste, on l'a vu, sur le fait que ces désirs de deux genres distincts sont apparentés. Il reconnaît aussi qu'ils sont parfois « mélangés » (*blended*), quand on a « l'amour de ce qui est réellement honorable et noble dans la conduite humaine », mais qu'on espère aussi des éloges qui vont au-delà de ce qui est justifié (*TMS* 3, 2, 26 ; *F* 189-190). Notons au passage que le désir de louabilité est le désir d'une valeur que Smith dit « réelle » ; mais gardons à l'esprit qu'il se livre ici à une description des pratiques évaluatives, ce qui ne l'engage pas à adopter le réalisme moral plutôt que le subjectivisme.

Sans la distinction entre les deux genres de désirs, *La Théorie* prêterait le flanc à l'objection selon laquelle elle confond la valeur d'une attitude ou d'un caractère avec le fait de sa valorisation par les autres, la droiture d'une conduite avec sa conformité aux sentiments de fait en vigueur dans l'environnement social. Mais une question reste posée : comment fait-on cette distinction ? Il ne suffit pas de dire qu'elle est indispensable ; encore faut-il expliquer comment elle est possible. Sans quoi,

une variante du désir de l'éloge et non du désir de louabilité. Il est significatif qu'à la différence du désir de louabilité, il ne repose pas sur un recours au spectateur impartial. Bee estime cependant que ce recours est « implicite » (*ibid.*, p. 124).

La Théorie serait vulnérable à l'objection selon laquelle, bien qu'elle ne confonde pas valeur et fait et prétende expressément les distinguer, elle est incapable de fonder leur distinction. C'est seulement par une réflexion sur les causes finales, appuyée sur une considération hypothétique, contrefactuelle, que Smith justifie la présence de ces deux genres de désirs :

> Ce désir de l'approbation ou cette aversion à l'égard de la désapprobation de son prochain n'auraient pas rendu à eux seuls l'homme apte à la société pour laquelle il est fait. La nature l'a par conséquent doté non seulement d'un désir d'être approuvé, mais d'un désir d'être ce qui devrait être approuvé, ou d'être ce qu'il approuve lui-même chez les autres. (*TMS* 3, 2, 7 ; *F* 179)

Sans ce second type de désir, nous serions des êtres sociaux sans être moraux : nous préoccuperaient seulement les apparences, les signes et la réputation de la vertu. Mandeville a bien décrit cet univers régi par l'honneur entendu ainsi. Mais cet univers n'est pas le nôtre, heureusement.

Nous sommes donc équipés de deux types d'amour ou de désir différents dont l'objet concerne le *praise*. La nature nous a appris à faire la distinction. C'est peut-être simplement là la meilleure réponse que Smith puisse donner à notre question : comment distinguer la valeur d'un caractère et le simple fait de sa valorisation sociale ? Nous sommes dotés d'un désir de l'approbation des autres et d'un *autre* désir dont l'objet propre est différent. Une providence apparente a bien fait les choses pour que nous puissions intégrer ces désirs dans des habitudes qui, dans des contextes favorables, se renforcent les unes les autres plus qu'elles ne se contrarient. En appréciant les qualités qui justifient les éloges des autres, on apprend à apprécier ces éloges mêmes. En appréciant les éloges des autres, on peut apprendre à apprécier davantage d'avoir les qualités qui les justifient. Il y a un certain déséquilibre entre ces deux genres de désirs, puisque « dans tout esprit bien formé » le désir d'être ce qui mérite l'approbation est plus fort que le désir de la simple approbation, même si personne n'est à l'abri de la vanité.

Plus loin, Smith revient sur le caractère apparemment providentiel de cette organisation. L'Auteur de la nature nous a faits sensibles aux jugements des autres, si bien que les interactions sociales ne sont pas seulement régulées par les verdicts de juges bien informés à l'égard de nos mérites et de nos faiblesses (*TMS* 3, 2, 31 ; *F* 191).

Il y a à la fois opposition entre ces deux types de désirs – puisque l'un pousse à se soucier de l'apparence de la vertu tandis que l'autre consiste en l'amour de la vertu – et circulation, connexion entre eux. Les deux concourent à la vie morale. En vertu d'un ajustement fin qui a un caractère providentiel apparent, l'un d'eux est plus fort que l'autre, mais sans l'étouffer. On considère comme « frivole et superficiel » la personne qui « est ravie d'un éloge qu'elle sait être entièrement immérité ». Mais un blâme immérité peut mortifier les individus les plus solides ; ce qui suggère que l'aversion à l'égard du blâme de fait ne disparaît pas chez qui a une forte aversion à l'égard de la blâmabilité (*TMS* 3, 2, 11 ; *F* 182). Cette différence de réaction devant des reproches ou des applaudissements qui ont en commun d'être immérités est un cas particulier d'asymétrie entre la douleur et le plaisir, la première nous déprimant plus que le second ne nous élève. Certes, il y a des exceptions chez ceux qui n'ont pas le « bon sens moyen », comme celle du plagiaire qui est ravi des éloges adressés à une production qu'il sait n'être pas la sienne[1]. Le reproche immérité affecte même l'homme sage, car il exprime un manque de confiance (*trust*) de la part des autres qui, même s'il est fondé sur une appréciation erronée, le conduit à douter de lui-même, de « ce que peut admettre ou non la constitution particulière de son esprit » : non de ce qu'il a fait, car sa conscience est pour lui et il sait ne pas mériter le reproche, mais de « ce qu'il est capable de faire », car presque personne ne le sait parfaitement » (*TMS* 3, 2, 14-15 ; *F* 184-185). Ainsi la défiance des autres, même injustifiée, affecte négativement la confiance en soi du sage, selon une conception « harmonique » de la confiance[2]. Il n'en serait rien si le sage était doté de la seule aversion à l'égard du reproche immérité. Smith observe que l'importance que nous donnons aux jugements des autres est inversement proportionnelle à notre assurance relative au caractère approprié et à l'exactitude de nos propres jugements (*TMS* 3, 2, 16 ; *F* 185). Entendons que si notre désir de mériter l'éloge et de ne pas mériter le blâme est satisfait et que nous savons qu'il l'est sur un fondement sain, nous désirons moins obtenir l'éloge de fait ou nous ne prêtons pas attention à un blâme (injustifié) dont nous sommes l'objet. Mais comme nous sommes très inquiets d'avoir les réponses appropriées et au degré approprié à

---

1. L'exemple du plagiat littéraire est de Smith lui-même et reflète l'essor de sa réprobation dans l'Europe des lettres. Le sujet préoccupait Smith : Benoît Walraevens nous rappelle les accusations de plagiat lancées par Smith contre William Robertson et contre Adam Ferguson. Voir N. Phillipson, *Adam Smith. An Enlightened Life, op. cit.*, p. 119.

2. Selon la vue harmonique, la confiance en soi et la confiance de la part des autres vont ensemble. Voir L. Jaffro, « Harmonic and Disharmonic Views of Trust », *Rivista di estetica*, 68 (2), 2018, p. 11-26.

la situation particulière où nous nous trouvons, et dans la mesure où même le plus sage n'a pas une assurance complète relativement à ses propres dispositions, l'aversion à l'égard de tout reproche, même injustifié, et même le désir de l'éloge, ne sont jamais éteints. Même pour le *man of sensibility* ce n'est pas seulement la désapprobation des spectateurs réels qui est « le plus grand poison qui puisse être versé pour le tourmenter dans son esprit inquiet », c'est aussi leur approbation qui est « le baume le plus apaisant » (*TMS* 3, 2, 17 ; *F* 185). Cette dynamique est liée à l'incertitude et au doute sur soi (*TMS* 3, 1, 24 ; *F* 189).

Revenons aux situations moins complexes par lesquelles Smith a commencé son analyse.

> L'approbation des autres confirme nécessairement notre approbation de nous-mêmes. Leur éloge renforce nécessairement notre propre sens de mériter l'éloge. Dans ce cas, il s'en faut beaucoup que l'amour de la louabilité dérive entièrement [*from being derived altogether*] de l'amour de l'éloge, puisque l'amour de l'éloge paraît, au moins dans une large mesure, être dérivé de l'amour de la louabilité. (*TMS* 3, 2, 3 ; *F* 177)

Ici, Smith souligne la priorité du désir de louabilité par rapport au désir de l'éloge, l'indépendance du premier par rapport au second. Mais toute la question se tient dans l'adverbe « entièrement »[1] : il donne à entendre que l'amour du *praiseworthiness* dérive en partie de l'amour de l'éloge.

---

1. Nous rétablissons *altogether*, oublié de la traduction française de référence ; Raphael ne le commente pas, préférant dramatiser le renversement par rapport aux formules de la deuxième édition. Voir D. D. Raphael, *The Impartial Spectator*, *op. cit.*, p. 39-40.

Le désir de l'éloge se satisfait en fonction des informations que nous avons sur l'approbation des autres à notre endroit. Mais notre désir de mériter l'éloge ne peut pas se satisfaire sur ce seul fondement. Il lui faut la croyance que n'importe quel spectateur impartial et équitable approuverait notre caractère ou notre attitude. On voit comment se nouent ici cette distinction entre les deux types de désirs, d'une part, et, d'autre part, les différentes modalités du recours au spectateur qui ont été dégagées précédemment. Nous pouvons comprendre aussi comment l'amour de la louabilité, bien qu'il ne dérive pas entièrement de l'amour de l'éloge, en dérive cependant en partie. Si nous avions la seule faculté d'imagination, sans les informations sur l'approbation et la désapprobation des autres à notre endroit, nous serions dans une situation assez semblable à celle de l'homme sauvage évoquée plus haut[1]. Le spectateur idéal serait sans substance. Nous n'aurions pas appris à réfléchir à notre propre conduite ou attitude du point de vue des autres. N'ayant pas l'amour de l'éloge, comment pourrions-nous avoir l'amour de la louabilité? Le développement de désirs du second type se nourrit de l'exercice de désirs du premier type.

LE SPECTATEUR DANS LES SITUATIONS D'INVISIBILITÉ ET D'EXPOSITION À LA RÉPUTATION

La distinction des désirs et le problème de leur équilibre valent aussi pour les sentiments négatifs de la haine et du blâme. Si « ce que nous craignons n'est pas tant l'idée d'être haï et méprisé que celle d'être haïssable et méprisable » (*TMS* 3, 2, 9; *F* 180), c'est encore l'effet de notre constitution qui comporte deux genres de désirs

1. Voir *supra*, p. 113.

négatifs (aversions) bien distincts. C'est de manière psychologique, naturaliste, que Smith rend compte de la distinction entre être blâmé de fait et mériter d'être blâmé : nous recherchons l'un et l'autre de manière bien différente parce que nous sommes dotés de deux types de désirs distincts. Cette solution permet de concilier une métaéthique sentimentaliste et une neutralité à l'égard de la question de la réalité des valeurs.

Smith évoque le méchant qui a passé les bornes en matière de conduite et cela à l'abri des regards et avec l'assurance complète de l'invisibilité et de l'impunité. Il échappe aux jugements des autres, mais il ne saurait échapper au jugement du spectateur impartial, aux « sentiments naturels des êtres humains [*mankind*] » tels qu'il peut les imaginer (*TMS* 3, 2, 9 ; *F* 181) ; à plus forte raison, il ne saurait échapper au jugement du « Juge qui voit tout » et qui n'est dupe ni du vice récompensé ni de la vertu diffamée (*TMS* 3, 2, 12 ; *F* 183). Traditionnellement, la fable de l'anneau de Gygès (ou toute situation qui assure l'impunité et ne retient que les avantages de la malhonnêteté) sert un argumentaire selon lequel l'immoralité reste un malheur pour soi, même sans les coûts liés à la mauvaise réputation ou aux sanctions sociales. Smith s'accorde avec la conclusion moraliste, que l'on trouve par exemple dans Shaftesbury[1], que l'impunité et l'invisibilité ne suffisent pas à empêcher la honte ou la culpabilité. Mais il le fait sans postuler un sens moral qui fournirait une connaissance des valeurs et serait génétiquement distinct du sens de l'intérêt. La distinction des deux genres de désirs suffit à en rendre compte. Même le méchant, du moins s'il adopte

---

1. Voir le développement dans *Sensus communis* (1709), *in* Troisième comte de Shaftesbury, *Characteristicks of Men, Manners, Opinions, Times*, éd. cit., vol. 1, p. 68-69.

le point de vue du spectateur impartial, ne peut entrer complètement dans les motifs de la conduite méchante et par conséquent ne peut manquer de les désapprouver ; en outre, s'il ne peut sympathiser avec lui-même, il sympathise avec les réactions de ceux à qui sa conduite inspire le dégoût, du moins s'il est capable de cette « imagination » qui « anticipe le mépris et la raillerie ».

Si le désir de n'être pas blâmable (au sens fort du suffixe) n'était pas distinct du désir de n'être pas blâmé de fait, alors on aurait du mal à comprendre comment il se fait que la honte puisse survenir de manière intrapersonnelle et intertemporelle, comme c'est le cas dans la situation que Smith discute dans ce passage. Il semble nécessaire que l'on soit sensible à la blâmabilité d'une manière distincte de la sensibilité au blâme des autres pour que, dans une situation d'invisibilité sociale du type de celle de la fable de Gygès, on puisse souffrir de la représentation de sa propre inconduite. Bien sûr, on ne peut en souffrir que pour autant que l'on se place sous le jour qui est celui du spectateur impartial, c'est-à-dire en adoptant le point de vue d'un autre. Mais dans cette situation précisément, le spectateur impartial est idéal (une représentation) et non réel : il ne peut consister dans le regard effectif des autres, qui a été mis entre parenthèses par l'hypothèse de l'invisibilité.

La distinction des désirs de deux types n'empêche pas une circulation et une sorte de balancement entre l'un et l'autre, qu'atteste l'expérience de l'aveu du criminel. Ici Smith éclaire l'énigme d'un aveu apparemment irrationnel : quand une personne à qui il suffirait de tenir sa langue pour ne pas être prise ne peut s'empêcher d'avouer sa culpabilité, c'est que « l'horreur d'être blâmable » (*TMS* 3, 2, 10 ; *F* 181), qui repose sur l'imagination d'une réaction de

spectateur, l'emporte sur l'« anxiété [*dread*] d'être blâmé ».
Un désir est plus fort que l'autre, même chez le méchant[1].

Inversement, comme on l'a vu, le désir auquel la
moralité exige que l'on tienne la bride, à savoir celui d'être
approuvé par les spectateurs réels ou l'aversion à l'égard
de leur réprobation, joue un rôle important de concert avec
le désir dont il est bien distinct. Smith donne l'exemple
des grands auteurs comme Racine, Voltaire et Pope, qui
étaient très sensibles aux critiques, donc à l'opinion des
autres sur leur œuvre ; en l'absence d'assurance sur la
valeur de leur propre travail, ils s'inquiétaient des réactions
de leurs amis et du public. Au contraire, l'assurance des
mathématiciens et à un moindre degré des physiciens les
rendent indifférents aux jugements d'autrui (*TMS* 3, 2,
18-20 ; *F* 186-187).

Le souci de la réputation a un rôle régulateur et peut être
rapporté au désir de l'éloge plutôt qu'au désir de louabilité,
à l'aversion à l'égard du blâme plutôt qu'à l'aversion à
l'égard de la blâmabilité. En effet, les personnes mûres
et confiantes dans leur propre caractère accordent moins
d'importance à la réputation. Cependant, on s'inquiéterait
que les jeunes gens soient indifférents à leur réputation de
fait, car « elle pourrait présager, dans un âge avancé, une
insensibilité à l'honneur et au scandale réels tout à fait
inappropriée » (*TMS* 3, 3, 19 ; *F* 207).

La dualité des principes – désir de l'éloge de fait
et désir de louabilité, aversion à l'égard du blâme de
fait et aversion à l'égard de la blâmabilité – est une
illustration du caractère pluraliste de la psychologie

---

1. Notons que cela n'affecte que la conscience, non pas la conduite,
du méchant : on peut se donner bonne conscience en acceptant l'inconfort
de la mauvaise conscience ; c'est la dynamique de la confession.

morale que mobilise Smith. Selon sa vision de l'histoire de la philosophie morale, les auteurs qui l'ont précédé ont exploré unilatéralement un principe de la conduite humaine qui n'est en vérité qu'un ingrédient d'un complexe de motivations dont seule une théorie éclectique peut rendre compte. Un exemple d'exploration extrêmement unilatérale est fourni dans ce chapitre qui fait allusion à la manière dont Mandeville – en qui le lecteur reconnaît un des « philosophes mélancoliques » dont il est question – réduit le complexe des désirs relatifs à l'éloge et au blâme à la seule vanité, c'est-à-dire au seul désir de l'approbation des autres, qui serait dominant dans le monde corrompu qui est le nôtre (*TMS* 3, 2, 27 ; *F* 190)[1].

Cette longue discussion des rapports d'opposition et d'affectation réciproque entre ces deux principes permet aussi à Smith de clarifier la typologie des spectateurs, d'une part, et d'autre part de lever en partie le mystère de la formation du spectateur idéal. La sixième édition modifie beaucoup l'exposé sur ce point[2]. Dans le texte définitif, en suivant une métaphore judiciaire, Smith distingue la juridiction des autres (de « l'homme à l'extérieur », des spectateurs réels) comme le tribunal de première instance et la juridiction de la conscience (de « l'homme à l'intérieur », du spectateur idéal) comme une cour d'appel. Les principes

---

1. Sur la réhabilitation relative de la vanité chez Smith, contre Mandeville, voir B. Walraevens, « Vanité, orgueil et *self-deceit* : l'estime de soi excessive dans la *Théorie des sentiments moraux* d'Adam Smith », *Revue de philosophie économique*, 20 (2), 2019, p. 3-39.

2. Smith supprime un développement important qui concerne l'apprentissage du recours au spectateur idéal à partir de l'expérience des interactions évaluatives. Même si le propos de Smith insiste désormais beaucoup sur la distinction des deux genres de désirs, qui lui permet de rendre compte de la différence entre aimer la vertu et rechercher la bonne réputation, il n'y a pas de revirement véritable.

de ces deux juridictions se trouvent « fondés entièrement »
– l'adverbe est important et confirme l'hypothèse selon
laquelle Smith fait appel au fait providentiel de notre
constitution affective – respectivement dans le désir de
l'éloge et crainte du blâme, et dans le désir de louabilité
et la crainte de la blâmabilité. Une troisième juridiction
– comme une cour suprême –, qui n'est fondée sur aucun
des désirs de ces deux types, mais sur l'espoir d'une juste
distribution après cette vie, est celle du « Juge qui voit
tout », dont l'appréciation n'est jamais perturbée ou même
affectée, comme peut l'être celle du spectateur impartial,
par le bruit que peuvent faire les spectateurs réels (*TMS* 3,
2, 32-33 ; *F* 191-194).

Dans les éditions précédentes, Smith ajoutait des
considérations sur la genèse psychosociale du recours à
l'instance d'appel qu'est le spectateur impartial. Il montrait
comment l'expérience des réactions contrastées des autres à
nos propres attitudes nous enseigne « assez tôt » à imaginer
les réactions d'un autre. Il pouvait alors dire que « l'origine
de cette institution » du tribunal interne s'éclaircit quand on
remarque que « sa juridiction est dans une grande mesure
dérivée de l'autorité de cet autre tribunal dont il renverse
si souvent et si justement les décisions » (*TMS* 3, 2, 31,
note *r* ; *F* 192, note 1[1]).

Cela confirme l'hypothèse selon laquelle ce n'est
pas par division interne, sur le modèle shaftesburien du
soliloque[2] (ou plus généralement sur le modèle stoïcien
du discours intérieur et du contrôle des imaginations),
mais par intériorisation du point de vue d'autrui, qu'on
apprend à imaginer le spectateur « abstrait ». La société se

1. Voir le commentaire de D.D. Raphael, *The Impartial Spectator*,
op. cit., p. 39-40.
2. Voir *supra*, p. 164 *sq.*

fraye un chemin en nous par le spectateur[1]. Cette source d'apprentissage n'est pas nécessairement une source de conformité : selon les formulations de la seconde édition, les décisions du tribunal social peuvent être « renversées ». Ne dramatisons donc pas une aliénation dans laquelle un Rousseau verrait la condition, selon le second *Discours*, de cet « homme sociable toujours hors de lui » qui « ne sait vivre que dans l'opinion des autres »[2]. L'impartialité du spectateur idéal tient à l'imagination d'un point de vue qui est situationnellement impartial, celui des autres réels qui ne sont pas mes proches.

Il ne faudrait pas voir ici une hésitation, encore moins une contradiction. La thèse génétique est parfaitement compatible avec la thèse de la distinction des deux types de désirs. Notre désir de l'éloge est tantôt satisfait, tantôt frustré. À l'occasion des contrariétés de la vie sociale, nous découvrons que les autres, pourtant situationnellement impartiaux par rapport à ce qui nous touche personnellement, ne sont pas toujours moralement impartiaux à notre égard. Nous aimerions qu'ils sachent mieux exploiter leur impartialité situationnelle. C'est ainsi que nous apprenons à donner plus d'importance à la satisfaction d'un autre désir, celui de la louabilité.

UN SENTIMENTALISME SUBSTANTIEL OU FORMEL ?

Le sentimentalisme radical de la phénoménologie morale de Smith fait des attitudes et réponses subjectives la norme des valeurs. En dernière instance, cette norme est

---

1. Voir F. Dubœuf, « Adam Smith : mesure et socialité », *Économies et Sociétés. Cahiers de l'ISMEA*, 19 (3), 1985, p. 73-107.
2. Pour une confrontation systématique de Smith et de Rousseau, voir C. Griswold, *Jean-Jacques Rousseau and Adam Smith. A Philosophical Encounter*, Londres, Routledge, 2017.

donnée par le fait des réponses affectives du spectateur, et ses conditions essentielles sont l'impartialité et l'information. Être sentimentaliste, c'est penser en des termes qui font jouer un rôle fondateur à la constitution affective des agents, à leurs émotions et à leurs désirs. Comme nous l'avons rappelé en introduction, ce n'est pas nécessairement mettre tels ou tels sentiments particuliers au principe des actions morales, comme le fait Hutcheson – quand il fait de la bienveillance le motif des actions vertueuses – ou également des évaluations morales comme le fait Hume – quand il situe des passions et sentiments d'un genre particulier au principe des jugements moraux. Sans cela, Smith ne pourrait être dit sentimentaliste. Car il soutient que les conduites réellement bienveillantes ne sont pas motivées simplement par la bienveillance comme disposition affective, mais procèdent d'une nouvelle motivation liée à l'adoption du point de vue du spectateur idéal et à des désirs corrélatifs[1]. Cette thèse est cependant bien sentimentaliste en ce qu'elle fait jouer un rôle fondateur à des attitudes affectives et conatives. Appelons « sentimentalisme substantiel » le point de vue qui identifie tel ou tel sentiment particulier comme un ressort de la motivation ou de l'évaluation ; et « sentimentalisme formel » le point de vue qui souligne le rôle d'une variété de réponses affectives et conatives. Il nous apparaît que le sentimentalisme de Smith est formel sans être substantiel.

---

1. La consultation du spectateur nous dévoile ce qui est aimable et suscite en nous, s'il nous manquait, cet amour, cette « affection plus puissante » (*TMS* 3, 3, 4 ; *F* 200), qui constitue la motivation de la bienveillance sacrificielle et de la justice désintéressée. L'objet de ce désir est de mériter l'approbation du spectateur. C'est ainsi que Smith rend compte de la motivation proprement morale.

Pourquoi Smith écarte-t-il le sentimentalisme substantiel à la Hutcheson, alors même qu'il lui doit tant sur d'autres points ? Les « sentiments passifs » sont largement hors de notre contrôle. Si la moralité impliquait de pouvoir les modifier en nature ou même en degré, elle serait par conséquent largement hors de notre portée. Et pourtant, c'est bien ce que la philosophie morale traditionnelle nous recommande : elle nous confie la mission impossible, soit de « sentir pour les autres ce que nous sentons naturellement pour nous-mêmes », c'est-à-dire d'accroître notre « sensibilité aux intérêts des autres », de manière chrétienne, soit de « sentir pour nous-mêmes ce que nous ressentons pour les autres », c'est-à-dire de diminuer notre « sensibilité à notre propre intérêt », de manière stoïcienne (le Portique nous incite à considérer les malheurs qui nous affectent comme si c'étaient ceux d'un étranger). Ces deux sortes de doctrine morale vont « bien au-delà de la norme juste de la nature et de la propriété » (*TMS* 3, 3, 8 ; *F* 201). Mais cet « effort pour corriger l'inégalité naturelle des sentiments passifs » (*TMS* 3, 3, 11 ; *F* 203) a tout d'une performance impossible. Mieux, à supposer que la correction chrétienne ou stoïcienne des sentiments soit possible, il n'est pas certain qu'elle soit conforme à nos conceptions morales qui, par exemple, réprouvent l'indifférence émotionnelle à l'égard de nos proches (*TMS* 3, 3, 13 ; *F* 204)[1]. Smith émet des réserves à l'égard de l'« apathie stoïcienne » (*TMS* 3, 3, 14 ; *F* 205). Il rappelle que l'idéal stoïcien qui substitue le point de vue

---

1. Cette remarque confirme, si besoin en était, qu'il y aurait un grave contresens à comprendre l'impartialité comme une indifférence émotionnelle. Il est évident que l'apathie est incompatible avec la sympathie ! Un tel spectateur sans attitudes affectives ne nous apprendrait rien.

de l'univers au point de vue personnel ne correspond pas avec la norme de la nature et de la propriété[1].

Mais alors, comment corriger les sentiments? Non par les raisonnements du stoïcien, mais « par cette grande discipline que la nature a établie pour l'acquisition de cette vertu [un certain « degré » de *self-command*] comme de toute autre : la considération des sentiments du spectateur, réel ou supposé, de notre conduite » (*TMS* 3, 3, 21 ; *F* 208). Nous ne pouvons pas compter sur l'intensification de la bienveillance ou sur la répression de notre partialité à l'égard de nous-mêmes, car elles sont hors de notre contrôle. En revanche, nous pouvons tabler sur l'autorité que nous reconnaissons aux jugements des autres dans la société ou de cet Autre en nous qu'est le spectateur idéal.

Bref, ce sont les désirs des deux types, ensemble, qui remplissent cette fonction régulatrice à l'égard de nos sentiments passifs. Ces désirs ne sont satisfaits que pour autant que nous avons une information à l'égard des attitudes des autres réels ou du spectateur idéal à notre égard. La simple présence des autres, comme celle d'un ami qui vient nous visiter à l'hôpital quand nous sommes sérieusement malades, agit indirectement sur nos sentiments et leur degré – en l'occurrence diminue notre apitoiement sur nous-mêmes –, par la seule vertu de nous permettre d'adopter le point de vue d'un autre (*TMS* 3, 3, 23-24 ; *F* 208-209). Dans une société d'ouverture et de confiance[2], la compagnie d'autrui et notre désir de paraître convenablement à ses yeux a l'effet que le stoïcisme réserve à tort au cosmopolitisme philosophique.

---

1. Pour une interprétation circonspecte de l'usage par Smith de l'autorité stoïcienne, voir E. Rothschild, *Economic Sentiments. Adam Smith, Condorcet, and the Enlightenment, op. cit.*, p. 131-134.

2. Voir *supra*, p. 41.

VANITÉ ET DUPERIE DE SOI

Bien sûr, mériter l'éloge a une valeur que le fait d'être loué, indépendamment de ce mérite, n'a pas. Se satisfaire du fait d'être loué indépendamment de ce mérite, voire en dépit de son absence complète, est un vice qu'on appelle « vanité » et qui est une forme de mensonge, puisqu'il revient à se faire passer pour ce qu'on n'est pas.

Pour le comprendre, prêtons attention à la situation d'une personne qui est ainsi équipée de deux genres de désirs, le désir de mériter l'éloge et le désir de l'éloge. À quelles conditions peuvent-ils être satisfaits ? Mon désir de l'éloge est satisfait lorsque je crois que je suis l'objet d'éloge. Mon désir de mériter l'éloge est satisfait lorsque je crois que je mérite l'éloge. Si je suis conscient, au contraire, de ne pas mériter l'éloge qui m'est pourtant adressé, je me trouve dans la situation inconfortable d'avoir un désir de l'éloge qui est satisfait et un désir de mériter l'éloge qui est frustré. C'est pourquoi, dans cette situation où la « conscience » de mon absence de mérite gâche la fête, « notre satisfaction est loin d'être complète » (*TMS* 3, 2, 4 ; *F* 177). Si, en outre, j'entretiens activement cette situation et parviens à transformer cet inconfort en confort, je suis vaniteux. Le vaniteux satisfait son désir de l'éloge en inventant des fables qui suscitent l'éloge des autres. Ce mensonge est doublé d'un mensonge à soi lorsque l'affabulation est si habituelle qu'elle lui permet de faire taire sa conscience de ne pas mériter l'éloge. Dans les termes de la typologie des spectateurs, le vaniteux se regarde en adoptant le point de vue non du spectateur équitable ni du spectateur simplement bien informé, mais celui qu'il croit que le spectateur réel, la compagnie qui l'entoure, a sur lui. Cette croyance relève de la duperie de soi, puisque le vaniteux sait que son cas ne résisterait pas à la considération d'un spectateur informé (*TMS* 3, 2, 4 ; *F* 177). La vanité s'appuie sur le système de la sympathie. Elle apparaît quand le désir de l'éloge est si fort qu'il constitue une motivation de l'adoption d'une croyance mensongère : une croyance qui supprime l'insatisfaction liée à la conscience de ne pas mériter l'éloge.

C'est à l'occasion de cette analyse de la vanité que Smith découvre, à la suite de Butler[1], l'importance de la duperie de soi. Cependant celle-ci ne se limite pas à ce cas et les non-vaniteux n'en sont pas exempts[2], si bien que son étude s'étend plus loin.

1. J. Butler, *Fifteen Sermons Preached at the Rolls Chapel and Other Writings on Ethics*, éd. cit., p. 84 *sq.*
2. Comme nous le rappelle Benoît Walraevens, la duperie de soi concerne autant le *proud man* que le *vain man* (*TMS* 6, 3, 43-47 ; *F* 353-354).

CHAPITRE V

L'INCONSTANCE ET SES REMÈDES

FAIBLESSE ET CONTRÔLE DE SOI

La faiblesse se manifeste par les incohérences entre nos évaluations et notre conduite effective, par les écarts entre ce que nous recommandons aux autres ou à nous-mêmes et ce que nous faisons. Ce thème de l'irrationalité pratique, qui restait discret tant qu'il s'agissait de l'évaluation des autres (dans les deux sens de l'expression, subjectif et objectif), trouve naturellement son lieu d'expression dans l'évaluation de soi (*TMS* 3, 3, 1 ; *F* 197). Smith appelle *conscience*[1] le point de vue du spectateur idéal, d'autrui en soi. Sous sa plume, la conscience n'est plus synonyme de sens du devoir. Car le sens du devoir comme Smith l'entend n'est pas la conscience, mais la reconnaissance de

---

1. Cette *conscience* ne doit être confondue ni avec la *consciousness* dont nous avons parlé chaque fois qu'il était question du savoir de l'agent ou du spectateur, ni avec un « sens » ; sur ce point, voir C. Fricke, « Adam Smith : the Sympathetic Process and the Origin and Function of Conscience », *in* C. J. Berry, M. P. Paganelli, C. Smith (dir.), *The Oxford Handbook of Adam Smith*, Oxford, Oxford University Press, 2013, p. 187 *sq*. – Fricke rapproche *conscience* et *conscientousness*, la qualité d'être consciencieux.

l'autorité pratique de règles générales de conduite[1]. Sans faiblesse constitutionnelle, la conscience pourrait, sans doute, suffire à guider nos actions. Le sens du devoir est nécessaire pour compenser la fragilité de la nature humaine. Il s'appuie directement, sur l'instruction non du spectateur idéal, mais d'une expérience morale. Il présuppose des évaluations particulières accumulées : « Ces premières perceptions, ainsi que toutes les autres expériences sur lesquelles sont fondées des règles générales, ne peuvent pas être l'objet de la raison, mais d'un sens ou sentiment immédiats. » (*TMS* 7, 3, 2, 7 ; *F* 426) Comme il ne repose pas *directement* sur la dynamique des sentiments, ni sur la « raison » qui est le nom convenu de l'arbitre « dans notre cœur », le spectateur idéal (*TMS* 3, 3, 4 ; *F* 199-200), c'est avec circonspection qu'on peut dire du sens du devoir qu'il manifeste une forme distincte de raison empirique, dont la force normative doit tout aux « premières perceptions » du sentiment, et dont l'autorité peut difficilement prévaloir sans l'appui de certains affects, comme la crainte et l'espoir[2]. Le recours aux règles se comprend ainsi à partir de l'expérience commune de la faiblesse.

1. On peut interpréter le recours au « devoir » comme l'indice d'une insuffisance de la « conscience ». L'autorité normative des règles de justice n'est pas garantie par le circuit de la sympathie, même complexifié. Voir C. Fricke, « Adam Smith and 'the Most Sacred Rules of Justice' », *in* F. Forman-Barzilai (dir.), *The Adam Smith Review*, vol. 6, Londres, Routledge, 2011, p. 46-74.
2. Il nous semble, comme à Campbell, que les règles morales générales constituent le seul principe d'approbation à propos duquel on pourrait parler de raison pratique – une raison qui a une autorité sur l'action. En dehors du rôle informationnel joué par l'imagination, la raison ne joue aucun rôle dans le jugement moral qui repose sur la « conscience », comme l'observe encore T. D. Campbell, *Adam Smith's Science of Morals, op. cit.*, p. 139.

La consultation du spectateur idéal contribue à remédier à l'une des formes de l'irrationalité pratique, la surestimation des gains et des pertes, ou des plaisirs et des peines, qui nous touchent de près et immédiatement, et la sous-estimation, à l'inverse, du lointain (*TMS* 3, 3, 2-3 ; *F* 197-198). Car le spectateur paraît ne pas être vulnérable à la préférence pour le présent. Mais une autre forme de l'irrationalité pratique, le *self-deceit*, ne dispose pas d'un tel soutien et appelle un autre remède, les règles générales. Dans le premier cas, adopter le point de vue du spectateur, c'est voir les choses de plus loin et retrouver la vraie mesure des valeurs et le sens de son intérêt à long terme. Les « diverses nuances et degrés de la faiblesse et du contrôle de soi » varient en proportion de notre capacité à adopter le point de vue d'un spectateur « réel ou supposé » (*TMS* 3, 3, 21 ; *F* 208). C'est pourquoi Smith peut écrire, sur ce point précis des effets regrettables – parmi lesquels l'acrasie – de la préférence pour le proche et de sa surestimation, que « la propriété de nos sentiments moraux n'est jamais autant susceptible d'être corrompue que lorsque le spectateur complaisant et partial est à portée, tandis que le spectateur indifférent et impartial est à grande distance » (*TMS* 3, 3, 41 ; *F* 219). Lorsque l'on consulte le spectateur indifférent, on obtient un jugement qui n'est pas affecté par un biais temporel ou plus généralement un biais de proximité.

Cela n'empêche pas Smith d'écrire quelques pages plus loin, sans aucune incohérence – car il s'agit alors du second cas, celui du *self-deceit* :

> Pour pervertir la rectitude de nos jugements sur la propriété de notre propre conduite, il n'est pas toujours nécessaire que le spectateur réel et impartial soit à une grande distance. Quand il est à portée, quand il est présent, la violence et l'injustice de nos propres passions

intéressées [*selfish*] suffisent parfois à inciter l'homme dans le cœur à faire une présentation de la situation bien différente de ce que les circonstances réelles de l'affaire peuvent autoriser. (*TMS* 3, 4, 1 ; *F* 223)

Cette distorsion cognitive du jugement du spectateur est « l'aveuglement personnel [*self-deceit*], cette faiblesse fatale des hommes, la source de la moitié des désordres de la vie humaine », que Smith associe aux « illusions de l'amour de soi » (*TMS* 3, 4, 6-7 ; *F* 225)[1].

Pour comprendre la distinction entre amour de soi excessif et amour de soi naturel, il convient de se reporter au chapitre 2 du livre II. Utilisant l'image stoïcienne de la « recommandation » (*TMS* 2, 2, 2, 1 ; *F* 135) par laquelle la nature a confié à chacun le soin de soi-même, Smith rend compte d'un amour de soi qui est naturel au double sens du terme : dû à notre constitution d'être vivant, d'une part, et, d'autre part, normal. L'intérêt pour « tout ce qui concerne immédiatement soi-même » plutôt qu'autrui, ou la « préférence » que Smith dit « naturelle » de chacun pour soi-même plutôt que pour le reste des êtres humains, est un fait psychologique[2]. Ce fait psychologique n'empêche pas, mais rend nécessaire, pour qui cherche à éviter un degré excessif d'amour de soi qui justifierait la réprobation, que

1. La manière dont on se dissimule sa propre partialité liée à l'amour de soi peut être rapprochée de l'opération clandestine du *self-interest* dans l'échange économique. C'est ce que suggère E. Rothschild, *Economic Sentiments. Adam Smith, Condorcet, and the Enlightenment, op. cit.*, p. 125-126. Cependant, le « voile mystérieux de l'illusion sur soi » (*TMS* 3, 4, 4 ; *F* 225) dissimule un vice, non une disposition naturelle.

2. Nous n'entrons pas dans l'étude de la distinction (que Smith ne fait pas explicitement) et des relations entre *self-love* et *self-interest.* Voir E. Heath, « Adam Smith and Self-interest », *in* C. J. Berry, M. P. Paganelli, C. Smith (dir.), *The Oxford Handbook of Adam Smith, op. cit.*, 2013, p. 245 *sq*.

l'on considère la question en adoptant imaginairement le point de vue des autres, en vue d'obtenir la sympathie du spectateur idéal. C'est ainsi que Smith peut affirmer, contre Hume[1], qu'il y a tout à fait un sens à dire raisonnable ou déraisonnable la préférence que nous donnons dans tel ou tel contexte à l'intérêt privé ou à l'intérêt public, à son propre bien ou à celui des autres. La préférence est raisonnable si elle passe le test du jugement du spectateur. Dans ce même contexte, il est question de deux formes distinctes d'égoïsme – nous employons le terme pour désigner une attitude et non une théorie – sous la même rubrique du *self-love*. Il y a un intérêt naturel de chacun pour soi, qui n'est pas le vice de la *selfishness*. Et il y a une préférence pour soi au détriment des autres, au prix de leur malheur, qui est l'égoïsme moralement répréhensible. Cette préférence excessive pour soi est l'objet d'une répression ou modération devant le regard des autres, car elle contrarie la satisfaction du désir d'être digne d'approbation (*TMS* 2, 2, 2, 1 ; *F* 135-136). Smith parle de cette « préférence déraisonnable pour soi-même » comme d'un « amour de soi absurde » qui croit pouvoir « sacrifier les autres à tout moment à sa commodité ou son humeur » (*TMS* 2, 3, 1, 96 ; *F* 153).

Or, si nous adoptions le point de vue du spectateur impartial, nous échapperions certainement à l'aveuglement personnel. Mais, précisément, ce remède n'est pas accessible, car les sentiments du spectateur internalisé, idéal, sont affectés à un certain point par les passions qui nous agitent ; ou pour dire les choses autrement, nous ne pouvons pas adopter le point de vue d'un spectateur

---

1. *T* 2, 3, 3, 6 (D. Hume, *A Treatise of Human Nature*, vol. 1, éd. cit., p. 267).

impartial de manière stable. C'est pourquoi il faut un autre remède, dont nous disposons providentiellement : « Nos observations continuelles sur la conduite des autres nous conduisent insensiblement à nous former certaines règles générales à propos de ce qu'il est convenable et approprié de faire ou d'éviter » (*TMS* 3, 4, 7 ; *F* 225)[1]. Comme le Leibniz des *Nouveaux essais*, Smith appuie une éthique effective dans des conditions de faiblesse sur l'usage de règles personnelles[2].

Mais on doit adresser une objection à Smith. Comment pourrions-nous échapper, même relativement, à la duperie de soi par l'adoption de règles générales de conduite, si dans leur adoption nous restons vulnérables à la duperie de soi en vertu de la généralité même de ces règles ? Car, comme nous allons le voir, c'est aussi dans la généralité des principes que se loge le ferment de l'irrationalité.

LES RÈGLES : UNE SOLUTION À L'AVEUGLEMENT
ET À L'INCONSTANCE ?

Revenons à Butler, commentant 2 Samuel 12[3]. David, roi d'Israël, écoute l'histoire que lui raconte le prophète Nathan sans comprendre qu'il s'agit d'une parabole et qu'elle s'applique à lui-même. Nathan rapporte qu'un homme pauvre a élevé une unique agnelle comme si elle était de sa famille et qu'un homme riche en troupeaux qui doit offrir un repas à un voyageur de passage préfère voler

1. Sur la relation entre le problème de l'aveuglement personnel et le recours aux règles, voir S. Fleischacker, « True to Ourselves ? Adam Smith on Self-Deceit », *in* F. Forman-Barzilai (éd.), *The Adam Smith Review*, vol. 6, Londres, Routledge, 2011, p. 84 *sq.*

2. Voir *infra*, p. 204, n. 2.

3. J. Butler, *Fifteen Sermons Preached at the Rolls Chapel and Other Writings on Ethics*, éd. cit., p. 84-85.

l'agnelle de l'homme pauvre plutôt que prendre dans son bétail. David s'indigne contre l'homme riche, blâme sa conduite, décide d'un châtiment contre ce qu'il estime être son injustice. Le prophète lui répond : « Tu es cet homme. » En effet, David a tué Urie pour lui prendre sa femme, alors qu'il était déjà le maître de plusieurs femmes. David voit alors le rapport entre la parabole et sa propre conduite, dont il reconnaît finalement l'injustice et se repent. La suite de l'histoire est la punition de David par Dieu, qui lui pardonne, tout en appliquant le Talion. Il fait périr le fils qui lui est né de la femme d'Urie. La punition est complètement acceptée par David. L'aveuglement de David, grâce à Nathan, aura été provisoire. Mais, sans l'aide d'un autre, il aurait pu rester définitif.

À quoi tient ici l'aveuglement ? David blâme la conduite d'un homme, il sait qu'elle est injuste, alors que cet homme n'est autre que lui-même. L'aveuglement consiste à ne pas voir qu'il est lui-même injuste et blâmable. C'est une forme d'incohérence entre le jugement général de David et l'appréciation de sa propre personne ; une ignorance ou un manque de connaissance de soi. Mais aussi un analogue de l'acrasie, sauf qu'il s'agit d'un écart dans l'application doxastique du jugement évaluatif général et non dans son application pratique.

Selon Butler, le *self-deceit* est une forme de partialité et de *self-ignorance* : « Sur toute question qui se rapporte à soi, on pense, on raisonne et on juge très différemment de ce qu'on fait quand il s'agit des autres et qu'on n'est pas concerné[1]. » Butler soutient que l'aveuglement comporte des degrés afin de défendre la thèse de l'universalité de sa

---

1. *Ibid.*, p. 84. On peut ajouter : on agit très différemment. Car ce modèle de la duperie de soi s'applique aussi à l'acrasie.

forme faible[1]. Un degré faible est quand nous ne sommes pas conscients de nos fautes. On peut imaginer qu'un degré élevé correspondant à la situation où nous nous dissimulons nos fautes alors qu'elles sont graves. David est donc dans un degré élevé. Butler rapporte ce phénomène à un « pli et biais de l'esprit » (« *bent and bias of our mind*[2] ») dont une autre forme est la partialité en faveur de ses proches qui fait qu'on ne voit pas leurs fautes et qu'on ignore ce qui se passe dans la famille.

Cette méconnaissance spontanée semble structurellement encouragée par le *self-love* :

> Or, considérez combien de temps, et jusqu'à quel point, la personne la plus intelligente pourrait être abusée par une personne dont elle ne se méfie pas, et en qui elle place toute sa confiance ; surtout s'il y a de l'amitié et une réelle bienveillance dans l'affaire : cela est sûrement encore plus vrai quand il s'agit de ce moi que nous aimons tous tant. D'où la méconnaissance des reproches et des instructions, des règles de conduite et de la discipline morale, qui se mettent parfois en travers de leur chemin : méconnaissance, dis-je, non pas sous tous les aspects, mais sous ce seul aspect, à savoir ce qui peut leur servir en particulier à redresser leur propre cœur et leur propre tempérament, et à en faire des personnes meilleures. Il ne leur vient jamais à l'esprit, en toute sincérité, que de tels avertissements peuvent avoir un rapport avec elles, et leur être utiles ; et cela est bien différent d'une persuasion positive du contraire, d'une persuasion issue de la réflexion qu'elles sont innocentes et irréprochables à tous égards[3].

1. « Cette ignorance de soi et cette partialité à l'égard de soi peuvent se trouver dans toutes sortes de degrés. » *Ibid.*, p. 85.

2. *Ibid.*

3. *Ibid.*

Il est remarquable que le cas intrapersonnel soit une transposition du cas interpersonnel. C'est ce qui justifie le terme *self-deceit*. La duperie de soi est conçue sur le modèle de la duperie d'autrui.

Butler nous permet de décrire littéralement le *self-deceit* comme aveuglement, refus de voir l'évidence. L'intérêt privé retient toute l'attention.

> Bien qu'un homme ait les meilleurs yeux du monde, il ne voit que ce qu'il leur fait voir. Ainsi, ces personnes, sans négliger la moindre, la plus infime chose qui puisse éventuellement être invoquée en leur faveur, ne verront pas du tout les choses les plus simples et les plus évidentes qui vont dans l'autre sens[1].

Ici Butler rejoint ce que disait Pascal de l'influence du désir sur la croyance[2].

Cette analyse suggère que, pour Butler, le seul spectateur impartial est l'autre réel. La partialité et l'amour de soi biaisent structurellement le regard interne sur soi. Il n'y a donc pas lieu de s'étonner que Smith cherche ailleurs que dans le spectateur idéal, donc dans les règles, un remède au risque de *self-deceit* qui nous affecte même quand nous nous efforçons d'adopter intérieurement le regard du spectateur désengagé. Il relève simplement le défi lancé par Butler.

---

1. *Ibid.*, p. 84.
2. *Cf.* Blaise Pascal, *Pensées*, Lafuma 539, Sellier 458 : « La volonté est un des principaux organes de la créance, non qu'elle forme la créance, mais parce que les choses sont vraies ou fausses selon la face par où on les regarde. La volonté qui se plaît à l'une plus qu'à l'autre détourne l'esprit de considérer les qualités de celle qu'elle n'aime pas à voir. Et ainsi l'esprit, marchant d'une pièce avec la volonté, s'arrête à regarder la face qu'elle aime, et ainsi il en juge par ce qu'il y voit. »

L'aveuglement procède du vice qui « en général consiste à se préférer soi-même en comparaison des autres de manière déraisonnable et excessive[1] ». Butler observe que cette partialité peut être spécialisée. Une personne peut être aveugle dans un certain registre, mais non dans les autres, selon ses passions et ses intérêts. Quand autrui lui reproche la fausseté de la totalité du caractère, cette personne est confortée dans l'aveuglement, car il n'est pas vrai que la totalité de son caractère soit faux et elle le sait bien. « Ils savent que la totalité de la réprobation n'est pas justifiée, et tiennent donc pour acquis qu'aucune partie ne l'est[2]. »

Nous ne voyons pas de raison de ne pas considérer qu'Adam Smith utilise la notion de *self-deceit* dans le même sens : une disposition à ne pas appliquer à soi-même les évaluations morales qu'on applique aux autres. Cependant, il introduit une nuance importante par rapport à l'idée selon laquelle l'adoption d'un point de vue désengagé pourrait limiter la tendance à la duperie de soi – idée à laquelle Butler ne parvenait pas à échapper en dépit de sa méditation de la parabole de David et de Nathan.

Rappelons que Smith appelle « spectateur » une personne ou des personnes qui sont susceptibles de répondre affectivement à une situation qui ne les concerne pas et qui affecte une autre personne qu'il dénomme la « personne concernée ». Dans la mesure où un spectateur est par définition non concerné, désengagé, il est toujours impartial en ce sens minimal. Smith distingue deux sortes de spectateurs impartiaux. Les spectateurs *réels* sont les autres par rapport à la personne concernée. Le spectateur *idéal* est une représentation que la personne concernée peut

---

1. J. Butler, *Fifteen Sermons Preached at the Rolls Chapel and Other Writings on Ethics*, éd. cit., p. 86.
2. *Ibid.*

développer. Elle imagine comment autrui pourrait répondre affectivement à la situation dans laquelle elle se trouve. Selon Smith, le constat de la coïncidence ou de l'écart entre les réponses du spectateur et celles de la personne concernée est le fondement, respectivement, de l'approbation et de la désapprobation sous l'angle de la « propriété ». Grâce au spectateur idéal, la personne concernée est capable de s'évaluer elle-même. On s'attendrait à ce que Smith compare l'autorité d'un spectateur réel distant et celle d'un spectateur réel proche, et qu'il soutienne seulement que quand autrui est assez proche pour se faire entendre de nous, nos évaluations à propos de nos propres attitudes sont moins susceptibles d'être partiales. Mais c'est plus compliqué. Même lorsque le spectateur réel est tout près et se fait entendre de nous, le spectateur idéal peut avoir une autorité plus forte alors même que, malencontreusement, sa vision est brouillée par des passions intéressées (*selfish*). C'est un contexte dans lequel l'impartialité serait mieux garantie par la consultation des autres en chair et en os et où l'imagination, le recours au spectateur idéal, loin d'être une aide, contribue à la duperie de soi (*self-deceit*).

Smith adopte, comme Butler, un point de vue étroitement moral sur la duperie de soi, puisqu'il la définit comme une partialité à l'égard de nous-mêmes, qui repose sur une « illusion de l'amour de soi » (*TMS* 3, 4, 7 ; *F* 225) qui nous exempte de la réprobation que les vices nous inspirent quand il s'agit des autres[1]. Ainsi compris, le *self-deceit* est la disposition à détourner les yeux des vices qui sont les

---

1. À cet égard, pour Smith et Butler la duperie de soi dérive son caractère de faute morale du vice moral qui est son objet ou son occasion. Son évaluation morale est dérivative et ne tient pas directement à l'évaluation d'une faute épistémique. Sur ce point, voir A. Meylan, « L'évaluation de la duperie de soi : Butler, Clifford et la philosophie contemporaine », *Revue philosophique de la France et de l'étranger*, 143 (3), 2018, p. 357-370.

nôtres, alors même que nous les tenons pour vils de manière générale. Prenons un exemple dc notre cru :

Contexte : Claude et Camille envisagent de partir ensemble en vacances. Camille demande à Claude de lui promettre de partir en vacances avec elle.

1. (Croyance évaluative générale) Claude croit qu'il est immoral de ne pas tenir une promesse.

1'. Par suite, elle croit qu'on ne doit pas faire une promesse dont on sait qu'on ne pourra pas le tenir.

2. (Croyance à propos de soi, fondée sur une *evidence*) Claude a de très bonnes raisons de penser qu'elle ne pourra pas partir en vacances avec Camille (par exemple, des obligations de travail). Elle sait que très probablement elle ne pourra pas tenir une telle promesse (et qu'elle ne devrait pas faire une telle promesse).

3. (Action) Claude promet à Camille qu'elle partira en vacances avec elle.

Ainsi présenté, avec une conclusion qui consiste en une action déviante par rapport aux principes et aux informations qui sont les siennes, il s'agit d'un cas de conduite acratique. C'est aussi un cas de duperie de soi si on ajoute :

4. (Croyance subjectivement disculpante) Claude croit qu'elle est généreuse en faisant plaisir à Camille par une telle promesse.

4'. C'est pourquoi elle croit aussi qu'elle n'est pas immorale si, finalement, elle ne tient pas sa promesse.

4''. Claude croit ainsi, en l'espèce, qu'il n'est pas immoral de ne pas tenir sa promesse.

En ayant simultanément la croyance 1 et la croyance 4'', il est clair que Claude a simultanément la croyance que *p* et la croyance que non-*p*.

Le modèle butlérien de la duperie de soi permet de comprendre comment la cohabitation de ces deux croyances est possible. Plutôt que de supposer que la croyance que *p* pourrait être inconsciente, il suffit de considérer qu'elle est générale, de sorte qu'elle porte sur la conduite de la personne concernée de manière potentielle. Claude a actuellement la croyance que non-*p*, s'agissant d'elle-même, sans actualiser la croyance que *p* en l'appliquant à elle-même. Cette manière de rendre compte de la duperie de soi est tout à fait la même que celle dont, dans une tradition issue d'Aristote et illustrée notamment par Jean Calvin, on rendait compte de la plupart des cas d'acrasie[1].

Calvin évoque l'autorité du commentaire de Thémistius sur le *De l'âme* d'Aristote : « Enseignant que l'entendement de l'homme ne s'abuse guère en considération générale, mais qu'il se trompe en considérant particulièrement ce qui concerne sa personne[2] ». Le meurtrier condamne l'homicide et l'adultère réprouve la paillardise, selon les exemples donnés par Calvin. « Qu'on demande en général si homicide [*sic*] est mauvais, il n'y aura nul qui ne dise que oui. » « Voilà donc en quoi gît l'ignorance, c'est quand l'homme, après avoir assis un bon jugement universel, enveloppant puis [*sic*] sa personne avec la chose, oublie la règle qu'il suivait auparavant, pendant qu'il n'avait égard à soi-même. » Mais le « bon jugement universel » n'est pas « sain et entier », car il se limite à la distinction du

---

1. Que l'acrasie et la duperie de soi puissent être expliquées dans ce cadre commun éclaire le glissement de Smith d'un sujet à l'autre, qui a pu étonner des commentateurs (comme S. Fleischacker, « True to Ourselves ? Adam Smith on Self-Deceit », art. cit., p. 86-88).

2. J. Calvin, *Institution de la religion chrestienne*, livre II, éd. J.-D. Benoit, Paris, Vrin, 1957, 2, 23.

bien et du mal sans compréhension véritable de la justice divine ; cependant les êtres humains en savent assez sur les commandements moraux pour être inexcusables quand ils les transgressent[1].

Smith distingue deux situations temporelles qui ne facilitent pas au même degré la consultation du spectateur impartial par la personne concernée. Il a en tête un scénario dans lequel une personne commet une faute ou s'adonne à un vice. La première situation coïncide avec le moment de l'action et de la passion. La consultation du spectateur à chaud n'est guère possible. Dans le feu de l'action, nos avis se conforment à nos passions. La seconde situation est le moment de la rétrospection. L'action est derrière soi, les passions sont retombées, on peut réfléchir calmement à la conduite que l'on a eue. C'est dans cette rétrospection que le recours au spectateur impartial, à froid, paraît facile. Mais c'est aussi dans cette situation que se loge aisément la duperie de soi.

> Mais nos jugements présents n'ont souvent que peu de poids par rapport à ce qu'ils étaient auparavant, et ne peuvent souvent produire que de vains regrets et un repentir inutile, sans toujours nous protéger des mêmes erreurs à l'avenir. Il est cependant rare qu'ils soient tout à fait justes [*candid*], même dans ce cas. L'opinion que nous avons de notre propre caractère dépend entièrement de notre jugement sur notre conduite passée. Il est tellement désagréable de se déprécier soi-même que nous détournons souvent délibérément notre regard des circonstances qui pourraient rendre ce jugement défavorable. On a dit du chirurgien dont la main ne tremble pas lorsqu'il pratique une opération sur sa propre personne qu'il est audacieux ; et est souvent

1. J. Calvin, *Institution de la religion chrestienne*, livre II, *op. cit.*, 2, 24.

> tout aussi audacieuse la personne qui n'hésite pas à lever le mystérieux voile d'illusion qui couvre de son regard la laideur de sa propre conduite. Plutôt que de voir notre propre comportement sous un aspect aussi désagréable, nous nous efforçons trop souvent, sottement et faiblement, d'exaspérer à nouveau ces passions injustes qui nous avaient autrefois égarés ; nous nous efforçons par artifice de réveiller nos vieilles haines, et d'irriter à nouveau nos ressentiments presque oubliés : nous nous exerçons même dans ce but misérable, et persévérons ainsi dans l'injustice, simplement parce que nous avons été injustes autrefois, et parce que nous avons honte et peur de voir que nous l'avons été. (*TMS* 3, 4, 4 ; *F* 225)

La comparaison avec le chirurgien est une allusion au *Soliloque* de Shaftesbury. Dans ce texte publié en 1710, Shaftesbury recommandait aux aspirants auteurs qui prétendent gouverner les opinions de leurs lecteurs de commencer par gouverner leurs propres opinions. Avant de donner des leçons, ils doivent acquérir une certaine maîtrise de soi et connaissance de soi. C'est pourquoi ils gagnent à pratiquer le soliloque ou dialogue avec son propre *self*, qui est une forme d'exercice spirituel à l'antique, mais rénové par le théâtre élisabéthain. C'est dans ce contexte que Shaftesbury comparait la tentative de s'examiner soi-même avec celle d'un chirurgien qui se fait la main sur soi[1]. Smith s'appuie parfois sur *Soliloquy* et son idée d'un « auditeur » interne. Mais son regard sur Shaftesbury est souvent plus critique. Le fait de la duperie de soi (en matière d'appréciation morale) est une preuve empirique de la fausseté des théories du sens moral, selon Smith (*TMS* 3, 4, 5 ; *F* 225).

---

1. Troisième comte de Shaftesbury, *Soliloque ou conseil à un auteur*, trad. cit., p. 70 *sq.*

Ce phénomène de biais affectif du spectateur idéal pourrait jeter le soupçon sur la théorie de Smith, ou du moins sur les principes par lesquels il rend compte de l'évaluation de soi. Mais seulement aux yeux de lecteurs qui auraient une conception trop exigeante de l'indifférence du spectateur et qui le confondraient avec un observateur rationnel. Le point de vue du spectateur n'est pas infaillible, parce qu'elle est celle d'un être de sentiment. Nous sommes heureusement dotés d'une autre capacité, celle de l'apprentissage des règles générales dans l'expérience, qui prend le relais du spectateur idéal.

Smith use et abuse de l'équivoque du lexique de la règle ou de la loi. Les règles, par exemple celles de la prudence ou d'une autre vertu (*TMS* 7, 3, 1 ; *F* 331), sont des normes de l'action. Mais les règles sont aussi des régularités, des généralisations[1]. Smith établit ce rapport entre les deux sens de la règle, la régularité empirique et la norme de l'action : lorsque nous savons d'expérience que la sympathie tend régulièrement à aller à tel type d'attitude si on se trouve dans tel type de circonstances, nous nous sentons tenus d'adopter régulièrement ce type d'attitude si nous nous trouvons dans ce type de circonstances, même en l'absence de sympathie.

Le génie de Smith s'exprime dans l'articulation étroite qu'il établit entre la remédiation de la faiblesse et de l'aveuglement par l'emploi de règles personnelles et la généralisation empirique[2]. Les résolutions par lesquelles

1. Campbell a souligné le rôle de l'association des idées dans l'opération de généralisation. Voir Tom D. Campbell, *Adam Smith's Science of Morals*, *op. cit.*, p. 34-39.
2. John Mackie ne voit ici aucune marque de génie. Il estime au contraire très supérieure la conception humienne qui fait des règles des conventions à travers lesquelles s'exerce une pression sur les

un agent se fixe un cadre de conduite indépendant de ses réponses affectives actuelles sont tirées de l'expérience des autres et de ses propres échecs et succès. Ces règles ont ainsi, également, une fonction d'engagement : en puisant dans son expérience passée, elles orientent la conduite future de la personne concernée. Elles sont une solution taillée à la mesure du problème de la diachronicité et de l'inconstance de l'action humaine. En comparaison, face au même problème, le spectateur idéal fait piètre figure, car il réagit de manière intemporelle, sans s'appuyer sur une expérience accumulée, et sans que son verdict puisse déterminer l'avenir.

Le recours aux règles générales s'expose toutefois à une objection. Elles sont supposées remédier au phénomène de duperie de soi tel que le comprennent Butler et Smith, c'est-à-dire à la partialité qui fait que l'évaluateur s'excepte lui-même de la circonscription concernée par son évaluation. Comment l'usage d'une règle générale, qui indique qu'il est impératif de se conduire de telle manière dans tel type de circonstances, pourrait-il remédier à la partialité qui

conduites d'agents partiaux. Smith n'aurait pas compris la distinction et l'articulation humiennes entre vertus naturelles et vertus artificielles, entre une moralité régie par la dynamique des sentiments et la coopération favorisée par des artifices sociaux (J. Mackie, *Hume's Moral Theory*, Londres, Routledge, 1980, p. 131-132). Cependant, il nous semble précisément que ce que Smith appelle « règles » n'a rien de commun avec la convention humienne. Il s'agit d'un instrument de contrôle intrapersonnel qui correspond à de bonnes résolutions éclairées par l'expérience, comparables à ce que Leibniz appelle des « règlements pour l'avenir ». Sur cette notion, voir L. Jaffro, « Weakness and the Memory of Resolutions » *in* C. Bagnoli (dir.), *Time in Action. The Temporal Structure of Rational Agency and Practical Thought*, New York, Routledge, 2022, p. 221-242. Ces règles qu'une personne endosse ne sont cependant pas individuelles, mais sociales : nous apprenons de l'expérience évaluative des autres autant que de la nôtre.

empêchait initialement l'évaluateur de se sentir concerné par la conviction qu'il avait pourtant qu'il était impératif de se conduire de telle manière dans tel type de circonstances ? Les leçons de l'expérience sont générales, consistent en des généralisations. Mais précisément, le nerf de la duperie de soi se trouve dans notre incapacité à rapporter notre jugement général à notre cas propre. Il faut donc quelque chose de plus que les règles générales pour remédier au problème pratique de la partialité.

Au moins pour les agents faibles, il est nécessaire que les règles générales, en dépit de leur plasticité relative, soient tenues pour « inviolables » et soient, littéralement, sacralisées au point que leur transgression soit considérée avec le plus grand effroi. C'est pourquoi c'est seulement au chapitre 5, qui conditionne l'autorité efficace des règles de la morale par leur assimilation à des lois de la divinité (au moins pour certaines d'entre elles), que cette difficulté est vraiment résolue. Selon Smith, pour toutes les personnes qui ne disposent pas d'un degré élevé de maîtrise de soi, les règles personnelles n'ont d'influence effective sur la conduite que pour autant qu'elles sont associées à des croyances à propos des sanctions dans un état futur telles que la crainte et l'espoir puisse motiver notre obéissance à leur égard. La représentation religieuse de la sanction qu'entraîne la transgression de ces règles a une fonction motivationnelle non négligeable[1]. La solution smithienne est, sur ce point, aux antipodes de celle qui était adoptée par les philosophes du sens moral, Shaftesbury et Hutcheson.

---

1. Même si la conception smithienne de la formation des règles générales doit quelque chose à Hume, c'est un point que ce dernier n'aurait pas pu accepter. Voir G. Remow, « General Rules in the Moral Theories of Smith and Hume », *Journal of Scottish Philosophy*, 5 (2), 2007, p. 119-134.

Elle réintroduit l'esprit « mercenaire »[1] dans la philosophie morale pour toutes les personnes qui ne sont pas des sages stoïciens, ou dont le caractère ne manifeste pas un degré élevé de prudence, donc pour le commun des mortels. Mais qu'en est-il pour les vertueux ? Nous allons examiner la gestion temporelle des prudents, puis des agents qui disposent de la vertu de maîtrise de soi.

LA PRUDENCE : UNE DISPOSITION ORDINAIRE
AU CONTRÔLE

Indépendamment de l'approbation selon l'« apparence d'utilité » que leur vaut leur qualité systématique, la plupart des vertus tiennent leur valeur morale (sont dignes d'approbation) à la fois du principe dont elles procèdent et de leurs effets. C'est pourquoi la partie VI peut les classer selon les effets : la prudence concerne le bonheur de la personne concernée ; la justice et la bienfaisance concernent le bonheur des autres. Le cas de la vertu de maîtrise de soi (*self-command*) est distinct : elle tient sa valeur morale de son seul principe, l'effort qui repose sur le sens de la propriété. Dans cette section, nous nous concentrons sur une comparaison de la prudence et de la maîtrise de soi.

Selon une description qui emprunte autant aux épicuriens qu'à Aristote (*TMS* 6, 1, 15 ; *F* 300), la prudence est la vertu de qui sait intelligemment pourvoir à ses besoins, « se procurer les moyens de satisfaire ses appétits naturels » (*TMS* 6, 1, 2 ; *F* 296) et d'éviter ce qui peut nuire à soi, d'obtenir des plaisirs, d'augmenter sa « fortune extérieure ». Parce que la fortune extérieure contribue à notre réputation en ce qu'elle est elle-même l'objet d'une

---

1. Troisième comte de Shaftesbury, *Characteristicks of Men, Manners, Opinions, Times*, trad. cit., vol. 1, p. 55.

valorisation sociale, le souci de la fortune va bien au-delà de ce qui est nécessaire au confort et est dynamisé par le souci de la réputation (*TMS* 6, 1, 3 ; *F* 296). La prudence comporte pour cette raison le soin de sa réputation. Cependant, la recherche de la fortune extérieure pourrait motiver des actions qui exposent à des risques de perte de la situation acquise. Une certaine aversion à l'égard du risque est caractéristique du prudent et est cohérente avec le souci caractéristique de son intérêt à long terme. La prudence lui recommande les efforts, le travail, la frugalité, plutôt que la prise de risque ou la spéculation inconsidérée qui pourrait faire d'une apparente victoire aujourd'hui un désastre demain. La prudence est d'abord « précaution ». Ce n'est pas non plus à n'importe quel prix que le prudent veille à sa réputation, et certainement pas au prix de la vérité ou de la sincérité. Là aussi c'est la crainte des risques inconsidérés qui pourraient mettre à mal l'intérêt du prudent qui le conduit à s'interdire les moyens employés par les charlatans, les sophistes, les imposteurs et les menteurs qui finissent généralement par être démasqués. C'est dans son propre intérêt que le prudent assure sa réputation en s'appuyant sur « la solidité de ses connaissances et de ses capacités » plutôt que sur des moyens frauduleux. Le prudent est économe de paroles autant que de dépenses superflues et sa circonspection le conduit à ne pas dire toute la vérité sans nécessité, dans les limites de son aversion à l'égard du mensonge (*TMS* 6, 1, 7-8 ; *F* 297). Il y a une forme et un degré de maîtrise de soi dans la vertu du prudent, mais elle repose bien moins sur un dépassement athlétique des passions et tentations que sur un calcul avisé de son intérêt à terme, une délibération « posée et froide » à propos des conséquences probables de ses projets (*TMS* 6, 1, 12 ; *F* 299). La prudence est aussi

« prévoyance ». Elle engage un rapport au futur qui est celui de l'épargnant ou, du moins, de qui ne s'endette pas (« *the man who lives within his income* », *TMS* 6, 1, 15 ; *F* 298) plutôt que de l'investisseur spéculatif.

C'est pourquoi cette qualité de maîtrise de soi à l'œuvre dans la prudence, si elle est bien l'objet d'une approbation et d'éloges du spectateur impartial (*TMS* 6, 1, 14 ; *F* 299), n'est pas du genre de celle qui suscite en outre l'admiration (*TMS* 6, 1, 14 ; *F* 298). Une différence entre la vertu de *self-command* d'allure stoïcienne et la disposition du prudent au contrôle de soi est que la première comporte une maîtrise directe des passions et des désirs, à laquelle le second ne paraît pas prétendre. Il y a une sorte de valeur intrinsèque attachée à la vertu de maîtrise de soi. Même si elle est valorisée aussi pour elle-même, la valeur de la prudence est en partie fonction de la valeur des fins au service desquelles elle est placée. Si être prudent, c'est savoir éviter de souffrir et savoir veiller à son propre confort, il n'y a pas matière à admiration. Cela n'empêche pas l'intelligence pratique, en tant que telle, et indépendamment de la valeur des fins poursuivies, d'être valorisée. Elle est même l'objet d'une grande indulgence quand elle est l'instrument du crime (*TMS* 6, 1, 15-16 ; *F* 300-301). Mais si la prudence est mise au service de fins politiques, supérieures en valeur en ce qu'elles concernent le bien public et non le bien privé, c'est une forme de prudence « académique ou péripatétique » (*TMS* 6, 1, 15 ; *F* 300) qui vaut bien davantage. Ici Smith a en tête le *phronimos* d'Aristote qui, tel Périclès, œuvre au bien de la cité et dont le savoir pratique a une valeur que n'a pas la prudence que l'on peut dire personnelle.

Revenons sur les principes de l'approbation de la prudence et du caractère personnel qui la manifeste. L'analyse de Smith est très concise. Sa formulation encourage l'interprétation selon laquelle la genèse du spectateur est moins dépendante d'une scission interne (selon le modèle shaftesburien du soliloque), que d'une internalisation du point de vue des autres, de sorte que ce qui tient lieu de raison ou de partie hégémonique, pour parler comme les stoïciens, est l'imagination de ce qu'un témoin désengagé pourrait lui-même concevoir. En effet, le spectateur impartial se double d'un « représentant » qui est « l'homme dans son cœur ». Le spectateur interne n'est donc pas la projection imaginaire d'une capacité rationnelle d'évaluation et de contrôle de soi qui serait naturellement constituée et déjà donnée. Il est une représentation d'un point de vue extérieur qui est, au contraire, susceptible d'une sorte d'introjection qui lui fait prendre le nom de « raison » ou de « conscience ». Quoi qu'il en soit, le point important, ici, est que les attitudes du spectateur sont de deux sortes : il y a d'un côté ce qu'il ressent, d'un autre côté ce qu'il sait ou croit. L'aspect cognitif est aussi important que l'aspect affectif. Le spectateur impartial ne ressent pas la fatigue de l'homme prudent qu'il considère, pas plus qu'il ne ressent l'attrait des avantages immédiats et la force des désirs qui les prennent pour objet. Il est affecté « presque de la même manière » par la situation présente de l'homme prudent que par sa situation future. Cependant, en même temps, il a ce savoir que l'homme prudent est attiré plus vivement par son bien proche que par son bien lointain. Bref, d'un côté le spectateur impartial échappe, du moins dans cette situation, au biais psychologique qu'est la préférence pour le présent ou plus généralement pour le proche, et d'un autre côté il sait que le caractère humain qu'il évalue est constitutionnellement soumis à un tel biais et est d'autant plus méritant s'il y remédie par sa prudence et « un exercice approprié de maîtrise de soi ».

Appelons « problème du *Protagoras* » la forme que prend la question de l'acrasie dans le *Protagoras* de Platon, où la chose est discutée sans que le nom (aristotélicien) soit employé. Comment se fait-il qu'on accomplisse l'action dont on sait qu'elle est mauvaise (*Protagoras*, 355c)? Serait-ce, comme le répétera Hume[1], parce qu'on privilégie un avantage immédiat sur un avantage à long terme (356a)? La réponse de Socrate dit la nécessité d'un art de la mesure, qui pèse les biens et les maux, les plaisirs et les peines, d'une manière temporellement indifférente (356b). Développer cet art de la mesure, c'est progresser dans la connaissance. Le sentimentalisme de Smith substitue à cette connaissance la consultation du spectateur.

Au début du chapitre 3 de la partie III, Smith réécrit sans la mentionner la discussion de Socrate et de Protagoras en y mêlant des considérations sur la « philosophie de la vision » de Berkeley. Il note l'analogie, déjà présente dans Platon (*Protagoras*, 356c), entre l'illusion naturelle qui détermine la taille apparente d'un corps par sa proximité ou son éloignement et la manière dont nous sommes énormément soucieux de ce qui nous touche personnellement, même si c'est un accident dérisoire, et n'accordons pas d'importance à ce qui concerne ceux qui nous sont étrangers. L'analogie concerne aussi la correction habituelle de l'illusion : De la même façon que nous avons appris à nous représenter notre environnement en adoptant le point de vue d'un spectateur éloigné, mieux à même d'estimer les tailles réelles des objets, de la même façon

---

[1]. « Il n'y a pas de qualité dans la nature humaine, qui cause des erreurs plus fatales dans notre conduite que celle qui nous porte à préférer ce qui est présent à ce qui est lointain et éloigné, et nous fait désirer les objets plus selon leur situation que selon leur valeur intrinsèque. » *T* 3, 2, 7, 8 (D. Hume, *A Treatise of Human Nature*, vol. 1, éd. cit., p. 345).

« l'habitude et l'expérience » nous ont appris à adopter le regard d'un tiers pour balancer nos intérêts et ceux des personnes éloignées. Cette habitude de l'imagination est tellement ancrée qu'elle est comme inconsciente et il faut toute une réflexion pour comprendre que nos estimations sont ainsi silencieusement corrigées (*TMS* 3, 3, 1-3 ; *F* 197-198). Ce point permet de répondre, d'ailleurs, à l'objection selon laquelle la théorie de Smith fait appel à des processus de réflexion et des efforts de l'imagination qui n'ont pas effectivement cette place dans une vie morale réelle qui est beaucoup plus spontanée et moins réfléchie. C'est l'analyse smithienne qui explicite le rôle crucial du recours au spectateur impartial. Ordinairement il est aussi insensible que les habitudes les plus fortement ancrées. Quoi qu'il en soit, on remarque aussi que le rôle de mesure susceptible de corriger l'illusion est assuré par le spectateur impartial. « C'est seulement en consultant ce juge intérieur que nous pouvons jamais voir ce qui nous touche dans sa forme et ses dimensions propres ou que nous pouvons jamais faire de comparaison appropriée entre nos propres intérêts et ceux des autres. » (*TMS* 3, 3, 1, 134 ; *F* 197) La mesure a pour condition nécessaire la consultation du spectateur. Cela dit, Smith ne dit pas ici que ce soit une condition suffisante. Et s'il montre que le spectateur idéal est une mesure qui corrige ce qui, sans lui, constituerait un biais constant, cela ne signifie pas qu'il constitue une solution à d'autres biais ni même qu'il en soit toujours exempt. Le recours au spectateur peut être efficace quand il s'agit spécifiquement du biais de proximité, précisément parce qu'il introduit la représentation d'une vue éloignée.

La correction du spectateur idéal ne change rien aux « sentiments passifs » de la personne concernée, qui « sont presque toujours si sordides et si égoïstes ». Et pourtant nous sommes capables d'agir sur un autre fondement. Alors que nous ne nous intéressons pas affectivement au sort des autres éloignés, nous pouvons nous y intéresser pratiquement. Comment cela ? Smith refuse d'attribuer à la bienveillance ou à toute détermination affective comme l'amour chrétien du prochain ou « l'amour du genre humain » (on reconnaît ici une disposition dont Shaftesbury faisait grand cas[1], et que les stoïciens valorisaient) le pouvoir de contrebalancer la *selfishness* de nos sentiments passifs. Ces sentiments, même bienveillants, sont entièrement soumis au biais de proximité. Il faut donc que nos « principes d'action » (*active principles*) empruntent leur générosité à une autre source. Smith le désigne comme « la raison, le principe, la conscience, l'hôte du cœur, l'homme à l'intérieur, le grand juge et arbitre de notre conduite ». Cette raison n'est pas le raisonnement sec, mais elle s'oppose bien pourtant aux déterminations affectives ou aux sentiments naturels comme la bienveillance ou le souci de son propre intérêt. Il faut plus que cela : l'amour de la « grandeur » et la « dignité » du caractère. Si Smith a choisi le terme de « raison » comme un synonyme de « conscience » ou pour désigner la même instance que le spectateur idéal, c'est qu'il estime que les bons sentiments ne peuvent pas constituer d'eux-mêmes la source de motivation de conduites de générosité qui supposent que l'on sorte de soi et que l'on adopte un point de vue non personnel, qui nous découvre que nous ne sommes qu'« un parmi la multitude ». Cela s'apprend à partir de ce que le spectateur idéal enseigne, à partir de ce que dit sa « voix » (*TMS* 3, 3, 4 ; *F* 199-200). La raison ne désigne pas une faculté distincte qui s'exercerait dans le jugement moral.

---

1. M. B. Gill, « Love of Humanity in Shaftesbury's Moralists », *British Journal for the History of Philosophy*, 24 (6), 2016, p. 1117-1135.

La raison s'exerce quand l'adoption du point de vue du spectateur instruit nos réponses sentimentales. Elle est le nom que nous donnons à ce point de vue que nous avons appris à intérioriser[1].

Il est essentiel de remarquer que le prudent ne surmonte pas en pratique le problème du *Protagoras* par l'adoption de ce point de vue. Le caractère prudent est l'objet de l'approbation du spectateur impartial, mais la représentation de son point de vue n'est pas le ressort de la prudence. C'est sans doute une différence majeure avec la maîtrise de soi du sage. Celle-ci procède directement de l'adoption d'un point de vue impartial. Le ressort de la prudence est plutôt à trouver dans le développement progressif et stable des satisfactions que permet une conduite non dépensière.

Cette interprétation est confirmée par la conclusion de la partie VI. Illustrant un pluralisme moral opposé au monisme de la bienveillance qu'on trouvait chez Hutcheson[2], Smith distingue deux sortes de vertus : d'une part, celles qui sont recommandées par des affections (*benevolent* ou *selfish*) sans que ne joue aucun rôle constitutif dans la considération « de ce que sont, devraient être, ou sous certaines conditions seraient les sentiments d'autrui » ; d'autre part, celles qui sont constituées par cette dernière considération. De la première sorte relèvent la justice, la prudence et la bienveillance. La seconde sorte est illustrée

---

1. On peut comparer la manière dont, pour Hume, le rationalisme moral prend à tort pour un effet de la raison ce qui est en réalité un effet d'une « passion calme », et la manière dont, pour Smith, il est inévitable de confondre le spectateur intérieur avec ce que les philosophes appellent la raison.

2. M.B. Gill, « Moral Pluralism in Smith and his Contemporaries », *Revue internationale de philosophie*, 269 (3), 2014, p. 275-306. Voir aussi A. Sen, « La prudence chez Adam Smith », *Mouvements*, 23 (4), 2002, p. 110-117.

exclusivement par la vertu de *self-command*. Ou pour dire les choses autrement, la maîtrise de soi est la seule vertu qui est presque exclusivement recommandée par le sens de la propriété, donc par « la considération des sentiments du supposé spectateur impartial » (*TMS* 6, Conclusion, 1-2 ; *F* 358). Le rôle de la considération ou « supposition » du spectateur impartial n'est pas le même dans les deux cas. Dans le premier cas, il intervient bien, même dans le cas de la prudence, mais de manière seulement régulatrice. Dans le second cas, c'est de manière constitutive. Pas de vertu de maîtrise de soi sans considération des sentiments du spectateur impartial. Dans le premier cas, le spectateur impartial est consulté comme une instance d'évaluation. Dans le second cas, il est l'instance de contrôle des passions. Car la forme de maîtrise de soi qui caractérise la prudence ne repose pas sur un contrôle des passions. La prudence peut certes les contenir en différant leur satisfaction, mais c'est, si l'on peut dire, reculer pour mieux sauter (*TMS* 6, Conclusion, 3-4 ; *F* 359).

> La considération pour ce que sont, ou pour ce que devraient être, ou pour ce que seraient sous certaines conditions les sentiments des autres est l'unique principe qui dans la plupart des occasions force le respect [*overawes*] de toutes les passions rebelles et turbulentes afin qu'elles prennent le ton et la mesure qui permettent la compréhension et la sympathie du spectateur impartial. (*TMS* 6, Conclusion, 2 ; *F* 359)

En comparaison, la maîtrise prudentielle de soi ne passe pas par ce processus de modération des passions sous l'effet de l'anticipation des sentiments du spectateur impartial. La colère « peut être contenue de manière très appropriée par des considérations prudentielles », ce qui implique « un certain effort [*exertion*] de résolution virile [*manhood*] et de maîtrise de soi », qui ne donne lieu cependant qu'à l'« estime froide » du spectateur impartial et non à son « admiration fervente » (*TMS* 6, Conclusion, 5 ; *F* 360). Le spectateur impartial est capable de transports enthousiastes, mais ils ne sont pas suscités par le spectacle d'un contrôle prudentiel qui ne consiste pas vraiment à dompter les passions par le seul sens de la propriété, mais à compter avec elles et à éviter de manière peu héroïque leurs inconvénients. Le spectateur impartial approuve les vertus de prudence, de justice et de bienfaisance parce qu'il en apprécie les « effets ». Smith rapporte ainsi l'appréciation de ces vertus-là à un sens de leur « utilité » qui s'ajoute à leur propriété. Ici, l'utilité est encore à entendre comme l'« apparence d'utilité ». Il s'agit moins d'une évaluation conséquentialiste des vertus que d'une autre application de l'amour des systèmes[1]. À l'inverse, la vertu de maîtrise de soi est approuvée essentiellement pour sa propriété (*TMS* 6, Conclusion, 6-7 ; *F* 360-361).

Dans l'analyse de la vertu de bienfaisance telle qu'elle s'exerce à l'égard d'une société, notamment dans l'amour de son pays, Smith fait référence au rôle que joue le spectateur impartial d'une manière qui peut paraître ambiguë, mais qui gagne à être interprétée de la même façon.

---

1. La vertu de *self-command*, superlative, est essentiellement admirable par le tour de force que constitue la maîtrise de ce qui, à première vue, échappe à tout contrôle volontaire, les passions. Certaines formes et gradations inférieures du contrôle de soi peuvent susciter l'admiration non pas essentiellement, mais par leur systématicité (c'est le cas de la prudence) ou un effet de difficulté surmontée (c'est le cas de la bienfaisance sacrificielle). Voir *supra*, p. 111, n. 1. Merci à Ecem Okan de son interrogation sur ce point.

> Le patriote qui renonce à sa vie pour la sûreté, ou même pour la vaine gloire de cette société, paraît agir de la manière la plus exactement appropriée. Il paraît se considérer lui-même sous le jour sous lequel le spectateur impartial le considère naturellement et nécessairement, comme n'étant qu'un individu parmi la multitude, n'ayant aux yeux de ce juge équitable pas plus d'importance qu'aucun autre, mais tenu à tout moment de se sacrifier et de se dévouer à la sûreté, au service et même à la gloire du plus grand nombre. (*TMS* 6, 2, 2, 2 ; *F* 317)

La conduite du patriote n'est en réalité pas gouvernée par l'adoption du point de vue du spectateur impartial. Elle est objectivement en accord avec ce point de vue, mais n'a pas besoin de l'être subjectivement. Le rôle du spectateur impartial est ici limité à l'instance d'approbation, ou plus exactement, en l'occurrence, d'admiration puisque l'approbation s'accompagne dans ce cas de la surprise de la difficulté surmontée[1].

LA MAÎTRISE DE SOI : À HAUT DEGRÉ, UNE DISPOSITION EXTRAORDINAIRE

La vertu de maîtrise de soi diffère profondément des autres vertus que sont la prudence, la justice et la bienveillance, sous plusieurs aspects : par son objet, par ses principes, et en conséquence par la valeur qui lui est accordée.

Alors que l'objet de la prudence, de la justice et de la bienveillance est la préservation ou la promotion de l'intérêt des personnes et des groupes, sous une forme ou une autre, l'objet de la maîtrise de soi est l'effectivité

---

1. Sur cette notion, voir D. Deleule, « Adam Smith et la difficulté surmontée », *in* A. Smith, *Essais esthétiques*, trad. fr. P.-L. Autin, I. Ellis, M. Garandeau, P. Thierry, Paris, Vrin, 1997, p. 15-33.

et la constance dans la pratique des résolutions liées aux vertus précédentes. En cela, le *self-command* est une vertu qui parachève les autres vertus, une vertu de second ordre puisque son objet est leur mise en œuvre effective et durable. Prudence, justice et bienveillance pâtissent potentiellement d'un problème d'effectivité qui n'est pas visible tant que leur exercice n'est pas contrarié par des passions. Ces vertus sont fragiles dans cette mesure. Un des effets les plus spectaculaires d'un contexte passionnel « chaud » est d'induire des phénomènes d'incohérence de l'action par rapport à la politique du prudent, du juste ou du bienveillant. Il s'agit notamment d'une incohérence temporelle, d'une forme diachronique de faiblesse de volonté.

> Agir selon les décrets de la prudence, de la justice et de la bienfaisance appropriée paraît n'avoir pas de grand mérite là où il n'y a pas de tentation d'agir autrement. Mais agir en délibérant froidement au milieu des difficultés et des dangers les plus grands ; observer religieusement les règles sacrées de la justice en dépit à la fois des plus grands intérêts qui pourraient nous tenter et des plus grands torts qui pourraient nous inciter à les violer ; ne jamais laisser la bienveillance de notre tempérament être abattue ou découragée par la méchanceté et l'ingratitude des individus envers lesquels elle a pu être exercée ; c'est le caractère de la sagesse et la vertu les plus hautes. La maîtrise de soi n'est pas seulement elle-même une grande vertu, mais c'est d'elle que toutes les autres vertus paraissent dériver leur éclat principal. (*TMS* 6, 3, 5 ; *F* 335)

Un degré très élevé de maîtrise permet d'exceller dans l'observation des règles morales. Cela ne signifie pas qu'il soit une condition nécessaire de cette observance.

La question pratique par excellence n'est pas celle de savoir s'il est bon d'être prudent, juste ou bienveillant, mais de savoir si et comment nous pouvons l'être dans des moments les moins favorables (comme ceux de l'approche de la mort, du danger, de la torture – *TMS* 6, 3, 5 ; *F* 332), bien éloignés de ceux de la réflexion calme.

> L'homme qui agit selon les règles de la prudence parfaite, de la justice stricte, et de la bienveillance appropriée, peut être dit être parfaitement vertueux. Mais la connaissance la plus parfaite de ces règles ne le rendra pas à elle seule capable d'agir de cette manière ; ses propres passions sont très susceptibles de l'égarer ; parfois de l'entraîner et parfois de le séduire en sorte qu'il viole toutes les règles qu'il a lui-même approuvées dans ses moments tempérés et calmes. La plus parfaite connaissance, si elle n'est pas soutenue par la maîtrise de soi la plus parfaite, ne le rendra pas toujours capable de faire son devoir. (*TMS* 6, 3, 1 ; *F* 331)

Il faut en conclure qu'une connaissance des règles générales ne suffit pas à résoudre en pratique le problème d'incohérence temporelle. Est nécessaire le développement de dispositions au respect de ces règles, qu'il s'agisse de dispositions proprement morales – la vertu de maîtrise de soi – ou d'habitudes non nécessairement morales, comme celles que l'on nourrit sous l'aiguillon de la crainte et de l'espoir ou en vertu de croyances habituelles dans le caractère sacré des règles, qui suscitent la « révérence » à leur égard (*TMS* 3, 4, 12).

Les passions se répartissent en deux catégories, selon que leur empire sur l'action relève de la compulsion (elles « entraînent », et il est nécessaire et difficile de les contrôler même un moment) ou de la persuasion (elles « séduisent », et il est assez facile, mais très insuffisant de les contrôler dans le moment).

La connaissance des règles ne suffit pas pour agir conformément à elles précisément parce que les passions peuvent prendre les commandes de l'action et que, en comparaison, les règles par elles-mêmes sont impuissantes. Il s'agit ici, à l'évidence, d'une variation sur le thème humien de l'influence des passions et de l'impuissance de la raison.

Alors que les principes des autres vertus se trouvent dans les « recommandations » de la nature, c'est-à-dire dans la manière dont nous sommes naturellement constitués – que nous pouvons certes perfectionner par l'exercice, l'habitude et même le raisonnement et l'institution de « règles » –, le ressort essentiel de la maîtrise de soi se trouve dans l'adoption du point de vue du spectateur impartial. Ici son rôle n'est pas simplement épistémique ou régulateur, mais constitutif. Bien sûr, la consultation du spectateur impartial aide la prudence, la justice et la bienveillance, parce qu'elle apporte une conscience de la valeur, une conscience du fait que l'approbation est méritée, qui les consolide. Mais il n'est pas impossible d'imaginer un monde de prudence, de justice et de bienveillance sans consultation du spectateur impartial. Dans la description de Smith, en revanche, l'adoption du point de vue du spectateur impartial est une condition nécessaire, et même constituante, de la maîtrise de soi. On est alors tenté fortement d'attribuer au spectateur impartial le pouvoir magique de produire le *self-command*, à la manière dont les stoïciens pensaient que la maîtrise de soi était l'effet du pouvoir de la raison en nous, ou de la partie « hégémonique » qui est en nous une parcelle de la divinité. Mais c'est sans doute faire fausse route. De manière générale, on sait que Smith a reconsidéré son admiration pour le stoïcisme et que cela s'est traduit par d'importants réaménagements dans la sixième édition de *La Théorie*[1]. Bien que Smith ne pousse pas vraiment plus loin l'analyse, certains éléments de sa description permettent de penser qu'il n'y a rien de magique ici et que l'empire sur soi-même est quelque chose qui s'obtient par des moyens dont la spécification est possible et nécessaire. Le fait que Smith émette des réserves à l'égard de la pertinence, pour les sociétés européennes de son temps, de l'idéal stoïcien d'un degré extrême de maîtrise de soi ne doit pas conduire à la conclusion qu'il déprécie la maîtrise de soi au profit de la prudence[2]. Un degré important de maîtrise de soi demeure un objet d'admiration dans les sociétés contemporaines de Smith. Sur le plan théorique, la disposition à la maîtrise de soi et les degrés de son développement jouent un rôle important dans la théorie de la sympathie mutuelle[3].

Prenons l'exemple de la maîtrise de la colère (« *the command of anger* »). L'indignation juste « n'est rien d'autre qu'une colère contenue et adoucie de manière

1. Sur ce sujet, voir notamment V. Brown, « The Impartial Spectator and Moral Judgment », *Econ Journal Watch*, 13 (2), 2016, p. 232-248.

2. Voir M. Bee et M. Pia Paganelli, « Adam Smith, Anti-Stoic », *History of European Ideas*, 45 (4), 2019, p. 572-584. Les auteurs ont raison de contester l'interprétation néostoïcienne de *La Théorie* et de souligner que le *self-command* n'est pas la vertu centrale dans les sociétés commerçantes. Mais la considération de la gradualité de la maîtrise de soi conduit à ne pas estimer que ses formes élevées conviennent seulement à une éthique des « sauvages » ou à des situations belliqueuses. De plus, Smith n'oppose pas les conditions de vertus comme l'humanité et celles de la vertu de maîtrise de soi. L'acquisition des vertus aimables facilite l'acquisition des vertus respectables, à condition qu'on ne soit pas dans une situation d'aisance et de conforts complets (*TMS* 3, 3, 36-37).

3. Sur la sympathie mutuelle, voir l'analyse de M. Biziou. « Kant et Smith, critiques de la philosophie morale de Hume », art. cit.

appropriée à un niveau dans lequel le spectateur impartial peut entrer » (*TMS* 6, 3, 9 ; *F* 334). Mais comment faire pour contenir et adoucir la colère ? La définition de l'indignation juste ne l'explique pas et la réponse ne se trouve pas dans une analyse conceptuelle du *self-command*. Certes, on comprend que la sympathie réciproque est une condition nécessaire du contrôle des passions, mais elle ne paraît pas en être une condition suffisante. Bien au contraire, il semble que pour que le spectateur puisse sympathiser avec la personne concernée, il faut que cette dernière ait déjà modéré ses passions. Dira-t-on que c'est l'*anticipation* de cette sympathie qui permet à la personne concernée de les modérer ? Cette anticipation fixe un cap, mais il est douteux qu'elle suffise à produire cette modération. On peut formuler cette difficulté de la manière suivante :

– Les vertus de prudence, justice et bienfaisance sont des dispositions qui donnent lieu à l'approbation du spectateur impartial.

– Ces vertus supposent, pour être effectives, une modération des passions.

– La vertu de la modération des passions donne aussi lieu à l'approbation, et même à l'admiration du spectateur impartial, mais en outre elle suppose l'adoption du point de vue du spectateur impartial.

– Pour que cette adoption suffise à modérer les passions, il semble qu'il faille que la vertu de modération des passions comporte un pouvoir de les commander.

– Or nous ne disposons pas d'un tel pouvoir et le spectateur impartial non plus.

Pour dire les choses de manière plus concise encore, la maîtrise de soi semble supposer que le spectateur impartial ne soit pas qu'un spectateur, ce qui est pour le moins problématique.

Smith distingue deux formes de modération de la colère. L'indignation juste, qui sous sa plume paraît être la même chose que « *the most perfect propriety of resenting* », et le pardon. À propos de ce dernier, Smith écrit :

> Quand le parti de l'offenseur a reconnu comme il convient ses torts, ou, même sans cette reconnaissance, quand l'intérêt public exige que les plus grands ennemis mortels s'unissent dans l'accomplissement d'un devoir important, l'homme qui peut se défaire de toute animosité et agir avec confiance et cordialité à l'égard de la personne qui l'a offensé de la manière la plus grave paraît mériter justement notre plus haute admiration. (*TMS* 6, 3, 9 ; *F* 334)

Ici Smith suit Butler dans la caractérisation du pardon comme dépassement du *resentment* vindicatif[1]. Mais le point est que cet exemple de modération de la colère ne donne absolument aucune indication sur la manière dont on peut « se défaire de toute animosité ». Bien plus, le rôle du spectateur semble rester ici celui d'un admirateur passif.

La valorisation de la maîtrise de soi est à proportion de la prouesse que constitue la modération des passions. Sa « beauté » est double : en vertu de l'apparence d'utilité de cette disposition qui nous permet de mettre en œuvre la prudence de manière constante ; intrinsèque, par le mérite de l'effort qu'elle implique. Dans le premier cas, c'est la persévérance dans la durée qui est admirée, dans les vertus de « tempérance, décence, modestie, modération » (*TMS* 6, 3, 13 ; *F* 336) ; dans le second cas, c'est la force

---

1. J. Butler, *Fifteen Sermons Preached at the Rolls Chapel and Other Writings on Ethics*, éd. cit., p. 76.

qu'implique la magnanimité ou l'égalité d'âme dans les grandes épreuves. Cette distinction entre la beauté liée à l'apparence d'utilité du *self-command* et sa beauté intrinsèque est superposable à la distinction entre les deux sortes de passions, celles qui séduisent dans la durée (et qui appellent un contrôle diachronique au-delà du contrôle instantané qui, dans leur cas, est facile), comme « l'amour du confort, du plaisir, des applaudissements, et autres gratifications égoïstes », et celles qui entraînent dans l'instant et qu'il est difficile de contrôler même provisoirement, comme la colère et la crainte (*TMS* 6, 3, 2-4 ; *F* 331-332). Cette double beauté n'est pas simplement dérivée de la valeur morale des vertus dont la maîtrise de soi permet l'effectivité. Car nous admirons la maîtrise de la crainte également chez le criminel qui la manifeste sur l'échafaud (*TMS* 6, 3, 6 ; *F* 333). Car cette vertu peut être mise au service de fins non morales et même immorales, en particulier sous sa forme de répression des passions violentes (*TMS* 6, 3, 12-13 ; *F* 335-336).

Tandis que, dans la tradition aristotélicienne, c'est la prudence qui met en musique la moralité, selon Smith c'est la maîtrise de soi qui a cette fonction architectonique sur le plan théorique. Et en cela Smith suit les stoïciens, comme cela a été souvent observé. Cependant on doit être circonspect sur deux points. L'entreprise de Smith est essentiellement descriptive, même dans la partie VI qui porte sur la nature des vertus et ainsi sur la « pratique » plutôt que la « théorie » (*TMS* 7, 3, Introduction, 3). Les pratiques normatives sont l'objet de cette description et non pas ce qui la gouverne. Du point de vue de l'auteur, ce n'est pas lui qui insiste sur la valeur remarquable de la maîtrise de soi, ce sont les interactions sociales et la vie morale ordinaire. En un sens, c'est l'expérience et non le philosophe qui est en quelque façon « stoïcienne ». Ensuite, il y a une différence majeure entre l'idéal stoïcien de maîtrise de soi et ce dont parle Smith. Selon le Portique, la maîtrise de soi consiste dans la disposition à contrôler ses représentations et, par là, ses passions. Selon Smith, la maîtrise de soi consiste dans la disposition à contrôler ses passions, mais la manière dont ce contrôle est obtenu diffère de la conception stoïcienne traditionnelle en ce que celle-ci la rapportait entièrement à la capacité intellectuelle, et même de nature « logique », à discipliner les représentations. La maîtrise de soi à la stoïcienne est une vertu indiscernablement intellectuelle et éthique ; elle consiste dans l'habileté à débusquer l'erreur et l'illusion dans nos opinions et nos passions. Le *self-command* dont parle Smith est une disposition essentiellement pratique dont le ressort n'est pas une maîtrise de nature intellectuelle.

Revenons un instant sur le mystère apparent de la maîtrise de soi. Si elle consiste à modérer voire réprimer les passions, la question est : mais comment diable pouvons-nous le faire ? Comment le *self-command* pourrait-il accomplir ce que la prudence, la justice et la bienveillance ne parviennent pas à faire, à savoir se mettre à l'abri de la compulsion ou de la persuasion passionnelle ? Répondre à ces questions en invoquant la puissance de la maîtrise de soi, c'est se payer de mots et confondre l'*explanans* et l'*explanandum*. Lorsque nous disons d'une personne qu'elle manifeste de la maîtrise de soi, nous décrivons la manière dont elle se conduit : elle évite notamment l'incohérence temporelle, la faiblesse de volonté. Mais nous ne disons absolument rien de la manière dont elle y parvient. La théorie sentimentaliste ne peut pas s'en

remettre aux facilités du discours sur l'autorité de la raison
relativement aux passions. La solution est donnée dans
les exemples, comme souvent dans *La Théorie*. On voit
comment, à la guerre, la crainte de la mort, usuellement
incontrôlable, est fortement diminuée par les effets de
familiarisation et de fréquentation (*TMS* 6, 3, 7 ; *F* 333-
334). Ici, le ressort véritable est l'habitude, et sans doute
aussi la conscience de la dévalorisation d'un caractère
craintif, qui peut donner lieu à la honte.

Mais il est d'autres passions dont la phénoménologie
est telle, notamment par leur temporalité, que l'habituation
n'y peut pas grand-chose, et dont la discipline ne peut
pas non plus s'appuyer sur les ressources de la honte, car
elles sont parfois valorisées, à la différence de la crainte.
Il en va ainsi de la colère – dont la maîtrise est un enjeu
majeur pour l'effectivité de la vertu de justice. Comment
la contrôler alors ? Sans doute par une autre passion, et
en l'occurrence, par la crainte. « La crainte est contraire
à la colère, et elle est souvent le motif qui la contient »
(*TMS* 6, 3, 10 ; *F* 334).

Cependant le recours à ce remède, traditionnel, qui
consiste à modérer une passion par une autre, est susceptible
d'être affecté par les valorisations sociales :

> Les mœurs modernes qui, en approuvant la pratique
> du duel, peuvent être dites en certains cas encourager
> la vengeance privée, contribuent peut-être beaucoup à
> rendre, dans les temps modernes, la répression de la colère
> par la crainte de quelque chose d'encore plus méprisable
> qu'il ne le paraîtrait autrement. Il y a toujours quelque
> chose de valorisé [*something dignified*] dans la maîtrise
> de la crainte, quel que soit le motif sur lequel elle est
> fondée. Il n'en va pas ainsi avec la maîtrise de la colère.

> À moins qu'elle ne soit entièrement fondée sur le sens
> de la décence, de la dignité et de la propriété, elle n'est
> jamais parfaitement agréable. (*TMS* 6, 3, 10 ; *F* 335)

Ce développement permet de mieux comprendre les relations entre la vertu de maîtrise de soi, le spectateur idéal (c'est-à-dire l'idée d'un spectateur impartial) et l'habituation. Smith décrit le caractère de qui a été éprouvé par la vie militaire ou d'autres expériences de l'adversité. Ce contexte littéralement hostile l'a contraint à ne pas quitter des yeux le spectateur idéal. Sans aucun doute, il a été aidé à apprendre à contrôler ses « sentiments passifs » par le regard de ses compagnons d'armes. Mais l'essentiel est de comprendre que la pression des circonstances l'amène à concentrer son attention sur le spectateur idéal, de sorte que la représentation de ce qui est attendu de lui devient habituelle et motive sa conduite et l'ensemble de ses attitudes, jusqu'à sa manière de sentir.

> C'est dans une pratique constante et, certes, sous une
> nécessité constante, qu'il a modelé ou s'est efforcé de
> modeler non seulement sa conduite et son comportement
> extérieur, mais, autant qu'il le peut, même ses dispositions
> et ses sentiments intérieurs, d'après ceux de ce juge
> sublime et digne de respect [*aweful and respectable*].
> (*TMS* 3, 3, 25 ; *F* 211)

L'habitude de l'imagination, jointe à l'exercice répété que comporte la vie militaire, permet le contrôle progressif et indirect (c'est-à-dire non à volonté, mais par la médiation d'une révision des représentations et d'un entraînement pratique) des « sentiments passifs », accomplissant un changement dont même la disposition bienveillante la plus pure est d'elle-même incapable. Smith poursuit en utilisant le vocabulaire de l'identification personnelle –

non le substantif, mais les tournures verbales du type *to identify oneself with* qui sont alors nouvelles :

> Ce n'est pas qu'il affecte simplement les sentiments du spectateur impartial. C'est réellement qu'il les adopte. Il s'identifie presque avec lui, il devient presque lui-même ce spectateur impartial, et c'est à peine s'il sent même autre chose que ce que le grand arbitre de sa conduite l'amène à sentir. (*Ibid.*)

C'est l'ensemble constitué par l'identification imaginaire au spectateur impartial et l'habituation qu'induit l'exercice répété qui produit la modification des sentiments et, à terme, l'effet stable qu'est la maîtrise de soi. Le vocabulaire de l'identification, dont l'apparition est fascinante et tardive, dans les réaménagements pour la sixième édition de *La Théorie* – Smith a enfin le mot technique qui lui permet de nommer cette opération –, appelle une explication[1]. N'y aurait-il pas une certaine confusion dans le propos de Smith, puisqu'il insiste aussi, ailleurs, sur l'altérité qui est essentielle au spectateur ? Ce qui fait son impartialité n'est pas une qualité morale supérieure, mais sa situation de tiers, son altérité par rapport à la personne concernée. Le spectateur est une autre personne. Du point de vue de l'identité personnelle, si j'étais identique au spectateur, il ne serait plus un spectateur et certainement pas un spectateur impartial. C'est pourquoi il faut introduire une autre notion d'identité, que nous avons appelée « identité pratique » et qui suppose bien plus que l'imputabilité des actions et des expériences à travers le temps, à savoir la

---

1. L'*Oxford English Dictionary* fait remonter son usage, non à Smith, mais à Edmund Burke (1780). C'est certainement alors un néologisme. Il apparaît dans la traduction anglaise du second *Discours* de Rousseau en 1761.

constitution d'un style relativement stable de sentiments, de préférences, d'opinions, consolidés par des habitudes.

Sans gymnastique régulière, le recours au spectateur est inefficace. Heureusement, il n'est pas indispensable dans la discipline morale effective d'agents qui disposent d'un degré limité de maîtrise d'eux-mêmes. Ils ont à leur disposition toute une panoplie d'instruments, depuis le sens du devoir – les règles générales avec les incitations affectives qui accompagnent la croyance en leur caractère sacré – jusqu'à une diversité de vertus qu'ils peuvent mobiliser à des degrés variés, qui n'ont pas nécessairement à être superlatifs pour être efficaces. Avec une telle abondance de moyens, ils n'ont aucune excuse, en tout cas pas celle de la corruption du sens moral, ni celle de l'empire d'un amour-propre excessif.

LES SENTIMENTALISMES ANCIENS
ET NOUVEAUX

QU'EST-CE QU'ÊTRE SENTIMENTALISTE ?

Le sentimentalisme, sous plusieurs formes, connaît une renaissance dans la philosophie morale contemporaine. Une fois laissée de côté sa forme subjectiviste extrême, selon laquelle les valeurs ne sont rien d'autre que ce que valorisent des individus à leur guise et sans autre condition, on considère souvent, aujourd'hui, qu'un sentimentalisme plus plausible prend la forme d'une approche des valeurs en termes d'attitudes appropriées. Selon cette approche, dont on dit qu'elle a été inaugurée par Franz Brentano, *x* a telle valeur si et seulement si *x* est l'objet de telle attitude correcte de valorisation. Pour que cette théorie puisse être dite sentimentaliste, il faut au minimum que l'attitude en question soit affective. Comme Franz Brentano soutenait aussi une thèse de ce genre en faisant de l'aimable ce qui est l'objet d'un amour correct, on lit sous les meilleures plumes qu'il était lui-même un néosentimentaliste[1]. Amartya Sen et Philip Pettit ont aussi soutenu que l'approche par les

1. C. Tappolet, « Les sentimentalismes moraux », dans O. Desmons, S. Lemaire, P. Turmel (dir.), *Manuel de métaéthique*, Paris, Hermann, 2019, p. 164-165.

attitudes appropriées a une origine plus ancienne dans *La Théorie des sentiments moraux*[1].

Notre interprétation conduit à contester que le sentimentalisme de Smith soit une forme d'une approche en termes d'attitudes appropriées, alors même qu'il partage certains présupposés d'une telle conception. Sa place dans l'histoire du sentimentalisme est au côté de Hutcheson et Hume, et non de Brentano et ses successeurs. Pourtant, il peut être instructif de déterminer par quels aspects Smith se rapproche de ce genre de théorie aujourd'hui en grand renouveau ; nous espérons que notre analyse permette aussi de saisir de manière distincte ce que le sentimentalisme de Smith a de spécifique.

L'usage de l'étiquette « sentimentalisme » est évidemment conventionnel. On pourrait l'employer de manière extrêmement libérale, en l'appliquant à n'importe quelle sorte de théorie qui prend pour guide l'examen des attitudes affectives afin de rendre compte de notre connaissance des valeurs ou de leur existence, ou de l'illusion dans laquelle nous nous trouverions à leur sujet. On pourrait l'employer de manière très restrictive pour désigner la forme brute de subjectivisme qui soutient que *x* a telle valeur si *x* est de fait l'objet d'un sentiment d'approbation (ou de désapprobation)[2]. Une voie moyenne

---

1. Voir *supra*, p. 21, n. 3. Selon Pettit, Smith comprend les exigences de la morale comme des « exigences de justifiabilité » aux yeux d'autrui, ce qui le situerait « clairement » dans la même famille que Scanlon, qui adopte des méthodes pleinement normatives et identifie la propriété d'être moralement mauvais (*wrong*) à l'injustifiabilité devant les autres (P. Pettit. « Substantive Moral Theory », art. cit., p. 17-18, citant T. M. Scanlon, *What We Owe to Each Other*, *op. cit.*).

2. Le subjectivisme est remis à l'ordre du jour par J. Prinz, *The Emotional Construction of Morals*, Oxford, Oxford University Press, 2007. Hume affirmait que « déclarer vicieuse une action ou une

est sans doute préférable, car il y a en effet une variété de
formes de sentimentalisme, qui ont cependant une unité.

Reconstituons à gros traits ce qu'est le sentimentalisme.
Selon ses adeptes, les états affectifs jouent le premier rôle
dans la formation des jugements évaluatifs. En elle-même,
cette caractérisation ne dit rien de la nature de ces états. En
particulier, elle ne dit rien de la présence ou de l'absence
d'une dimension cognitive dans les émotions, sentiments,
désirs et passions qui sont diverses sortes d'états affectifs.
C'est pourquoi un auteur qui réduit les états affectifs à des
analogues de la sensation, à des *feelings*, pourra être dit
sentimentaliste, en ce sens, ni plus ni moins qu'un auteur
qui en fait plutôt des analogues de la perception, voire du
jugement, et leur attribue une structure plus complexe, du
moment que l'un et l'autre s'accordent sur le fait que les
états affectifs jouent le premier rôle. Une théorie qui fait
des sentiments des sortes de perceptions de valeur peut
être dite sentimentaliste alors même qu'elle s'accompagne
d'un réalisme des valeurs difficilement compatible avec
d'autres versions du sentimentalisme[1].

---

personnalité » revient à exprimer qu'on a un *feeling or sentiment of blame*
à leur considération (*T* 3, 1, 1, 26 ; D. Hume, *A Treatise of Human Nature*,
vol. 1, éd. cit., p. 309). Ce passage a suscité les railleries de Thomas Reid,
qui l'a interprété comme une thèse sémantique à propos des jugements
moraux, alors qu'il s'agit plutôt d'une thèse analytique. Hume ne veut pas
dire que les jugeurs se contentent de faire référence à leurs sentiments,
mais que leurs jugements doivent être analysés comme des expressions
de sentiments. Voir L. Jaffro, « What is Wrong with Reid's Criticism of
Hume on Moral Approbation », art. cit.

1. Sur cette sous-détermination de l'épistémologie et de l'ontologie
du sentimentalisme, voir C. Tappolet, « Les sentimentalismes moraux »,
dans O. Desmons, S. Lemaire, P. Turmel (dir.), *Manuel de métaéthique*,
op. cit., p. 175-177.

Nous disons « le premier rôle », et non pas seulement un rôle très important, ni même crucial, car un auteur qu'on s'accorde à considérer comme non sentimentaliste, Thomas Reid, a soutenu une théorie du jugement évaluatif qui fait jouer un rôle très important à des *feelings* de plaisir et de peine, d'une part, et d'autre part à des attitudes affectives envers l'agent comme l'admiration, la gratitude, l'estime, etc. Selon Reid, des états affectifs sont une des composantes du jugement évaluatif, au côté d'états cognitifs (de croyances). Il estime même que dans l'usage du terme *sentiment* conforme à la langue anglaise de son temps, que Hume transgresse, il signifie « un jugement accompagné de sensation »[1].

Cette première caractérisation recouvre nécessairement une grande diversité de sentimentalismes puisqu'elle convient aussi bien à des théories qui ciblent certains états affectifs particuliers comme étant ceux qui jouent le premier rôle et à des théories qui attribuent ce rôle à des états affectifs de toute sorte. Les théories du premier genre se distinguent nécessairement entre elles, selon la caractérisation de ces états particuliers. Par exemple, un sentimentaliste peut donner le premier rôle à la culpabilité et à la colère[2]. Un autre, à la manière de Hutcheson, à des sentiments spécifiques de plaisir et peine. Un troisième, à l'amour et à la haine, ou, comme c'est le cas chez Hume,

---

1. T. Reid, *Essais sur les pouvoirs actifs de l'homme*, trad. cit., p. 376.
2. A. Gibbard, *Sagesse des choix, justesse des sentiments. Une théorie du jugement normatif*, trad. fr. S. Laugier, Paris, PUF, 1996, p. 59, 65. Selon l'auteur, qui fait sur ce point référence à Adam Smith, mais en se dispensant du recours au spectateur impartial, les normes morales sont des normes de la rationalité de la culpabilité et du *resentment*. On estime rationnelle une attitude dans la mesure où on accepte les normes qui la prescrivent.

à des sentiments qui leur ressemblent ou auxquels ces « passions » sont associées. Et un autre sentimentaliste – Adam Smith – dira qu'il n'y a pas de liste préétablie et limitative de ces états affectifs.

Une fois admis le principe d'une grande variété de formes possibles de sentimentalisme, une question est de savoir où se situent les limites à son extension. Elles tiennent certainement à la thèse négative, qui cantonne la raison ou le raisonnement dans un rôle secondaire, plus ou moins mineur. C'est manifeste dans le sentimentalisme originel. Ses promoteurs au XVIIIᵉ siècle ont employé en faveur de leur thèse à la fois des arguments psychologiques, de nature empirique, et des arguments conceptuels. Un argument psychologique, que partage aussi Adam Smith, est que l'on constate que l'évaluation opère si immédiatement qu'elle ne laisse aucune place à la réflexion sur les conséquences et aux considérations d'intérêt[1]. Par suite, on ne voit pas comment un raisonnement ou une délibération pourrait intervenir dans l'évaluation, ce qui conduit à évacuer la thèse rationaliste.

Cet argument n'est pas le plus solide, car on peut faire observer (1) que c'est un fait que certaines évaluations impliquent une délibération et (2) qu'il ne suffit pas à évacuer un rationalisme intuitionniste, qui attribuerait à la raison la capacité d'une saisie immédiate.

Hume propose un argument conceptuel : la raison est un ensemble d'idées ou représentations ; or les idées ou représentations laissent les actions, et plus généralement le monde, en l'état, et n'exigent pas d'eux qu'ils changent.

---

1. Le « système de la sympathie » (*TMS* 7, 3, Introduction, 2 ; *F* 423) fait partie d'une famille, certes diversifiée, de doctrines qui font de l'évaluation morale « entièrement l'effet d'un sentiment et *feeling* immédiat » (*TMS* 7, 3, 3, 17 ; *F* 419).

C'est pourquoi la raison ne peut pas avoir l'influence motivationnelle qui caractérise les évaluations morales. Il ne reste à en rendre compte que par les sentiments, ou plus précisément par des sentiments auxquels la raison peut s'associer.

En limitant le rôle de « la raison », Hume a aussi clairement limité le rôle des raisons. Bien qu'on ne puisse identifier purement et simplement à Hume le personnage qui parle dans son essai « Le sceptique », on peut supposer qu'il exprime des vues que Hume assume ailleurs en son nom propre sous des formes plus nuancées :

> Pour diminuer ou accroître la valeur qu'on accorde à un objet, pour stimuler ou modérer ses passions, il n'y a pas d'arguments ou de raisons directes qui puissent être employées avec quelque force ou quelque effet[1].

C'est ici que se situe l'antirationalisme de cette position : en sapant l'autorité des raisons en matière pratique (mais aussi en matière doxastique, ce qui est une autre histoire[2]), le scepticisme assigne la raison à un rôle ancillaire. Absent, par exemple, de l'allemand (les raisons y sont des *Gründe*), le lien entre *la raison* et *les raisons* ne saute pas toujours aux yeux, même s'il est lexical dans les langues latines, mais aussi en anglais qui, avec *reasons* les suit en l'espèce[3]. Le lien est profond parce que la raison est la capacité de juger et d'argumenter et les raisons sont des

---

1. D. Hume, « Le sceptique », dans *Essais et traités sur plusieurs sujets*, trad. cit., vol. 1, p. 218.

2. Sur le sentimentalisme appliqué aux croyances, voir L. Jaffro, « Inactivité de la raison et influence du sentiment : de la métaéthique humienne au point de vue architectonique », *Revue internationale de philosophie*, 263 (1), 2013, p. 63-80.

3. L'anglais dispose aussi de *grounds*, qui, sur le modèle germanique, ne présente pas cette continuité sémantique. Ce terme avait la faveur de John Locke. Sur le vocabulaire de Smith, voir *supra*, p. 19, n. 3.

justifications susceptibles de s'exprimer subjectivement dans des arguments. Sans *ratio*, on ne saurait appréhender ce qui est juste et approprié. Le sentimentalisme classique, de Hutcheson à Hume et Smith, est une tentative audacieuse de rendre compte de la justesse et de l'appropriation en marginalisant ou en niant l'intervention des raisons et, par suite, en limitant sérieusement le rôle que joue la raison en cette affaire.

La question métaphysique et la question épistémologique sont distinctes, mais elles sont extrêmement intriquées. C'est vrai dans le *Traité* de Hume comme dans la métaéthique depuis le XXe siècle. Pour Hume, le sentimentalisme est à la fois une méthode – conforme aux exigences descriptives de la science de la nature humaine – et, manifestement, une métaphysique : même si on trouve des formulations qui laissent entendre qu'ils sont des réponses à des propriétés des choses, Hume suggère que certains sentiments sont les seuls fondements réels du monde des valeurs[1]. Pour G. E. Moore, en 1922, ce type de sentimentalisme est un adversaire qui illustre une théorie « subjective » des valeurs qui est aussi une métaphysique réductrice. Il prend l'exemple d'une valeur esthétique, mais sa description de l'approche subjective vaut pour d'autres sortes de valeur :

> Considérez par exemple le mot « beau ». Il y a un sens du terme « subjectif » dans lequel dire que « beau » représente un prédicat subjectif signifie, en gros, que toute déclaration de la forme « ceci est beau » exprime seulement une assertion psychologique indiquant qu'un individu ou une classe d'individus a, ou aurait dans certaines circonstances, une certaine sorte d'attitude mentale envers la chose en question. Et la meilleure explication de ce que j'entends par « avoir une attitude

---

1. L. Jaffro, *La Couleur du goût, op. cit.*, p. 92-95.

mentale » à l'égard d'une chose est de dire que désirer une chose est avoir une sorte d'attitude mentale envers elle, être content d'elle est en avoir une autre, la vouloir est en avoir encore une autre ; bref, avoir une quelconque sorte de sentiment [*feeling*] ou d'émotion *à son égard* est avoir une certaine attitude mentale envers elle – différente dans chaque cas. Ainsi, quiconque soutient que quand nous disons qu'une chose est belle, ce que nous *voulons dire* est seulement que nous-même avons, ou une classe de personnes particulière ont actuellement, ou auraient dans certaines circonstances, ou auraient de manière permanente, un certain sentiment envers la chose en question, c'est adopter une vue « subjective » de la beauté[1].

Si lorsque nous disons que x a telle valeur, nous ne signifions pas autre chose que l'existence d'un sentiment ou d'une disposition à éprouver un sentiment favorable ou défavorable, la sémantique des jugements évaluatifs exige une ontologie qui peut se réduire à une psychologie. Il n'est pas certain que tous les sentimentalistes, classiques ou nouveaux, adoptent une telle vision réductrice. Les sentimentalistes peuvent retenir de l'approche subjective que décrit Moore une méthode, sans souscrire nécessairement à la réduction. Cependant, la caractérisation de cette méthode, sous la plume de Moore, est taillée à la mesure d'un sentimentalisme à l'ancienne, qui repose sur une conception dispositionnaliste de la valeur – tel objet a telle valeur (« dégoûtant ») pour autant qu'un sujet,

1. G. E. Moore, « The Conception of Intrinsic Value » (1922), in *Principia Ethica*, éd. T. Baldwin, Cambridge, Cambridge University Press, 1993, p. 281, notre traduction. *Cf.* « Le concept de valeur intrinsèque », trad. fr. M. Gouverneur, *in* G. E. Moore, *Principia Ethica*, Paris, PUF, 1998, p. 308.

dans certaines conditions, est disposé à le valoriser de la sorte (à éprouver du dégoût) –, sans introduire la question normative de la correction des attitudes de valorisation elles-mêmes. Cette question est distincte de celle de la correction des circonstances dans lesquelles ces attitudes de valorisation se forment.

Sur cette dernière question, des sentimentalistes comme Hume et Smith ont été assez prolixes, puisqu'ils ont soutenu que x avait telle valeur morale ou esthétique si et seulement si un évaluateur placé dans un point de vue approprié ou un spectateur informé et impartial était disposé à valoriser x de telle manière. La théorie de Smith, qui est évidemment subjective au sens que Moore donne à ce terme, est descriptive plutôt que normative : elle rend compte du fait du fonctionnement de l'évaluation. Certes, elle comporte une dimension normative pour autant qu'elle s'intéresse à la question : telle évaluation est-elle méritée ? Cependant, même si on peut relever que les notions d'appropriation, d'impartialité, et même d'information suffisante paraissent avoir une dimension normative, l'approche des sentimentalistes classiques n'est pas normative au sens où elle conditionnerait l'autorité et le caractère instructif et éloquent de ces attitudes par leur correction à elles. Il suffit en gros que l'évaluateur soit placé dans les circonstances adéquates pour que ses attitudes aient tendance à avoir ce type de pertinence, même si ce n'est pas infailliblement.

Lorsqu'on rattache le sentimentalisme à une méthode de ce genre, une autre question importante concerne sa portée métaphysique. L'adoption de cette méthode par Smith entraîne-t-elle, implicitement (car on ne trouve rien d'explicite en faveur de cette lecture), un scepticisme à l'égard de la réalité des valeurs ? La question se pose parce que la théorie subjective brute, à première vue, est difficilement séparable d'une réduction métaphysique à des états psychologiques.

Selon Samuel Lepine, le sentimentalisme implique tout ou partie de l'ensemble de ces trois thèses : une thèse psychologique selon laquelle sans les états affectifs on ne pourrait pas former des jugements évaluatifs ; une thèse épistémique selon laquelle c'est principalement par des états affectifs que nous avons accès aux valeurs ; une thèse métaphysique selon laquelle les valeurs n'existent pas indépendamment d'états affectifs[1]. Hume soutient les trois thèses. Hutcheson accepte au moins les deux premières. Smith accepte les deux premières, mais accepte-t-il la dernière ? Soutient-il la thèse métaphysique ? Nous croyons qu'il ne la soutient pas, mais non parce qu'il serait antisentimentaliste. C'est plutôt que son sentimentalisme est méthodologique et s'inscrit dans le programme d'une science de la nature humaine qui n'est pas conçue, à la différence de la science humienne, comme une métaphysique. Une conséquence est que notre comparaison avec certaines formes de néosentimentalisme est inévitablement bancale puisque Smith adopte le sentimentalisme comme l'outil méthodologique d'une science morale et non pas directement comme une métaéthique.

---

1. S. Lepine, *Une défense du sentimentalisme. Émotions, motivations et valeurs*, thèse de doctorat, Lyon, Université de Lyon 3, 2016, p. 26-32. Thomas Reid était d'accord avec la première thèse, mais pas avec les deux suivantes, et pour cette raison n'était pas sentimentaliste. Un théoricien de la perception des valeurs à la Scheler ou à la Tappolet peuvent accepter les deux premières thèses, mais refuser la dernière. Il paraît important, contre un usage laxiste du terme, de rappeler qu'il ne suffit pas, pour être sentimentaliste, d'admettre que les émotions sont au cœur de notre connaissance des valeurs.

Afin d'instruire l'ensemble de ce questionnement, nous devons nous concentrer sur une interrogation plus précise : faut-il, oui ou non, caractériser la théorie de Smith comme une espèce précoce d'une théorie des valeurs qui en rend compte en termes d'attitudes appropriées ?

Un sentimentalisme avec ou sans raisons ?

Nous avons vu qu'une particularité de l'entreprise de Smith est qu'elle reste descriptive sans procéder à une réduction métaphysique. Le sentimentalisme est la théorie qui procure la bonne description de la manière dont les êtres humains s'évaluent. Sa vérité n'est pas absolue, ancrée dans la nécessité d'une nature, mais contingente : le sentimentalisme est vrai des êtres humains tels que nous constatons qu'ils sont. C'est clairement dit dans un passage dont la formulation était particulièrement convenable en contexte protestant, puisqu'elle mime les considérations réformées sur la condition historique de l'homme déchu. On comprend qu'un « être parfait » approuverait la punition sur le fondement de diverses considérations : il raisonnerait, notamment sur les conséquences, et serait sensible à des raisons. Mais ce n'est pas ainsi que les êtres humains procèdent en fait. Ils s'appuient sur les ressources des sentiments, et parmi les sentiments, en particulier sur les sentiments instinctifs. Le fait est que ce ne sont pas à nos capacités de délibération qu'a été confié le soin des « fins privilégiées de la nature », ni même l'identification des principaux moyens pour les atteindre. Le sentimentalisme est vrai seulement de fait, relativement à notre situation présente. Un mixte de rationalisme et de conséquentialisme est vrai d'un délibérateur parfait que l'homme n'est pas et que, par suite, le spectateur même idéal n'est pas non plus :

La présente recherche ne concerne pas une question de droit, si je puis dire, mais une question de fait. Nous ne sommes pas à présent en train d'examiner sur quels principes un être parfait approuverait la punition des actions mauvaises, mais sur quels principes une créature aussi faible et imparfaite que l'homme l'approuve effectivement et de fait. (*TMS* 2, 1, 5, 10 ; *F* 126)

Créature faible et imparfaite : Smith parle presque, à première vue, comme la théologie de l'Église d'Écosse[1]. Les évaluations dont l'ouvrage fait la théorie ne sont pas celles de l'homme régénéré. Leurs principes ne sont pas ceux que nous suivrions si nous étions des êtres sans failles, mais ceux dont nous sommes de fait dotés par une providence apparente. Or celle-ci a remis l'évaluation dans les mains des sentiments et des instincts et non des raisonnements, des délibérations et des calculs. Certes, il est question ici du sens du mérite – mais ce qui en est dit ne peut que rejaillir sur le sens de la propriété dont il est, on l'a vu, composé. La notion de délibération jouerait un grand rôle si nous étions des délibérateurs rationnels dans une situation olympienne, pour parler comme Herbert Simon[2]. Nous pourrions alors délibérer de façon conséquentialiste ou de manière déontologiste, ou en combinant les deux types de considérations. Mais comment réagissons-nous devant le crime ? De manière immédiate et instinctive, et même « viscérale[3] », non par une délibération. La

1. Sur la position de Smith à l'égard de l'Église d'Écosse, voir F. Dermange, « Smith est-il disciple de Calvin ? », *Revue d'histoire de la pensée économique*, 2 (4), 2017, p. 53-74.

2. H. Simon, *Reason in Human Affairs*, Stanford, Stanford University Press, 1983.

3. C'est le mot qu'emploie Bence Nanay : la sympathie smithienne est une « réaction imaginative viscérale ». B. Nanay, « Adam Smith's Concept of Sympathy and Its Contemporary Interpretations », art. cit., p. 101.

tonalité protestante du propos disparaît aussi vite qu'elle est apparue, puisque la vie morale est suspendue non à la grâce divine, mais aux ressources naturelles de l'affectivité.

Revenons un instant en arrière. Dans l'histoire du sentimentalisme classique, Hutcheson semble avoir pris à bras-le-corps la question des raisons et de la « raison-nabilité » (*reasonableness*) de nos actions et de nos attitudes. Il a formulé une distinction importante entre les « raisons excitantes » et les « raisons justifiantes ». Mais il l'a fait dans un contexte dialectique et à des fins négatives : il s'agissait, pour lui, de reprendre le vocabulaire de l'adversaire rationaliste, d'esquisser une typologie des « raisons », et de montrer que son application pertinente est très limitée. Hutcheson conçoit qu'il y a un rapport organique entre la raison comme faculté et les raisons comme réponses à une question « pourquoi ? ». La raison est le pouvoir de découvrir les raisons, qui doivent être conçues comme des propositions vraies. Une action est « raisonnable » pour autant qu'elle est conforme à des propositions vraies, à des raisons. Mais il estime qu'une analyse plus poussée démontre la confusion d'une telle conception.

L'analyse commence par une distinction conceptuelle entre deux sortes de raisons : 1. Les « raisons excitantes » sont des raisons de l'action, du choix pratique – ce qu'il appelle « élection » de l'action. 2. Les « raisons justifiantes » sont des raisons, non de l'action, mais de son évaluation – l'« approbation » de l'action. Hutcheson argumente alors pour établir que seules les actions qui sont des moyens d'atteindre une fin que nous désirons répondent à des « raisons excitantes ». On a une raison excitante de chercher à s'enrichir : elle consiste dans le fait que *Re* : « la richesse est utile pour acheter des plaisirs ». Si *Re* est notée entre guillemets sous la plume de Hutcheson, c'est qu'elle est une proposition. Elle n'est pas vraiment identique à ce que nous entendons aujourd'hui par « raison motivante », parce qu'une raison excitante ne donne lieu à une motivation que jointe à un désir d'atteindre la fin dont l'action en question est le moyen. Il s'agit, en somme, d'une raison instrumentale.

Les désirs ultimes, entendus comme les désirs de fins qui ne sont pas des moyens de fins ultérieures, ne sauraient avoir de raison excitante. En ce sens, le désir du bonheur est instinctif et non pas raisonnable :

> Cette proposition est certes vraie, qu'« il existe un instinct ou un désir établi dans la nature, qui détermine la personne à rechercher son bonheur » ; mais ce n'est pas cette réflexion sur sa propre nature ou cette proposition qui l'incite [*excites*] ou la détermine, mais l'instinct lui-même[1].

Lorsqu'une action répond à une raison excitante, c'est qu'elle est causée par une réflexion sur son caractère instrumental. Les actes ou les désirs instinctifs ne sont pas causés de cette manière et ne sauraient être « raisonnables » en ce sens. Hutcheson a clairement formulé le concept de rationalité instrumentale et, en présentant les raisons comme des propositions vraies, en a esquissé une théorie cognitive.

Il est crucial de remarquer que ce concept de raison instrumentale est repris par Smith, même s'il ne s'embarrasse plus des « propositions » :

> La raison ne peut rendre un objet particulier par soi agréable ou désagréable à l'esprit. La raison peut montrer que cet objet est le moyen d'en obtenir un autre qui

---

1. F. Hutcheson, *An Essay on the Nature and Conduct of the Passions and Affections, with Illustrations on the Moral Sense*, éd. cit., p. 140.

est naturellement agréable ou désagréable, et de cette manière, elle peut le rendre agréable ou désagréable, en vue de quelque chose d'autre. Mais rien ne peut être agréable ou désagréable pour lui-même, qui ne soit rendu tel par un sens et un sentiment immédiats. (*TMS* 7, 3, 2, 7 ; *F* 426-427)

Pour Hutcheson, une raison justifiante est une proposition vraie qui est telle que son appréhension dispose à l'*approbation* de l'action. Hutcheson donne cet exemple : on a une raison justifiante de risquer sa vie dans une guerre juste, à savoir que *Rj* : « cela manifeste l'esprit civique »[1]. Pour savoir si une raison est excitante ou justifiante, Hutcheson aurait pu imaginer ce test : une raison de ψ est excitante si et seulement si elle est une réponse à une question « pourquoi ψ ? » qui est aussi la réponse à une question « comment φ ? », où ψ est un moyen de φ. Le lecteur pourrait faire observer que prendre les armes étant le moyen de manifester l'esprit civique, *Rj*, dans ce cas, est aussi une raison excitante. Hutcheson pourrait expliquer cette coïncidence par le fait que le désir d'être soldat n'est pas le désir d'une fin ultime. Le test permet de distinguer les raisons excitantes des raisons justifiantes que l'on peut dire « ultimes », c'est-à-dire qui concernent des désirs dont on « ne peut donner aucune raison excitante » :

1. L'exemple de la guerre juste provient de Grotius (*Droit de la guerre et de la paix*, 2, 22), dans un contexte où il formulait une distinction assez différente de celle de Hutcheson. Grotius appelait « causes » ou « raisons justificatives » les prétextes donnés par un belligérant pour justifier sa guerre, qui peuvent être réels ou feints. Si elles sont justes, ces raisons rendent sa guerre juste. Et il en distinguait les causes qui sont les projets, les intérêts ou passions qui incitent à faire la guerre. Cette distinction a une affinité avec celle que l'on fait en français entre mobile (incitation à agir) et motif (justification subjective).

Quelle raison un être bienveillant peut-il donner, qui
l'incite [*exciting*] à risquer sa vie dans une guerre
juste ? Ceci peut-être : « une telle conduite contribue
au bonheur du pays ». Demandez-lui pourquoi il sert
son pays ; il répondra : « mon pays est une partie de
l'humanité de grande valeur ». Si ses affections sont
vraiment désintéressées, il ne peut en donner aucune
raison excitante : le bonheur de l'humanité en général, ou
de toute partie importante de celle-ci, est une fin ultime
de cette série de désirs[1].

Si les désirs des fins ultimes ne sont pas, par principe,
susceptibles de raisons excitantes, rien ne les empêche de
donner lieu à des raisons justifiantes. Le désir de manifester
l'esprit civique, le désir de contribuer au bien des autres,
le désir du bonheur ne sont-ils pas objets d'approbation et
celle-ci n'est-elle pas justifiée ? Il est tentant de supposer
que, tandis que Hutcheson réserve l'application d'une
théorie des raisons excitantes aux désirs instrumentaux
(entendons : désirs d'une action qui est un moyen, dérivant
du désir de la fin), il entend appliquer aux désirs ultimes
(non dérivatifs) une théorie des raisons justifiantes, afin
d'assurer leur « raisonnabilité » d'une autre façon. Et, en
nous fournissant des exemples de *Rj*, Hutcheson favorise
cette interprétation. Un lecteur de Harold Arthur Prichard
ou d'autres intuitionnistes du XXᵉ siècle pourraient croire
trouver dans *Rj* l'équivalent des vérités normatives qui,
selon eux, constituent des raisons évidentes d'approuver
ou de désapprouver telle conduite.

L'analyse conduite dans la première section des
Illustrations on the Moral Sense est frustrante, car
purement dialectique. Après avoir produit une distinction

1. F. Hutcheson, *An Essay on the Nature and Conduct of the Passions
and Affections, with Illustrations on the Moral Sense*, éd. cit., p. 140.

conceptuelle entre raisons excitantes et raisons justifiantes,
et une fois qu'il a montré que seuls les désirs des fins
ultimes peuvent s'accompagner d'une raison justifiante
qui ne coïncide pas avec une raison excitante de même
contenu, Hutcheson rappelle que sa thèse du sens moral
fait l'économie de toute dépendance de l'approbation à
l'égard de raisons :

> « Chaque spectateur n'approuve-t-il pas la recherche du
> bien public plus que celle du bien privé ? » La réponse
> est évidente : mais non en vertu d'une raison ou d'une
> vérité quelconque, mais du fait d'un sens moral[1].

Certes, pour que le sens moral approuve un acte
bienveillant, encore faut-il que le spectateur – Hutcheson
formule avant Smith l'idée qu'un spectateur « désengagé[2] »
est un évaluateur compétent – croie que l'acte émane d'une
disposition bienveillante. Mais l'approbation n'est pas pour
autant inférée de cette croyance. Comme l'a bien vu John
Tilley, « notre approbation n'est pas logiquement reliée
à la croyance qui la suscite[3] ». C'est une caractéristique
centrale du sentimentalisme classique, qui nous paraît
commune à Hutcheson, Hume et Smith. Selon Hume, il y
a bien un exercice de la raison qui prépare l'exercice du
sentiment. Mais la préparation consiste seulement dans le
déploiement d'un contexte informationnel :

---

1. *Ibid.*, p. 144. *Cf. T* 2, 3, 3, 6 (D. Hume, *A Treatise of Human
Nature*, vol. 1, éd. cit., p. 267).

2. F. Hutcheson, *An Essay on the Nature and Conduct of the Passions
and Affections, with Illustrations on the Moral Sense*, éd. cit., p. 76 :
« The spectators, who are disengaged from our partial attachments… »

3. J.J. Tilley, « Exciting Reasons and Moral Rationalism in
Hutcheson's *Illustrations upon the Moral Sense* », *Journal of the History
of Philosophy*, 50, 1, 2012, p. 53-83.

La sentence finale, c'est probable, qui déclare les
caractères et les actions aimables ou odieux, dignes
d'être loués ou blâmés, qui leur imprime la marque de
l'honneur ou de l'infamie, de l'approbation ou de la
censure, qui fait de la morale un principe actif, et fait de
la vertu notre bonheur, et du vice notre malheur ; il est
probable, dis-je, que cette sentence finale dépend de
quelque sens ou sentiment interne, que la nature a rendu
universel dans toute l'espèce. Car quoi d'autre peut avoir
une influence de cette nature ? Mais pour frayer la voie à
un tel sentiment, et procurer un discernement approprié
de son objet, il est souvent nécessaire, nous le constatons,
que beaucoup de raisonnements le précèdent, qu'on fasse
des distinctions fines, qu'on tire des conclusions justes,
qu'on opère des comparaisons éloignées, qu'on examine
des relations compliquées, qu'on fixe et qu'on vérifie
des faits généraux[1].

Les conclusions qui « précèdent » la sentence finale, et non
cette sentence, sont tirées par la raison. Il en allait déjà ainsi
pour Hutcheson. L'information sur la situation pratique
constitue le contexte, et non pas la raison de l'approbation :

Nous approuvons la recherche du bien public. Pour quelle
raison ? Autrement dit, à quelle vérité cela doit-il être
conforme pour que nous l'appelions une fin raisonnable ?
J'imagine que nous ne pouvons trouver aucune raison
dans ces cas, pas plus que nous ne pouvons en donner
une de notre goût pour un fruit agréable[2].

---

1. Notre traduction. Voir « Enquête sur les principes de la morale », *in*
D. Hume, *Essais et traités sur plusieurs sujets*, trad. cit., vol. 4, p. 47-48.
2. F. Hutcheson, *An Essay on the Nature and Conduct of the Passions
and Affections, with Illustrations on the Moral Sense*, éd. cit., p. 145.
Nous ne voyons pas ce qui permet à Darwall d'affirmer qu'il n'y a rien
ici qui corresponde à la « rhétorique » fameuse de Hume : « Il n'est pas
contraire à la raison de préférer la destruction du monde entier à une

La plupart aiment pourtant la pomme pour son mélange de sucre et d'acidité, et certains la rhubarbe pour son astringence. Mais accordons à Hutcheson qu'elles ne sauraient aller plus loin en donnant des raisons de leur prédilection pour ces qualités gustatives. Leur goût est ainsi fait. En va-t-il vraiment de même de l'estimation selon laquelle la poursuite du bien privé a moins de mérite et d'importance morale que celle du bien public ? N'existe-t-il pas des vérités normatives qui fournissent des raisons de cette estimation ?

On sait que Smith reprend les exemples provocants par lesquels Hume montrait les conséquences de l'indépendance des évaluations relativement à des raisons, mais pour parvenir à une conclusion apparemment bien différente : par la consultation du spectateur impartial, nous apprenons qu'il est plus approprié de favoriser le bien public que notre bien privé, et de nous inquiéter moins du sort d'un doigt que de celui de toute une population (*TMS* 3, 3, 4 ; *F* 199). Il semble ainsi que, selon Smith, une fin puisse être raisonnable ou déraisonnable, pour autant que le spectateur impartial en recommande ou non la poursuite. On est alors bien près de voir dans l'homme intérieur la personnification de la faculté de la raison comme capacité de sensibilité aux raisons. À un examen plus attentif, cependant, ce que la consultation du spectateur procure est une motivation, qui consiste en « l'amour de ce qui est noble, de la grandeur et de la dignité, et de la supériorité de notre propre caractère » (*ibid.*). Procure-t-elle aussi une raison justifiante ? C'est plutôt que, comme le sens moral de Hutcheson, elle en dispense.

égratignure du doigt [...]. » (*T* 2, 3, 3, 6 ; D. Hume, *A Treatise of Human Nature*, vol. 1, éd. cit., p. 267.) S. Darwall, *The British Moralists and the Internal "Ought"*, New York, Cambridge University Press, 1995, p. 86.

On nous objectera que Smith a rejeté l'épistémologie insatisfaisante du sens moral et lui a substitué une instance susceptible d'une véritable analyse, le spectateur idéal. À première vue, *La Théorie* devrait être capable de rendre compte de la raisonnabilité des actions ou des attitudes parce qu'elle montre comment on peut se doter d'une capacité d'arbitrage et de contrôle de la partialité. Cependant, la remarque que John Tilley applique à la conception hutchesonienne de l'approbation nous paraît pleinement conserver sa portée dans le « système de la sympathie », malgré les dénégations de Smith. Les réponses instructives du spectateur se forment dans un contexte cognitif favorable, mais elles ne sont pas inférées des croyances qui constituent le contenu de ce contexte, ni argumentées à partir d'elles. En somme, ni Smith ni Hume, en dépit des nuances qu'ils lui apportent, ne reviennent vraiment sur la manière dont Hutcheson avait réduit la rationalité pratique à la rationalité instrumentale et à des conditions d'information[1]. Cette réduction nous paraît caractéristique du sentimentalisme classique.

Nous sommes maintenant en mesure de contester le rapprochement qui est parfois fait entre le sentimentalisme de Smith et une théorie de la valeur en termes d'attitudes

---

1. D Hume, « Le sceptique », dans *Essais et traités sur plusieurs sujets*, trad. cit., vol. 1, p. 210, 218. Une ligne de conduite est plus raisonnable qu'une autre pour autant qu'elle est plus appropriée pour réaliser le même but. Les raisons de l'action, en ce sens, sont des raisons excitantes. En outre, le choix des fins ne dépend pas de la raison. Selon le sceptique, les fins sont fixées par « la constitution et la structure particulière du sentiment et de l'affection humaine ». Les raisons justifiantes n'existent pas. Pour Smith, les fins ultimes sont également posées par la nature et la rationalité pratique n'est concernée que par ce qui est à l'intérieur de ce périmètre contingent. Campbell retrouve dans Smith les concepts de rationalité instrumentale et de rationalité informationnelle. Voir T. D. Campbell, *Adam Smith's Science of Morals*, *op. cit.*, p. 65-66.

appropriées qui est en vogue aujourd'hui. On pourrait être tenté de considérer que Hume et Smith, à la différence d'un adepte du sens moral comme Hutcheson, se préoccupent de déterminer les conditions de correction de nos réponses affectives et, par suite, de nos évaluations. En effet, les évaluations correctes, selon eux, sont celles qu'on a dans le bon point de vue, celui du juge expert (Hume) ou du spectateur impartial (Smith). Il y a, certes, une caractérisation normative relative à la qualité de l'information et des dispositions du juge. Mais s'agit-il véritablement d'une approche normative telle que celle que l'on peut trouver dans la tradition brentanienne ? Chez Hume et Smith, une fois remplies diverses conditions épistémiques dont, au premier chef, des conditions d'information, les évaluations sont supposées être correctes. Cela revient, comme dans le Hume de « La règle du goût », à une version dispositionnaliste de la thèse de la dépendance à l'égard d'une réponse (sous la contrainte de conditions normales ou idéales de réaction), plutôt qu'à une théorie des attitudes appropriées.

Pourtant, Frierson ne craint pas de faire de la théorie de Smith une branche de la théorie des valeurs en termes d'attitudes appropriées[1]. Selon lui, ces théories partagent avec le subjectivisme la thèse selon laquelle on attribue de

1. « L'approche de la valeur adoptée par Smith fait partie d'une famille de théories de la valeur fondées sur les attitudes appropriées, selon lesquelles les choses ont une valeur simplement parce qu'elles sont l'objet d'attitudes d'évaluation appropriées. Les théories de l'attitude appropriée se distinguent à la fois du subjectivisme de la valeur, qui dit que les choses ont de la valeur simplement parce qu'elles sont valorisées, et de l'objectivisme de la valeur, pour lequel la valeur d'une chose est une propriété objective indépendante des attitudes que chacun peut avoir à son égard. », P. R. Frierson, « Smithian Intrinsic Value », *in* V. Brown et S. Fleischacker (dir.), *The Adam Smith Review*, vol. 5, Londres, Routledge, 2010, p. 231-249 (notre traduction).

la valeur à un objet « parce qu'il est valorisé », mais elles
ne sont pas subjectivistes parce qu'elles sont normatives, et
non pas « simplement psychologiques » et soutiennent que
l'attribution de valeur peut être erronée si la valorisation
n'est pas correcte. On doit accorder à Frierson que la
théorie de Smith ressemble beaucoup à une théorie des
attitudes appropriées. Cette ressemblance est d'ailleurs
encouragée par son usage abondant du vocabulaire de la
propriety, mais nous avons vu que ce qu'il entend par là
caractérise ce qui est approuvé par le spectateur et non
pas l'attitude d'approbation elle-même. Frierson compare
la théorie de Smith avec l'approche des valeurs proposée
par Elizabeth Anderson. Celle-ci se réclame de la théorie
des valeurs de Brentano, selon laquelle x est bon si et
seulement si x est l'objet d'un amour correct[1]. Frierson
remarque ce qui sépare cependant la conception de Smith
de celle d'Anderson :

> Pour Smith, en revanche, se demander si les attitudes
> d'une personne (ou les siennes propres) sont approuvables
> ou méritées, cela revient simplement à se demander
> si le fait de s'imaginer impartialement à la place de
> cette personne cause réellement le fait d'éprouver ces
> attitudes. Contrairement à Anderson, pour Smith, les
> spectateurs bien informés et impartiaux n'ont pas le
> loisir de se demander si leurs attitudes sympathiques
> sont rationnelles[2].

On ne saurait mieux dire. La seule chose qui manque à
cette analyse est la conclusion selon laquelle la théorie de
Smith ne fait pas partie des théories normatives qui font

---

1. E. Anderson, *Values in Ethics and Economics*, Cambridge, Mass.,
Harvard University Press, 1995, p. 5.
2. P. R. Frierson, « Smithian Intrinsic Value », art. cit., p. 236.

appel aux attitudes appropriées, mais relève plutôt d'une approche dispositionnaliste qui reste de nature descriptive même quand elle spécifie des conditions idéales.

Empruntons à David Lewis sa caractérisation du dispositionnalisme appliqué aux valeurs :

> Grossièrement, les valeurs sont ce que nous sommes disposés à valoriser. Moins grossièrement, nous avons cette définition schématique : un objet de la catégorie appropriée est une valeur si et seulement si nous sommes disposés, dans des conditions idéales, à le valoriser[1].

La spécification de conditions normales, voire idéales, est requise pour distinguer le dispositionnalisme d'un simple subjectivisme. Il me semble que les sentimentalistes du XVIIIᵉ siècle tendent à se ranger de ce côté. Cependant, le rapprochement que fait Frierson n'est pas isolé et certains néosentimentalistes, aujourd'hui, revendiquent à la fois une filiation brentanienne et une filiation écossaise.

Il faut alors bien situer les différences dans l'épistémologie des approches des valeurs que l'on trouve dans le sentimentalisme classique et dans le néosentimentalisme supposé de tradition brentanienne. Ces approches ont en commun de prendre pour guide assuré les attitudes et en particulier des états affectifs. Mais une forme de néosentimentalisme comporte une thèse de dépendance des émotions (et par suite des évaluations) à l'égard de raisons, qui nous paraît étrangère au sentimentalisme classique.

En effet, selon Smith, la justesse des attitudes d'une personne est déterminable par la consultation des attitudes qu'un spectateur impartial aurait à l'égard de ces attitudes.

---

1. D. Lewis, *in* M. Smith, D. Lewis, M. Johnston, « Dispositional Theories of Value », *Proceedings of the Aristotelian Society*, Supplementary Volumes, 63 1989, p. 113.

Mais qu'est-ce qui nous garantit que les attitudes du spectateur sont justes ? On peut répondre à cette question en invoquant son impartialité. Mais dans ce cas ces attitudes sont justes par simple stipulation. De plus, soit ce spectateur impartial est une personne réelle ou un groupe de personnes réelles, et dans ce cas on risque de confondre justesse et conformisme social, soit ce spectateur impartial est idéal, mais dans ce cas il est l'objet de notre imagination et à ce titre n'est pas exempt de nos travers comme la duperie de soi. En effet, « idéal » signifie « en idée », et non pas « parfait »[1]. Enfin, si nous sommes capables d'apprécier correctement la correction des réponses d'un spectateur, quel qu'il soit, alors nous n'avons pas besoin de le consulter.

Kauppinen a insisté sur l'affinité entre l'approche de Smith, et plus généralement ce qu'il appelle le paléosentimentalisme du XVIIIe siècle, et l'explication des valeurs en termes de *fitting attitudes*[2]. Mais il nous semble sous-estimer la différence entre la manière dont le sujet relativement idéalisé rend ses verdicts selon le paléosentimentalisme et la manière dont les attitudes sont appropriées quand ce genre d'analyse fait appel aux raisons de valoriser.

Smith soutient bien (comme Hume) que l'on peut faire la différence entre des réponses affectives appropriées et inappropriées, puisqu'il peut caractériser les réponses appropriées comme celles qu'un spectateur impartial approuverait (de même que Hume peut les caractériser

1. Nous rejoignons sur ce point P. R. Frierson, « Smithian Intrinsic Value », art. cit., p. 234.
2. A. Kauppinen, « Fittingness and Idealization », *Ethics*, 124 (3), 2014, p. 572-588 ; J. D'Arms et D. Jacobson, « Sentiment and Value », *Ethics*, 110 (4), 2000, p. 722-748.

comme les attitudes qui seraient approuvées depuis un point de vue approprié). Mais Smith ne fait jouer aucun rôle aux raisons des attitudes. Car, comme Hutcheson et Hume[1], il nie que les réponses affectives, donc les évaluations, dépendent de raisons qu'un agent pourrait avoir, alors même que, comme eux, il admet qu'elles ne sauraient être correctes sans un contexte d'information suffisante. Au contraire, la plupart des approches contemporaines en termes de *fitting attitudes* assument pleinement la dépendance des émotions à l'égard de raisons qui sont conçues soit comme secondes, c'est-à-dire comme étant fournies par la valeur de l'objet de l'émotion en question (ou par une valeur autrement associée à l'émotion), soit comme étant premières (les raisons ayant alors une priorité par rapport aux valeurs[2]). S'agit-il alors d'un « néosentimentalisme » ou d'un non-sentimentalisme ?

Le sentimentalisme de Smith est une variante du genre de dispositionnalisme qui est illustré par la théorie humienne du goût. Elle rend compte de la capacité à estimer qu'une œuvre a telle qualité esthétique positive au moyen d'une analyse qui découvre la disposition à éprouver un

---

1. Voir la première section des « Illustrations » (1728), dans F. Hutcheson, *An Essay on the Nature and Conduct of the Passions and Affections, with Illustrations on the Moral Sense*, éd. cit., p. 137 *sq.* et Hume, « Le sceptique », cité, *supra*, p. 236.

2. Cette thèse de la priorité reprend, dans le cadre sentimentaliste, la théorie du *buck-passing* (qui « refile » la responsabilité des valeurs aux raisons). Selon ce fondamentalisme des raisons, pour *x* (par exemple, une conduite que nous jugeons élégante ou bien répugnante), avoir telle valeur, c'est être l'objet d'attitudes favorables ou défavorables (par exemple, l'admiration ou le dégoût) qui dépendent elles-mêmes de raisons (d'admirer, d'être dégoûté) qui sont fournies par des faits relatifs aux propriétés non évaluatives de *x*. Voir T.M. Scanlon, *What We Owe to Each Other*, *op. cit.*, p. 95 *sq.*

sentiment particulier de plaisir quand on considère l'œuvre du point de vue approprié. De manière analogue, Smith rend compte de la manière dont on estime que telle attitude est vicieuse en découvrant au terme d'une analyse qu'il s'agit d'une attitude qu'un spectateur impartial serait disposé à désapprouver, ou dont nous estimons qu'un spectateur impartial serait disposé à la désapprouver. Dans la mesure où Smith confère une autorité spéciale – mais qui ne dispense pas de l'aide des spectateurs réels – à un spectateur idéal, on peut dire que son dispositionnalisme est idéal. Mais cette idéalisation, toute relative, était déjà en germe dans la théorie humienne du juge expert qui le caractérisait par certaines qualités exigeantes, comme l'immunité à l'égard des préjugés. Même si Smith décrit parfois ce spectateur comme un juge, cette caractérisation ne le conduit pas à en faire un délibérateur qui se ferait un avis en pesant les raisons[1]. Les attitudes qu'il attribue au spectateur ne sont pas différentes des réponses affectives spontanées, voire instinctives ou – car elles peuvent être acquises – habituelles, que nous avons dans des circonstances non idéales[2]. D.D. Raphael s'est étonné

---

1. À la différence du spectateur de Harsanyi qui prétend s'en inspirer, le spectateur de *La Théorie* n'est pas un délibérateur. Pour une comparaison, voir A. Fernandes et F. Kandil, « Théories de l'action et normativité chez Adam Smith et chez John C. Harsanyi », *Cahiers d'économie politique*, 33 1998, p. 137-159. L'assimilation du spectateur à un délibérateur, encouragée par la comparaison avec les théories contractualistes de la justice, a toujours ses défenseurs, cependant. Voir C. Von Villiez, « Double standard – Naturally ! Smith and Rawls : A Comparison of Methods », art. cit. ; M.A. Carrasco, « From Psychology to Moral Normativity », *in* F. Forman-Barzilai (éd.), *The Adam Smith Review*, vol. 6, Londres, Routledge, 2011, p. 22.

2. L'impartialité ne doit pas non plus être comprise comme une vertu morale. *La Théorie* n'est pas une théorie de la sensibilité à la John McDowell. La vertu est un objet d'évaluation sans que le spectateur ait à être vertueux pour l'approuver et même l'admirer.

que le spectateur apprécie la propriété sans prendre en considération les conséquences[1]. Mais il ne peut pas le faire! Car, au lieu de raisonner, il observe ses propres réponses affectives.

Smith s'est approché, sous certains aspects, de la position que D'Arms et Jacobson appellent « sentimentalisme rationnel » et dont ils estiment qu'il est un « précurseur »[2], mais il ne l'a pas atteinte. Il s'en est approché quand il a fait dépendre des concepts de valeur de concepts de réponses affectives appropriées. C'est ce qui est évident dans son analyse du mérite, qui remonte jusqu'au sens de la propriété[3]. Cependant, il n'est pas allé jusqu'au bout de cette approche normative parce qu'il a coupé court à toute considération sur les conditions de correction des réponses affectives qui irait plus loin que la seule spécification du point de vue du spectateur. Il en est resté, contrairement à ce que suggèrent D'Arms et Jacobson, à une forme de dispositionnalisme. Dans le « sentimentalisme rationnel », qui est une espèce particulière de l'approche normative en termes d'attitudes appropriées, les réponses affectives ne font pas l'objet d'un constat, mais sont endossées pour des raisons ; dans la théorie de Smith, c'est l'inverse : elles font l'objet d'un constat, mais ne sont pas endossées pour des raisons.

---

1. D. D. Raphael, *The Impartial Spectator*, *op. cit.*, p. 22-25.

2. J. D'Arms et D. Jacobson, « Sentimentalism and Scientism », *in* J. D'Arms et D. Jacobson (dir.), *Moral Psychology and Human Agency. Philosophical Essays On the Science of Ethics*, Oxford, Oxford University Press, 2014, p. 253-278. Selon le sentimentalisme rationnel, « les jugements de valeur ne sont pas justifiés par des faits concernant ce que les gens sont disposés à ressentir ; leur bien-fondé dépend plutôt de l'adéquation des raisons qui les sous-tendent » (p. 267).

3. Voir *supra*, p. 125 *sq.*

C'est flagrant dans l'analyse du sens du mérite et du démérite :

> L'action qui doit paraître mériter récompense est celle qui paraît être l'objet approprié et approuvé de la gratitude ; de même, l'action qui doit paraître mériter la punition est celle qui paraît être l'objet approprié et approuvé de l'indignation [*resentment*]. (*TMS* 2, 1, 1, 3 ; *F* 113)

Telle est la méthode qu'emploie Smith pour attribuer correctement le mérite (ou le démérite) à une personne : la personne X a du mérite si la gratitude de Y pour l'action de X à son égard est appropriée. Comment déterminer si la gratitude est appropriée ? Rappelons la structure à deux niveaux du sens du mérite :

(1) Le spectateur sympathise pleinement avec l'attitude T de Y à l'égard de X.

Si le spectateur sympathise pleinement avec T, alors T est appropriée.

Conclusion : T est correcte.

(2) T est correcte.

Si T est correcte, alors le spectateur attribue correctement un mérite ou un démérite à l'action.

Conclusion : Le spectateur attribue correctement un mérite ou un démérite à l'action.

Ainsi, nous ne disposons pas d'un autre critère de justesse de l'évaluation du spectateur que le fait qu'il soit disposé à sympathiser :

> Être l'objet approprié et approuvé soit de la gratitude soit du ressentiment ne peut signifier rien d'autre qu'être l'objet de cette gratitude ou de ce ressentiment qui naturellement paraît approprié et est approuvé. Mais celles-ci, ainsi que toutes les autres passions de la nature humaine, paraissent appropriées et sont approuvées quand le cœur de tout spectateur impartial sympathise

entièrement avec elles, quand tout spectateur indifférent entre en elles et les suit entièrement. (*TMS* 2, 1, 2, 1-2 ; *F* 115)

Comparons alors deux méthodes :

Méthode 1 (descriptive) : Une attitude dans des circonstances données est correcte si et seulement si un spectateur impartial est disposé à sympathiser avec elle (c'est-à-dire, quand elle tend à susciter cette sympathie).

Méthode 2 (normative) : Une attitude dans de telles circonstances est correcte si et seulement si un spectateur impartial est justifié à sympathiser (ou a le devoir de sympathiser) avec elle.

La manière la plus simple d'être justifié à adopter une attitude, c'est d'avoir des raisons de l'adopter. Quelle méthode Smith utilise-t-il pour déterminer si *T* est correcte ? Le spectateur impartial a-t-il des raisons d'approuver ou de désapprouver ? Rien de tel. C'est la différence majeure entre Smith, qui s'en tient à la première méthode, et le « sentimentalisme rationnel » : pour ce dernier, les émotions répondent à des « raisons pertinentes pour l'appropriation (*fittingness*)[1] » et la bonne méthode est la seconde.

Cette distance avait été bien perçue par Brentano lui-même. Selon lui, il manque au sentimentalisme classique, pour être vrai, une distinction fondamentale entre deux types de sentiments : des sentiments qui ne sont pas susceptibles d'être justes, au sens d'appropriés à leur objet, car ils sont de l'ordre de l'instinct, et des sentiments qui sont justes parce qu'ils sont des analogues affectifs de l'évidence :

> Notre plaisir et notre déplaisir ne sont souvent, exactement comme les jugements aveugles, que des

---

1. J. D'Arms et D. Jacobson, « Sentiment and Value », art. cit., p. 746.

impulsions instinctives ou commandées par l'habitude. [...] Certaines espèces, mais aussi certains individus – comme c'est, on le sait, fréquemment le cas lorsqu'il s'agit du goût –, adoptent alors des comportements qui sont souvent tout à fait opposés.

De nombreux philosophes et, parmi eux, des penseurs de premier plan n'ont retenu que ces modes du plaisir qui ne ressortissent qu'aux phénomènes inférieurs de leur classe, et ils ont complètement négligé le fait qu'il existe un plaisir et un déplaisir de nature supérieure[1].

Parmi ces philosophes, Brentano mentionne Hume. On trouve une distinction semblable dans Husserl[2]. La critique du sentimentalisme de Hume qu'elle permet ne vaut-elle pas aussi contre Smith[3]? Celui-ci a beau essayer de distinguer fortement les réponses affectives aux véritables mérites et démérites des réponses aux valorisations sociales de fait, les premières n'empruntent pas un canal rationnel qui soit clairement distinct des automatismes de l'instinct ou de l'habitude. Il n'hésite pas à parler d'« approbation instinctive » :

1. F. Brentano, *L'Origine de la connaissance morale*, trad. cit., p. 57-60.

2. Voir E. Husserl, *Normativité et déconstruction*, trad. fr. M.-H. Desmeules et J. Farges, Paris, Vrin, 2020, p. 144-145. Il faut distinguer entre « évaluer » et « normer ». L'évaluation repose sur des réponses affectives ou conatives. La « normation » « ne commence que lorsque nous nous demandons si ce qui est beau est véritablement quelque chose de beau, si ce qui est bien est véritablement quelque chose de bien ».

3. Martha C. Nussbaum est réticente devant l'inscription de Smith dans un sentimentalisme à la Hume. Elle attribue à Smith une conception de la « rationalité émotionnelle » dans la continuité de la tradition intellectualiste ancienne qui fait des émotions des jugements, alors que les sentimentalistes font des jugements des émotions (en gros). Voir M. C. Nussbaum, *L'Art d'être juste. L'imagination littéraire et la vie publique*, trad. fr. S. Chavel, Paris, Flammarion, 2015, p. 156 *sq.*

L'existence même de la société exige que la malveillance non méritée et non provoquée soit limitée par des punitions appropriées ; et, par conséquent, qu'infliger ces punitions soit considéré comme une action appropriée et louable. Bien que l'homme soit donc naturellement doué d'un désir de bien-être et de préservation de la société, l'Auteur de la nature n'a pas confié à sa raison le soin de découvrir qu'une certaine application des peines est le moyen approprié pour atteindre cette fin ; mais lui a donné une approbation immédiate et instinctive de cette application même qui est la plus appropriée pour atteindre cette fin. (*TMS* 2, 1, 5, 10 ; *F* 126)

L'intention de Smith était bien de rendre compte de la distinction entre l'amour d'un bien apparent et l'amour d'un bien véritable. Il pensait que le recours au spectateur fournissait à cette distinction un fondement. Mais ce fondement – qui ne saurait être ultime s'il faut pouvoir faire la part, dans les attitudes évaluatives d'ordre supérieur (celles du spectateur lui-même), entre celles qui sont correctes et celles qui sont incorrectes – manque lui-même de fondement en dehors d'une disposition providentielle.

Certes, nous avons insisté sur la façon dont Smith rapporte la *praiseworthiness* à un désir d'être digne de louange qui est d'un autre type que le désir d'être loué, et la *blameworthiness* à une aversion à l'égard de la blâmabilité qui est d'un autre type que la crainte d'être blâmé[1]. Cette distinction, aussi importante soit-elle, ne saurait répondre aux exigences de Brentano et de Husserl, puisque, au lieu d'être de nature épistémique, elle se confond avec un fait psychologique contingent, la manière dont nous sommes constitués. De plus, les désirs des deux types sont les uns

---

1. Voir *supra*, p. 168 *sq.*

comme les autres immédiats et ne sont pas plus rationnels, au sens de répondant à des raisons, les uns que les autres.

Enfin, répétons-le, Smith ne dit pas que les émotions du spectateur sont des indicateurs fiables de valeur pour autant qu'elles sont correctes, mais plutôt que les émotions du spectateur sont correctes en vertu du fait qu'elles sont celles du spectateur. Il admet, d'ailleurs, qu'elles puissent n'être pas tout à fait ou pas toujours correctes, sans que cela diminue vraiment l'autorité du spectateur[1].

En somme, la théorie de la réponse adoptée par Smith est à deux niveaux. Au premier niveau, il semble qu'il souscrive à une approche de la valeur en termes d'attitudes appropriées : un objet a telle valeur si et seulement s'il est ainsi valorisé à travers une attitude appropriée de l'évaluateur. Au second niveau, celui de l'évaluation des réactions de l'évaluateur, Smith rend compte du caractère approprié de cette attitude dans les termes d'un dispositionnalisme faisant appel à des conditions relativement idéalisées : l'attitude est appropriée si et seulement si un spectateur impartial est disposé à l'adopter, c'est-à-dire, si et seulement si la situation de l'évaluateur tend à causer la même réaction chez un spectateur impartial.

Jusqu'à ce point, nous avons abordé la question de la caractérisation sous l'angle épistémologique. Celle-ci devrait avoir une contrepartie métaphysique, à moins qu'elle ne consiste en une méthodologie qui entend demeurer métaphysiquement agnostique. Qu'en est-il du sentimentalisme de Smith sur ce plan ? En outre, comment se comparent son dispositionnalisme sous conditions contrefactuelles et une approche post-brentanienne en termes de *fitting attitudes* ? Il y a de rares passages dont

---

1. Voir *supra*, p. 189 *sq*.

la lettre peut suggérer une lecture qui attribue à Smith une approche en termes d'attitudes appropriées.

> L'estime et l'admiration que tout spectateur impartial conçoit pour le mérite réel de ces personnes énergiques, magnanimes et généreuses, sont un sentiment qui n'est pas seulement juste et bien-fondé, mais est aussi stable et permanent, et tout à fait indépendant de leur bonne ou mauvaise fortune. (*TMS* 6, 3, 30 ; *F* 347)

Il semble que la « réalité » du mérite et l'appropriation de la réponse émotionnelle du spectateur soient l'envers objectif et l'endroit subjectif d'une même monnaie. Incontestablement, Smith estimait qu'à la différence d'une évaluation par la personne concernée, qui n'offre aucune garantie que la chose à qui elle attribue telle valeur ait vraiment cette valeur, l'évaluation par un spectateur impartial est un indice fiable de la correction de l'attribution de la valeur. Cette distinction est au cœur de la différence entre la vanité et le désir de l'estime justifiée. Inversement, la réalité du mérite est ce qui rend appropriées et même « raisonnables » certaines passions :

> Il y a une affinité entre la vanité et l'amour de la vraie gloire, puisque ces passions visent toutes deux à obtenir l'estime et l'approbation. Mais elles diffèrent en ceci, que l'une est une passion juste, raisonnable et équitable, tandis que l'autre est injuste, absurde, et ridicule. L'homme qui désire l'estime pour ce qui est réellement estimable ne désire rien d'autre que ce à quoi il a droit et qui ne peut lui être refusé sans une sorte de préjudice. Celui qui, au contraire, le désire sous d'autres conditions exige ce à quoi il ne peut justement prétendre[1]. (*TMS* 7, 2, 4, 9 ; *F* 413)

---

1. Ce désir de la vraie gloire est cependant bien distinct du désir de mériter l'éloge. Voir *supra*, p. 170, n. 2.

Il y a ainsi un fondement au rapprochement entre le sentimentalisme de Smith et le néosentimentalisme.

Une autre considération plaide en ce sens. À l'assimilation du principe de l'évaluation à un « sens » analogue à un sens externe, que proposait Hutcheson, Smith objecte que les qualités décelées par ce prétendu sens peuvent le qualifier : une évaluation peut elle-même être détestable et répugnante, comme celle du spectateur qui se réjouit devant un supplice. Hutcheson pensait rester cohérent en refusant que les facultés morales puissent être dites elles-mêmes vertueuses ou vicieuses[1], mais il sacrifiait les faits à la cohérence. Les sentiments de l'évaluateur, et même son caractère, peuvent eux-mêmes être évalués, et le sont constamment dans une vie morale dans laquelle nous pratiquons l'évaluation d'ordre supérieur. Dans ce contexte aussi, Smith se rapproche de la question de la *correction* des attitudes évaluatives du spectateur, et il utilise d'ailleurs une expression très intéressante, *correct moral sentiments* :

> Des sentiments moraux corrects, au contraire, paraissent naturellement à un certain degré louables et moralement bons. L'homme dont les reproches ou les éloges sont en toute occasion adaptés avec la plus grande exactitude à la valeur ou à l'indignité [*value or unworthiness*] de l'objet semble mériter un certain degré d'approbation de nature également morale. (*TMS* 7, 3, 3, 10 ; *F* 431)

Cependant, Smith ne s'intéresse pas aux conditions normatives des sentiments du spectateur, en dehors de celles, très générales, qui concernent sa situation épistémique, et

---

1. F. Hutcheson, *An Essay on the Nature and Conduct of the Passions and Affections, with Illustrations on the Moral Sense*, éd. cit., p. 149. Voir *TMS* 7, 3, 3, 8 ; *F* 430.

qui, pour l'essentiel, sont remplies par sa simple altérité, son désengagement, et son information. Dans la suite immédiate de ce passage, Smith rend compte de notre approbation de la correction des sentiments moraux de ce spectateur avisé devant le mérite de la personne concernée en l'assimilant à l'étonnement que suscitent la « précision délicate de ses sentiments moraux » et la justesse de cette « délicatesse du sentiment ». Il renvoie en note à un développement antérieur sur l'admiration « rehaussée par l'étonnement et la surprise » (*TMS* 1, 1, 4, 3 ; *F* 43) qui est très proche de ce qu'on lit dans l'introduction de son manuscrit de l'*Histoire de l'astronomie*[1]. Or le lecteur attentif sait que cette prédilection, de nature esthétique, est à l'œuvre aussi dans certaines errances – elle donne lieu à l'esprit de système, qui peut être une forme d'aveuglement, aussi bien qu'au goût pour les dispositifs bien agencés. La méthode de Smith, loin d'être pleinement normative, est celle d'une psychologie descriptive.

Cette psychologie n'a pas d'ambition métaphysique, à la différence de celle de son ami Hume. Celui-ci dévoile la métaphysique subjectiviste du sentimentalisme qu'il défend, quand il suggère qu'avoir de la valeur n'est rien d'autre qu'être valorisé, ou valorisable – au sens d'être susceptible d'être valorisé, et non pas au sens d'en être digne. Pour lui, *x* a telle valeur si et seulement si un juge bien informé est disposé à éprouver tel sentiment d'approbation ou de désapprobation à l'égard de *x*. La valeur n'est rien d'autre que la projection sur l'objet de ce sentiment ; en raison de cette projection, sa phénoménologie est

---

1. A. Smith, « The History of Astronomy », *in* W. P. D. Wightman et J. C. Bryce (éd.), *Essays on Philosophical Subjects*, éd. cit., p. 33-34.

objectiviste, en décalage avec la métaphysique subjectiviste qui la sous-tend[1].

Ce dispositionnalisme, y compris sous sa forme idéalisée, doit affronter une alternative fondée sur la question de l'*Euthyphron*[2]. Si c'est le juge bien informé qui fixe la valeur, elle est subjective. Si elle n'est pas ainsi fixée, alors la valeur n'est pas réductible à ce que le juge valorise. On est ainsi mis au défi de choisir entre réalisme et antiréalisme de la valeur. Cependant, Smith paraît éviter de s'engager sur le terrain métaphysique. Son usage du dispositionnalisme est méthodologique et agnostique, car il semble compatible avec une option sceptique comme avec une option réaliste. Une providence apparente peut avoir organisé la correspondance entre nos dispositions subjectives et des valeurs morales ou, tout aussi bien, avoir adapté nos dispositions aux exigences de notre conservation, ou avoir combiné ces deux sortes d'arrangements.

Bref, la différence fondamentale entre le paléo-sentimentalisme et le néosentimentalisme dans son espèce « rationnelle » est que le premier n'admet pas que « approprié » soit traduisible en « fondé sur des raisons ». Le dispositionnalisme (relativement) idéal

---

1. Le vocabulaire de la projection des sentiments a été étudié par P. J. E. Kail, *Projection and Realism in Hume's Philosophy*, Oxford, Oxford University Press, 2007, p. 147 *sq*. Voir aussi S. Lepine, « Le projectivisme humien et ses implications métaéthiques », *Revue de métaphysique et de morale*, 112 (4), 2021, p. 525-544.

2. Voir *supra*, p. 32. Sur cette question et une typologie des réponses qui sont proposées dans le sentimentalisme contemporain, voir C. Tappolet, « Les sentimentalismes moraux », *in* O. Desmons, S. Lemaire, P. Turmel (dir.), *Manuel de métaéthique, op. cit.* Pour une vue d'ensemble de sa conception propre, voir C. Tappolet, « Précis de *Emotions, Values, and Agency* », *Philosophiques*, 45 (2), 2018, p. 461-465.

de Smith fait appel à la situation du spectateur et non pas à la correction de la manière dont il répond dans cette situation, car ses réponses, en gros, sont supposées automatiquement correctes dans cette situation. L'approche est purement naturaliste au sens de Lewis : elle « réduit les faits à propos des valeurs à des faits à propos de notre psychologie »[1]. La valeur est identifiée à ce qui tend à susciter certaines réponses affectives dans une situation modérément idéalisée.

« THE ORIGINAL CONSTITUTION OF OUR FRAME[2] »

Une leçon importante de *La Théorie*, souvent occultée par une compréhension superlative de l'idéalité du spectateur et de son impartialité, est que nos évaluations sont affectées par divers facteurs, qui tiennent à la constitution psychologique contingente des êtres humains, de telle manière qu'elles ne sont pas toujours alignées sur l'appréciation normale du sens de la propriété et du sens du mérite. Traditionnellement, depuis Hutcheson, les sentimentalistes ont insisté sur le rôle perturbateur, mais aussi fondateur, de l'association des idées, en attribuant à l'imagination la responsabilité de cette sorte d'influence[3]. Dans *La Théorie*, comme

1. D. Lewis, *in* M. Smith, D. Lewis, M. Johnston. « Dispositional Theories of Value », art. cit., p. 113.
2. *TMS* 3, 3, 9 ; *F* 203. Smith désigne ainsi la manière dont nous sommes apparemment providentiellement constitués, dans le contexte d'une remarque sur la préférence pour le proche : si nous n'avons aucune tendance à nous soucier des malheureux avec lesquels nous ne sommes pas en relation, c'est en vertu d'une « sage disposition de la nature », dont nous ne gagnerions rien à ce qu'elle soit changée, à supposer que cela soit possible.
3. C'est manifeste chez David Hume et dans la théorie esthétique d'Alexander Gerard. Voir L. Jaffro, *La Couleur du goût, op. cit.*, p. 192 *sq.*

nous l'avons montré, cette considération psychologique prend une très grande importance. Ne sont pas seulement concernées les remarques de Smith sur l'incidence de biais de diverses sortes, comme la préférence pour le proche; c'est aussi le thème du goût pour l'« apparence d'utilité » des « systèmes » qui finit par désigner non tant un canal évaluatif supplémentaire, de tonalité spécialement esthétique, qu'une source d'influence sur l'ensemble des évaluations sociales et morales. L'approche psychologique est envahissante dans le sentimentalisme classique, tandis que le néosentimentalisme tend à la négliger en s'intéressant essentiellement aux conditions de correction de sentiments. Mais ne faut-il pas tenir ensemble la considération de la régulation des réponses sentimentales par des raisons et celle de leur structuration plus profonde par des traits constitutionnels ? Si le néosentimentalisme se mettait davantage à l'école de Hume et de Smith, il pourrait combiner, avec cette approche normative par la rationalité, une attention à ses limites de nature psychologique.

La Théorie nous apprend ainsi à associer les perspectives de la rationalité et de la faiblesse. Par exemple, comme on l'a vu, les comportements humains – et même ceux d'un spectateur impartial – ne suivent pas purement les normes de correction de la gratitude et du *resentment*, mais sont sous l'influence de la fortune[1]. Le fait que les conséquences non voulues pèsent dans l'estime du mérite

---

1. Voir *supra*, p. 141 *sq.* Par exemple, l'intention criminelle non couronnée de succès n'est pas punie aussi sévèrement que celle qui réussit, voire n'est pas punie du tout, alors qu'elle devrait l'être au regard des normes du crime et de la peine (*TMS* 2, 3, 2, 4-5 ; *F* 157-159). Distinct de cette indulgence, il y a aussi l'exemple du pardon des fautes : il est l'effet d'une influence assez forte pour faire fléchir l'autorité des normes de la punissabilité. Sur ce point, voir *supra*, p. 223.

et du démérite est à première vue irrationnel, car incorrect au regard de ces normes[1]. Cette influence, ancrée dans le fait de notre constitution psychologique, paraît cependant utile à la conservation des individus et des sociétés dans leurs particularités[2]. Alors que nos évaluations procèdent principiellement de considérations non conséquentialistes, celles de la propriété et de l'impropriété, la nature se soucie pour nous des conséquences.

Smith ne pouvait pas se dispenser d'une évocation répétée des causes finales de notre constitution psychologique. Car la contingence de cette constitution – sa dépendance à l'égard d'un projet dont la compréhension nous échappe, et qui n'est qu'indistinctement éclairé par l'idée d'utilité – fournit le cadre qui façonne en profondeur les attitudes et les conduites, et fixe les limites et les conditions de la rationalité pratique. Mais, en indexant la propriété et l'impropriété sur les réponses immédiates d'un spectateur[3], et, plus généralement, en prétendant rendre compte de la rationalité pratique de manière radicalement sentimentaliste, Smith a congédié le modèle du délibérateur rationnel bien informé. « Spectateur impartial » aurait pu

1. Comme le remarque Müller, l'influence de la fortune ne peut pas jouer dans l'estimation de la propriété, mais seulement dans celle du mérite, car c'est la seconde seule qui répond à une situation où des effets ultérieurs ou sur des tiers peuvent avoir lieu, et que la fortune peut donc affecter. L. A. P. Müller, *The Philosophy of Adam Smith. Imagination and Speculation*, *op. cit.*, p. 118.

2. Comme nous le fait observer Jean Dellemotte, il est aussi providentiel que soient différentes les vertus que les Européens, d'une part, et que les « sauvages », d'autre part, valorisent. L'adaptation aux circonstances, plutôt que l'imposition de normes universelles de valorisation, caractérise la providence smithienne.

3. Répétons-le : les évaluations et les corrections du spectateur sont immédiates. Voir, notamment, *TMS* 3, 2, 32 ; *F* 192.

être le nom d'un tel délibérateur ; mais il ne l'est pas sous la plume de Smith. Le seul être qui semble avoir délibéré dans une perspective d'optimisation, et qui semble veiller de manière prudentielle à l'intérêt à long terme du tout, qui consiste surtout dans le « bonheur des êtres humains et des autres créatures rationnelles », est l'organisateur du « plan de la providence » (*TMS* 3, 5, 7 ; *F* 234).

La théologie naturelle reste cependant pure spéculation[1]. L'organisation apparemment providentielle est appréciée de manière quasi esthétique, comme le sont d'autres machineries. Car la science de la nature humaine rend compte aussi des croyances téléologiques comme un effet de notre constitution psychologique, quand elle montre l'importance du goût commun pour l'apparence d'utilité. Certes, la manière dont Smith fait appel à la providence, une fois rangée sous la rubrique du goût pour l'apparence d'utilité, paraît compatible avec une interprétation sceptique, à la Hume. Mais, en vertu même du caractère principalement descriptif de la méthode adoptée dans *La Théorie*, cette lecture sceptique ne s'impose pas avec une nécessité évidente[2]. C'est, là encore, une caractéristique d'un sentimentalisme entendu comme la méthodologie de la science morale.

---

1. Comme y insiste Campbell, Smith ne tire de la croyance théiste aucune « information à propos du monde ». Le théisme est considéré « comme un résultat plutôt que comme une présupposition logique de l'enquête scientifique » (T.D. Campbell, *Adam Smith's Science of Morals*, *op. cit.*, p. 60). Le recours à la providence apparente concerne ce qui est au-delà de l'objet de l'explication, comme l'usage de la métaphore de la « main invisible » qui n'a aucune ambition explicative (*ibid.*, p. 73).

2. La lecture sceptique ne peut cependant être exclue aussi catégoriquement que le fait D.D. Raphael, *The Impartial Spectator*, *op. cit.*, p. 104.

BIBLIOGRAPHIE

AHNERT Thomas, « The "Science of Man" in the Moral and Political Philosophy of George Turnbull », *in* J. Lemetti et E. Piirimäe (dir.), *Human Nature as the Basis of Morality and Society in Early Modern Philosophy*, Helsinki, Societas Philosophica Fennica, 2007, p. 89-104.

ANDERSON Elizabeth, *Values in Ethics and Economics*, Cambridge, Mass., Harvard University Press, 1995.

BEE Michele, « Wealth and Sensibility. The Historical Outcome of Better Living Conditions for All According to Adam Smith. », *European Journal of the History of Economic Thought*, 25 (3), 2018, p. 473-492.

– « The Pleasure of Exchange : Adam Smith's Third Kind of Self-Love », *Journal of the History of Economic Thought*, 43 (1), 2021, p. 118-140.

— et PAGANELLI Maria Pia, « Adam Smith, Anti-Stoic », *History of European Ideas*, 45 (4), 2019, p. 572-584.

BELLEGUIC Thierry, VAN DER SCHUEREN Éric et VERVACKE Sabrina (dir.), *Les Discours de la sympathie, I. Enquête sur une notion de l'âge classique à la modernité*, Paris, Hermann, 2014.

BERRY Christopher J., « Adam Smith's "Science of Human Nature" », *History of Political Economy*, 44 (3), 2012, p. 471-492.

BESSONE Magali, « Une théorie mixte de la justice pénale, entre sentiment rétributiviste et utilité sociale », dans M. Bessone et M. Biziou (dir.), *Adam Smith philosophe. De la morale à l'économie ou philosophie du libéralisme*, Rennes, PUR, 2009, p. 107-124.

BIZIOU Michaël, « Kant et Smith, critiques de la philosophie morale de Hume », *Revue philosophique de la France et de l'étranger*, 190 (4), 2000, p. 449-464.

– *Le Concept de système dans la tradition anglo-écossaise des sentiments moraux, 1699-1795. De la métaphysique à l'économie politique – Shaftesbury, Hutcheson, Hume, Smith*, Lille, ANRT-diffusion, 2000.

– « Commerce et caractère chez La Bruyère et Adam Smith : la préhistoire de l'*homo economicus* », *Revue d'histoire des sciences humaines*, 5 (2), 2001, p. 11-36.

– *Adam Smith et l'origine du libéralisme*, Paris, PUF, 2003.

– *Shaftesbury. Le sens moral*, Paris, PUF, 2005.

BONICCO-DONATO Céline, « Le self, un concept nomade. Des Lumières écossaises à l'École de Chicago en passant par le pragmatisme », *Les Cahiers philosophiques de Strasbourg*, 28, 2010, p. 101-126.

– *Une archéologie de l'interaction. De David Hume à Erving Goffman*, Paris, Vrin, 2016.

BOYER Jean-Daniel, « Main invisible : voile de l'ignorance », *Raison présente*, 165 (1), 2008, p. 47-57.

– *Comprendre Adam Smith*, Paris, Armand Colin, 2011.

BRÉBAN Laurie, « Smith on Happiness : Towards a Gravitational Theory », *European Journal of the History of Economic Thought*, 21 (3), 2014, p. 359-391.

– « An Investigation into the Smithian System of Sympathy : from Cognition to Emotion », *in* F. Forman (dir.), *The Adam Smith Review*, vol. 10, Londres, Routledge, 2017, p. 22-40.

— et DELLEMOTTE Jean, « From One Sympathy to Another : Sophie de Grouchy's Translation and Commentary on the *Theory of Moral Sentiments* », *History of Political Economy*, 49 (4), 2017, p. 667-707.

— et DENIEUL Séverine, SULTAN Élise (dir.), *La Science des mœurs. De la conception à l'expérimentation*, Paris, Classiques Garnier, 2021.

BRENTANO Franz, *L'Origine de la connaissance morale*, trad. fr. M. de Launay et J.-C. Gens, Paris, Gallimard, 2003.

BROWN Vivienne, « The Impartial Spectator and Moral Judgment », *Econ Journal Watch*, 13 (2), 2016, p. 232-248.

BUTLER Joseph, *Fifteen Sermons Preached at the Rolls Chapel and Other Writings on Ethics*, éd. D. McNaughton, Oxford, Oxford University Press, 2017.

CALORI François, « *Sense or sensibility?* Adam Smith et "l'inoubliable Dr Hutcheson" », dans M. Bessone et M. Biziou (dir.), *Adam Smith philosophe. De la morale à l'économie ou philosophie du libéralisme*, Rennes, PUR, 2009, p. 37-55.

CALVIN Jean, *Institution de la religion chrestienne*, livre II, éd. J.-D. Benoit, Paris, Vrin, 1957.

CAMPBELL Tom D., *Adam Smith's Science of Morals*, Londres, Allen & Unwin, 1971.

CARRASCO Maria A., « From Psychology to Moral Normativity », *in* F. Forman-Barzilai (dir.), *The Adam Smith Review*, vol. 6, Londres, Routledge, 2011, p. 9-29.

– « Adam Smith : Self-Command, Practical Reason and Deontological Insights. », *British Journal for the History of Philosophy*, 20 (2), 2012, p. 391-414.

CLÉRO Jean-Pierre, « Le sens moral chez Hume, Smith et Bentham », dans L. Jaffro (dir.), *Le Sens moral. Une histoire de la philosophie morale de Locke à Kant*, Paris, PUF, 2000, p. 81-112.

CREMASCHI Sergio, « Adam Smith on Savages », *Revue de philosophie économique*, 18 (1), 2017, p. 13-36.

D'ARMS Justin et JACOBSON Daniel, « Sentiment and Value », *Ethics*, 110 (4), 2000, p. 722-748.

– « Sentimentalism and Scientism », *in* J. D'Arms et D. Jacobson (dir.), *Moral Psychology and Human Agency. Philosophical*

Essays On the Science of Ethics, Oxford, Oxford University Press, 2014, p. 253-278.

DARWALL Stephen, *The British Moralists and the Internal "Ought"*, New York, Cambridge University Press, 1995.

– *The Second-Person Standpoint. Morality, Respect, and Accountability*, Cambridge, Mass., Harvard University Press, 2006.

DELEULE Didier, *Hume et la naissance du libéralisme économique*, Paris, Aubier, 1979.

DELLEMOTTE Jean, « Gravitation et sympathie : l'essai smithien d'application du modèle newtonien à la sphère sociale », *Cahiers d'économie politique*, 42 (1), 2002, p. 49-74.

– « Sympathie, désir d'améliorer sa condition et penchant à l'échange », *Cahiers d'économie politique*, 48 (1), 2005, p. 51-78.

– « La cohérence d'Adam Smith, problèmes et solutions : une synthèse critique de la littérature après 1976 », *Économies et sociétés*, série HPE, 45 (12), 2011, p. 2227-2265.

DERMANGE François, *Le Dieu du marché. Éthique, économie et théologie dans l'œuvre d'Adam Smith*, Genève, Labor et Fides, 2003.

– « Smith est-il disciple de Calvin ? », *Revue d'histoire de la pensée économique*, 2 (4), 2017, p. 53-74.

DIATKINE Daniel, « L'utilité et l'amour du système dans la *Théorie des sentiments moraux* », *Revue philosophique de la France et de l'étranger*, 190 (4), 2000, p. 489-505.

– « Vanity and the Love of System in *Theory of Moral Sentiments* », *The European Journal of the History of Economic Thought*, 17 (3), 2010, p. 383-404.

– *Adam Smith. La découverte du capitalisme et de ses limites*, Paris, Seuil, 2019.

DUBŒUF Françoise, « Adam Smith : mesure et socialité », *Économies et Sociétés. Cahiers de l'ISMEA*, 19 (3), 1985, p. 73-107.

DUPUY Jean-Pierre, *Le Sacrifice et l'Envie. Le libéralisme aux prises avec la justice sociale* [1992], Paris, Calmann-Lévy, 2014.

ETCHEGARAY Claire, « La peine et la perte chez Adam Smith. Une psychologie morale du deuil », *Archives de Philosophie*, 86, 1, 2023, 167-188.

FERNANDES Andréa et KANDIL Feriel, « Théories de l'action et normativité chez Adam Smith et chez John C. Harsanyi », *Cahiers d'économie politique*, 33, 1998, p. 137-159.

FLEISCHACKER Samuel, « True to Ourselves ? Adam Smith on Self-Deceit », *in* F. Forman-Barzilai (dir.), *The Adam Smith Review*, vol. 6, Londres, Routledge, 2011, p. 75-92.

FONTAINE Philippe, « Identification and Economic Behavior. Sympathy and Empathy in Historical Perspective », *Economics and Philosophy*, 13 (2), 1997, p. 261-280.

FORMAN-BARZILAI Fonna, « Smith's Anti-Cosmopolitanism », *in* V. Brown et S. Fleischacker (dir.), *The Adam Smith Review*, vol. 5, Londres, Routledge, 2010, p. 144-160.

– *Adam Smith and the Circles of Sympathy. Cosmopolitanism and Moral Theory*, Cambridge, Cambridge University Press, 2010.

FRAZER Michael L., *The Enlightenment of Sympathy. Justice and the Moral Sentiments in the Eighteenth Century and Today*, Oxford, Oxford University Press, 2010.

FRICKE Christel, « Adam Smith and "the Most Sacred Rules of Justice" », *in* F. Forman-Barzilai (dir.), *The Adam Smith Review*, vol. 6, Londres, Routledge, 2011, p. 46-74.

– « Adam Smith : the Sympathetic Process and the Origin and Function of Conscience », *in* C. J. Berry, M. P. Paganelli et C. Smith (dir.), *The Oxford Handbook of Adam Smith*, Oxford, Oxford University Press, 2013, p. 177-200.

FRIERSON Patrick R., « Smithian Intrinsic Value », *in* V. Brown et S. Fleischacker (dir.), *The Adam Smith Review*, vol. 5, Londres, Routledge, 2010, p. 231-249.

GARRETT Aaron et HARRIS James (dir.), *Scottish Philosophy in the Eighteenth Century, I. Morals, Politics, Art, Religion*, Oxford, Oxford University Press, 2015.

GIBBARD Allan, *Sagesse des choix, justesse des sentiments. Une théorie du jugement normatif*, trad. fr. S. Laugier, Paris, PUF, 1996.

GILL Michael B., « Moral Pluralism in Smith and his Contemporaries », *Revue internationale de philosophie*, 269 (3), 2014, p. 275-306.

– « Love of Humanity in Shaftesbury's *Moralists* », *British Journal for the History of Philosophy*, 24 (6), 2016, p. 1117-1135.

GRISWOLD Charles, *Adam Smith and the Virtues of Enlightenment*, Cambridge, Cambridge University Press, 1999.

– *Jean-Jacques Rousseau and Adam Smith. A Philosophical Encounter*, Londres, Routledge, 2017.

HAAKONSSEN Knud, *Natural Law and Moral Philosophy. From Grotius to the Scottish Enlightenment*, Cambridge, Cambridge University Press, 1996.

– *L'Art du législateur. La jurisprudence naturelle de David Hume et d'Adam Smith*, trad. fr. F. Kearns, Paris, PUF, 2000.

HARE Richard Mervyn, *Moral Thinking. Its Levels, Method, and Point*, Oxford, Clarendon Press, 1981.

HEATH Eugene, « Adam Smith and Self-interest », *in* C. J. Berry, M. P. Paganelli et C. Smith (dir.), *The Oxford Handbook of Adam Smith*, Oxford, Oxford University Press, 2013, p. 241-264.

HOBBES Thomas, *Léviathan*, trad. du latin par M. Pécharman, Paris, Vrin, 2004.

HUME David, « Letter to Adam Smith, 28 July 1759 », *in* J. Reeder (éd.), *On Moral Sentiments. Contemporary Responses to Adam Smith*, Bristol, Thoemmes Press, 1997, p. 9-12.

– *Essais et traités sur plusieurs sujets*, trad. fr. M. Malherbe, 4 vol., Paris, Vrin, 1999-2004.

– *A Treatise of Human Nature*, vol. 1 : *Texts*, éd. D. F. Norton et M. J. Norton, Oxford, Clarendon Press, 2007.

HUSSERL Edmund, *Normativité et déconstruction*, trad. fr. M.-H. Desmeules et J. Farges, Vrin, Paris, 2020.

HUTCHESON Francis, *An Essay on the Nature and Conduct of the Passions and Affections, with Illustrations on the Moral Sense*, éd. A. Garrett, Indianapolis, Liberty Fund, 2002.

– *Recherche sur l'origine de nos idées de la beauté et de la vertu*, trad. fr. A.-D. Balmès, 2ᵉ éd., Paris, Vrin, 2015.

– *Système de philosophie morale*, trad. fr. J. Szpirglas, Paris, Vrin, 2016.

JAFFRO Laurent, « La question du sens moral et le lexique stoïcien », *in* F. Brugère et M. Malherbe (dir.), *Shaftesbury. Philosophie et politesse*, Paris, Honoré Champion, 2000, p. 61-78.

– « What is Wrong with Reid's Criticism of Hume on Moral Approbation », *European Journal of Analytic Philosophy*, 2 (2), 2006, p. 11-26.

– « La mesure du bien. Que calcule le calcul moral de Hutcheson ? », *Philosophiques*, 40 (1), 2013, p. 197-215.

– « Inactivité de la raison et influence du sentiment : de la métaéthique humienne au point de vue architectonique », *Revue internationale de philosophie*, 263 (1), 2013, p. 63-80.

– « Le choix d'Hercule : le problème artistique de l'expression du moral dans la tradition shaftesburienne », *DoisPontos*, 11 (1), 2014, p. 39-65.

– « Cyrus' Strategy. Shaftesbury on Human Frailty and the Will », *in* P. Müller (dir.), *New Ages, New Opinions. Shaftesbury in his World and Today*, Francfort-sur-le-Main, Peter Lang, 2014, p. 153-166.

– « Are Moral Reasons Response-Dependent ? », *Philosophical Inquiries (ETS)*, 3 (2), 2015, p. 17-34.

– « Review of Aaron Garrett and James A. Harris (ed.), *Scottish Philosophy in the Eighteenth Century, I : Morals, Politics*,

Art, Religion », *Notre Dame Philosophical Reviews. An Electronic Journal*, 10 juillet 2016.

– « The Passions and Actions of Laughter in Shaftesbury and Hutcheson », *in* A. Cohen et R. Stern (dir.), *Thinking about the Emotions. A Philosophical History*, Oxford, Oxford University Press, 2017, p. 130-149.

– « Harmonic and Disharmonic Views of Trust », *Rivista di estetica*, 68 (2), 2018, p. 11-26.

– *La Couleur du goût. Psychologie et esthétique au siècle de Hume*, Paris, Vrin, 2019.

– « Présentation de la leçon de Thomas Reid sur *La Théorie des sentiments moraux* d'Adam Smith », *Revue de métaphysique et de morale*, 109 (2), 2021, p. 101-108.

– « Weakness and the Memory of Resolutions » *in* C. Bagnoli (dir.), *Time in Action. The Temporal Structure of Rational Agency and Practical Thought*, New York, Routledge, 2022, p. 221-242.

— et FREITAS Vinícius França, « Why Thomas Reid Matters to the Epistemology of the Social Sciences », *The Philosophical Quarterly*, 70 (279), 2020, p. 282-301.

JAQUET François et NAAR Hichem, *Qui peut sauver la morale ? Essai de métaéthique*, Paris, Ithaque, 2019.

JORLAND Gérard, « Le problème Adam Smith », *Annales*, 39 (4), 1984, p. 831-848.

JOUFFROY Théodore, *Cours de droit naturel (1834-1835)*, Paris, Fayard, 1998.

KAIL Peter J. E., *Projection and Realism in Hume's Philosophy*, Oxford, Oxford University Press, 2007.

KAUPPINEN Antti, « Fittingness and Idealization », *Ethics*, 124 (3), 2014, p. 572-588.

LE JALLÉ Éléonore, « Sympathie et envie chez David Hume et Adam Smith », *in* M. Bessone et M. Biziou (dir.), *Adam Smith philosophe. De la morale à l'économie ou philosophie du libéralisme*, Rennes, PUR, 2009, p. 77-94.

LEIBNIZ Gottfried Wilhelm, « Méditation sur la notion commune de justice (1702) », dans *Le Droit de la raison*, éd. R. Sève, Paris, Vrin, 1994, p. 107-136.

LELOUP Sandrine, « Les entrepreneurs smithiens : le fils de l'homme pauvre, l'homme prudent et le faiseur de projets », *Cahiers d'économie politique*, 42 (1), 2002, p. 75-87.

LEPINE Samuel, « Le sentimentalisme écossais et le problème de la normativité morale », *Archives de philosophie*, 78 (4), 2015, p. 649-666.

– *Une défense du sentimentalisme. Émotions, motivations et valeurs*, thèse de doctorat, Lyon, Université de Lyon 3, 2016.

– « Le projectivisme humien et ses implications métaéthiques », *Revue de métaphysique et de morale*, 112 (4), 2021, p. 525-544.

MACKIE John, *Hume's Moral Theory*, Londres, Routledge, 1980.

MACLACHLAN Alice, « Resentment and Moral Judgment in Smith and Bultler », *in* V. Brown et S. Fleischacker (dir.), *The Adam Smith Review*, vol. 5, Londres, Routledge, 2010, p. 161-177.

MAROUBY Christian, *L'Économie de la nature. Essai sur Adam Smith et l'anthropologie de la croissance*, Paris, Seuil, 2004.

MASSIN Olivier et MULLIGAN Kevin, *Décrire. La psychologie de Franz Brentano*, Paris, Vrin, 2021.

MATHIOT Jean, *Adam Smith : philosophie et économie. De la sympathie à l'échange*, Paris, PUF, 1990.

MAURER Christian, *Self-Love. Egoism and the Selfish Hypothesis*, Édimbourg, Edinburgh University Press, 2019.

MCHUGH John, *Adam Smith's The Theory of Moral Sentiments. A Critical Commentary*, Londres, Bloomsbury Academic, 2022.

MCKENNA Stephen J., *Adam Smith. The Rhetoric of Propriety*, Albany, State University of New York Press, 2006.

MEARDON Stephen J. et ORTMANN Andreas, « Self-Command in Adam Smith's *Theory of Moral Sentiments* : a Game-Theoretic Reinterpretation », *Rationality and Society*, 8 (1), 1996, p. 57-80.

MEEK Ronald L., *Social Science and the Ignoble Savage*, Cambridge, Cambridge University Press, 1976.

MENUDO José Manuel, « Turgot, Smith et Steuart et l'histoire des stades », *Revue d'histoire de la pensée économique*, 1 (5), 2018, p. 217-242.

MEYLAN Anne, « L'évaluation de la duperie de soi : Butler, Clifford et la philosophie contemporaine », *Revue philosophique de la France et de l'étranger*, 143 (3), 2018, p. 357-370.

MOORE George Edward, « The Conception of Intrinsic Value (1922) », in *Principia Ethica*, éd. Th. Baldwin, Cambridge, Cambridge University Press, 1993, p. 280-298.

MÜLLER Leonardo André Paes, *The Philosophy of Adam Smith. Imagination and Speculation*, thèse de doctorat, Paris et São Paulo, Université Paris 1 Panthéon-Sorbonne et Universidade de São Paulo, 2016.

NANAY Bence, « Adam Smith's Concept of Sympathy and Its Contemporary Interpretations », *in* V. Brown et S. Fleischacker (dir.), *The Adam Smith Review*, vol. 5, Londres, Routledge, 2010, p. 85-105.

NORTON David Fate, « George Turnbull and the Furniture of the Mind », *Journal of the History of Ideas*, 36 (4), 1975, p. 701-716.

NUSSBAUM Martha C., *L'Art d'être juste. L'imagination littéraire et la vie publique*, trad. fr. S. Chavel, Paris, Flammarion, 2015.

– *Anger and Forgiveness. Resentment, Generosity, Justice*, New York, Oxford University Press, 2016.

OKAN Ecem, « How Did It All Begin ? Adam Smith on the Early and Rude State of Society and the Age of Hunters », *European Journal of the History of Economic Thought*, 24 (6), 2017, p. 1247-1276.

– *Entre histoire et analyse. Le progrès selon David Hume et Adam Smith*, thèse de doctorat, Paris, Université Paris 1 Panthéon-Sorbonne, 2018.

OSLINGTON Paul (dir.), *Adam Smith as Theologian*, New York, Routledge, 2011.

PANOFSKY Erwin, *Hercule à la croisée des chemins*, trad. fr. D. Cohn, Paris, Flammarion, 1999.

PEACH Terry, « Adam Smith's "Optimistic Deism", the Invisible Hand of Providence, and the Unhappiness of Nations », *History of Political Economy*, 46 (1), 2014, p. 55-83.

PETTIT Philip, « Substantive Moral Theory », *Social Philosophy & Policy*, 25 (1), 2008, p. 1-27.

PHILLIPSON Nicholas, *Adam Smith. An Enlightened Life*, Londres, Allen Lane, 2010.

PIGNOL Claire et WALRAEVENS Benoît, « Rousseau and Smith on Envy in Commercial Societies », *European Journal of the History of Economic Thought*, 24 (6), 2017, p. 1214-1246.

PIGUET Marie-France, « *Classe* ». *Histoire du mot et genèse du concept, des physiocrates aux historiens de la Restauration*, Lyon, Presses universitaires de Lyon, 1996.

PIMENTA Pedro, *A trama da natureza : organismo e finalidade na época da Ilustração*, São Paulo, UNESP, 2018.

PRINZ Jesse, *The Emotional Construction of Morals*, Oxford, Oxford University Press, 2007.

PRITCHARD Michael S., « Justice and Resentment in Hume, Reid, and Smith », *Journal of Scottish Philosophy*, 6 (1), 2008, p. 59-70.

RABACHOU Julien, *L'Individu reconstitué*, Paris, Vrin, 2017.

RAPHAEL David D., *The Impartial Spectator. Adam Smith's Moral Philosophy*, Oxford, Oxford University Press, 2007.

REID Thomas, « A Sketch of Dr. Smith's Theory of Morals », in J. Reeder (dir.), *On Moral Sentiments. Contemporary Responses to Adam Smith*, Bristol, Thoemmes Press, 1997, p. 69-88.

– *Essais sur les pouvoirs actifs de l'homme*, trad. fr. G. Kervoas et É. Le Jallé, Paris, Vrin, 2009.

– « Leçon sur la théorie des sentiments moraux du Dr Smith », trad. fr. L. Jaffro, *Revue de métaphysique et de morale*, 109 (2), 2021, p. 109-125.

REMOW Gabriela, « General Rules in the Moral Theories of Smith and Hume », *Journal of Scottish Philosophy*, 5 (2), 2007, p. 119-134.

ROSANVALLON Pierre, *Le Capitalisme utopique. Critique de l'idéologie économique*, Paris, Seuil, 1979.

ROTHSCHILD Emma, *Economic Sentiments. Adam Smith, Condorcet, and the Enlightenment*, Cambridge, Mass., Harvard University Press, 2001.

– « *TMS* and the Inner Life », *in* V. Brown et S. Fleischacker (dir.), *The Adam Smith Review,* vol. 5, Londres, Routledge, 2010, p. 25-33.

RUSSELL Paul, *Freedom and Moral Sentiment*, Oxford, Oxford University Press, 2002.

SAYRE-MCCORD Geoffrey, « Sentiments and Spectators. Adam Smith's *Theory of Moral Judgment* », *in* V. Brown et S. Fleischacker (dir.), *The Adam Smith Review*, vol. 5, Londres, Routledge, 2010, p. 124-144.

– « Hume and Smith on Sympathy, Approbation, and Moral Judgment », *Social Philosophy and Policy*, 30 (1-2), 2013, p. 208-236.

SCANLON Thomas M., *What We Owe to Each Other*, Cambridge, Mass., Belknap Press, 1998.

SCHLIESSER Eric, « Counterfactual Causal Reasoning in Smithian Sympathy », *Revue internationale de philosophie*, 269 (3), 2014, p. 307-316.

SCHULTHESS Daniel, « La psychologie politique d'Adam Smith : Biais cognitifs et différences sociales dans la *Théorie des sentiments moraux* », *in* A. Hügli et C. Chiesa (dir.), *Formen der Irrationalität. Formes d'irrationalité*, Bâle, Schwabe, 2009, p. 207-215.

SEN Amartya, « La prudence chez Adam Smith », *Mouvements*, 23 (4), 2002, p. 110-117.

– *L'Idée de justice*, trad. fr. P. Chemla et É. Laurent, Paris, Flammarion, 2016.

SHAFTESBURY (troisième comte de), *Soliloque ou conseil à un auteur*, trad. fr. D. Lories, Paris, L'Herne, 1994.

– *Characteristicks of Men, Manners, Opinions, Times*, éd. P. Ayres, 2 vol., Oxford, Oxford University Press, 1999.

SIMON Herbert, *Reason in Human Affairs*, Stanford, Stanford University Press, 1983.

SMITH Adam, *The Theory of Moral Sentiments*, éd. D. D. Raphael et A. L. Macfie, Oxford, Clarendon Press, 1976.

– « The History of Astronomy » éd. W. P. D. Wightman, *in* A. Smith, *Essays on Philosophical Subjects*, éd. W. P. D. Wightman et J. C. Bryce, Oxford, Clarendon Press, 1980, p. 33-105.

– *Lectures on Rhetoric and Belles Lettres*, éd. J. C. Bryce, Oxford, Clarendon Press, 1983.

– *Enquête sur la nature et les causes de la richesse des nations*, trad. fr. P. Taieb, Paris, PUF, 1995.

– *Essais esthétiques*, trad. fr. P.-L. Autin, I. Ellis, M. Garandeau, P. Thierry, Paris, Vrin, 1997.

– *Théorie des sentiments moraux*, trad. fr. M. Biziou, C. Gautier, J.-F. Pradeau, Paris, PUF, 1999.

– *Leçons sur la jurisprudence*, trad. fr. H. Commetti, Paris, Dalloz, 2009.

SMITH Michael, LEWIS David et JOHNSTON Mark, « Dispositional Theories of Value », *Proceedings of the Aristotelian Society*, Supplementary Volumes, 63, 1989, p. 89-174.

SNARE Francis, *Morals, Motivation and Convention. Hume's Influential Doctrines*, Cambridge, Cambridge University Press, 1991.

STALLEY Richard, « Adam Smith and the Theory of Punishment », *Journal of Scottish Philosophy*, 10 (1), 2012, p. 69-89.

TAPPOLET Christine, « Précis de *Emotions, Values, and Agency* », *Philosophiques*, 45 (2), 2018, p. 461-465.

– « Les sentimentalismes moraux », *in* O. Desmons, S. Lemaire et P. Turmel (dir.), *Manuel de métaéthique*, Paris, Hermann, 2019, p. 163-190.

TILLEY John J., « Exciting Reasons and Moral Rationalism in Hutcheson's *Illustrations upon the Moral Sense* », *Journal of the History of Philosophy*, 50, 1, 2012, p. 53-83.

TOCQUEVILLE Alexis de, *De la démocratie en Amérique, II*, éd. J.-C. Lamberti, « Bibliothèque de la Pléiade », Paris, Gallimard, 1992.

VENDLER Zeno, « A Note To The Paralogisms », *in* G. Ryle (dir.), *Contemporary Aspects of Philosophy*, Stocksfield, Oriel Press, 1976, p. 111-121.

VON VILLIEZ Carola, « Double standard – Naturally ! Smith and Rawls : A Comparison of Methods », *in* L. Montes et E. Schliesser (dir.), *New Voices on Adam Smith*, Londres, Routledge, 2006, p. 115-139.

WALRAEVENS Benoît, « Adam Smith's Economics and the *Lectures on Rhetoric and Belles Lettres*. The Language of Commerce », *History of Economic Ideas*, 18 (1), 2010, p. 11-32.

– « Vanité, orgueil et *self-deceit* : l'estime de soi excessive dans la *Théorie des sentiments moraux* d'Adam Smith », *Revue de philosophie économique*, 20 (2), 2019, p. 3-39.

TABLE DES MATIÈRES

Achevé d'imprimer sur les presses de
La Manufacture – Imprimeur – 52200 Langres
Tél. (33) 325 845 892
N° imprimeur 250977 – Dépôt légal : janvier 2009
Imprimé en France

Achevé d'imprimer en janvier 2024
sur les presses de
La Manufacture - Imprimeur – 52200 Langres
Tél. : (33) 325 845 892
N° imprimeur 230977 - Dépôt légal : janvier 2024

Imprimé en France